主　编：陈　实
副主编：刘鹏程　朱爱琴
编写者：陈　实　刘鹏程　朱爱琴　徐　思
　　　　李丽莉　张继峰　熊　曳　朱利青

本书由华中师范大学出版社提供的出版基金全额资助

新编计算机辅助地理教学

主编：陈 实

华中师范大学出版社
2017·武汉

新出图证(鄂)10号

图书在版编目(CIP)数据

新编计算机辅助地理教学/陈实主编. —武汉:华中师范大学出版社,2012.2(2017.9重印)
教师教育系列教材
ISBN 978-7-5622-5317-4

Ⅰ.①新… Ⅱ.①陈… Ⅲ.①中学地理课—计算机辅助教学—师范大学—教材 Ⅳ.①G633.553

中国版本图书馆 CIP 数据核字(2011)第 271452 号

新编计算机辅助地理教学

主　　编:陈　实ⓒ	
责任编辑:吴小岸	责任校对:张晶晶
封面设计:叶　玉	封面制作:胡　灿
编辑室:学术出版中心	电　　话:027—67867792
出版发行:华中师范大学出版社	
社址:湖北省武汉市珞喻路 152 号	
电话:027—67863426(发行部)　　027—67861321(邮购)	
传真:027—67863291	
网址:http://www.ccnupress.com	电子信箱:press@mail.ccnu.edu.cn
印刷:虎彩印艺股份有限公司	督印:王兴平
字数:340 千字	
开本:880mm×1230mm　1/16	印张:12.75
版次:2012 年 2 月第 1 版	印次:2017 年 9 月第 3 次印刷
印数:1801—2800	定价:30.00 元

欢迎上网查询、购书

敬告读者:欢迎举报盗版,请打举报电话 027—67861321

序　言

　　信息技术的运用能使许多抽象的地理事物、现象、概念和规律具体化、形象化，能使跨越时空而广深的地理环境由静态变为动态、无声变成有声、遥远变得咫尺，使学生身临其境，有利于提高学生的学习兴趣。《普通高中地理课程标准（实验）》中明确提出："强调信息技术在地理学习中的应用，充分考虑信息技术对地理教学的影响，营造有利于学生形成地理信息意识和能力的教学环境。"从标准中可以看出，信息技术在地理教学中发挥着越来越重要的作用。

　　全书从提高地理教师信息素养的角度出发，选择了七个方面的内容来探讨计算机辅助地理教学的有关问题：

　　第一章介绍计算机辅助地理教学的一些理论知识，包括计算机辅助地理教学的发展历史、理论基础、教学模式及特点。第二章针对地理教学经常使用地图的特点，介绍了一款绘制矢量地图的软件——CorelDRAW。第三章重点介绍一款二维动画制作软件——Flash 在辅助地理教学中的应用。Flash 能绘制各种各样的动画，能将声音对象引入动画，具有强大的交互功能等特性，利用 Flash 可以实现动静结合和提供交互性，因此在地理教学中，受到了越来越多的青睐。第四章主要讲述数字地球技术 Google Earth 在辅助地理教学中的应用。CorelDRAW 和 Flash 两款软件是以二维形式展现地理事物，由于二维的画面是三维真实世界的抽象，所以表达并不直观，难以让人身临其境。Google Earth 软件的出现，实现了地图由二维到三维的转变，给用户带来全新的体验。第五章着重介绍 Stellarium（虚拟星象仪）软件。这款软件专门模拟星空世界，是一款学习星空知识很好的技术工具，它可以将星座和各种天文现象很好地再现出来。第六章介绍了 GIS 软件在辅助地理教学中的应用。在新一轮地理基础教育改革中，地理信息技术已纳为高中地理课程的基本内容，所以本章以目前最流行的 GIS 专业软件——ArcGIS 为例，讲述其在计算机辅助地理教学中的应用。第七章介绍网络教学资源在辅助地理教学中的应用。网络教学资源以其丰富、快捷和方便等无可比拟的优势，成为教师获取教学资源的重要途径。互联网上信息浩如烟海，教学资源不计其数，如何快速获取有用的教学资源，如何对获取到的各类教学资源进行有效管理，本章将对相关知识和技巧作较为详细的介绍。全书内容编排着重体现了从易到难、从静到动、从二维到三维和从地球到星空的编写思路。

　　本书编写的指导思想如下：

　　（一）适应教师教育发展的需要

　　在教育改革的今天，教师教育受到广泛关注，也对地理教师的素质提出了更高的要求，地理教师教育质量的提高不仅包括教师知识结构的深化，还包括教师对现代教学媒体的运用技能的提高，以及地理信息素养的提升。教师能否及时掌握和运用现代教育技术和地理信息技术是衡量地理教师教学素质的标准之一。本书力求编制成一本适宜地理教育专业本科生、研究生和中学地理教师学习使用的计算机辅助地理教学教材。

　　（二）体现媒体技术的先进性和地理的学科特色

　　计算机技术是更新极为迅速的一门科学，随着计算机技术的发展，一系列体现计算机技术发展前沿,具有地理学科特色的软件在辅助地理教学方面的优势突出,例如 Google Earth、Stellarium 是两款较为成熟的、基于网络技术和数字地球技术的、具有鲜明的地理学科特色的软件,它们能将人们的视线引出地球,延伸到宇宙深处,在表现地理事物的空间位置、空间分布、空间关系和空间运动变化等方面具有独特的优势。GIS 是一款地理学科特色鲜明的软件,在空间数据的管理、制图、信息处理与加工等方面优势突出,对学生的地理信息素养的培养具有很好的促进作用。本书试图结合中学地理教学将计算机技术在地理科学方面的优势挖掘出来。

(三)注重教学的实用性

教材编写力求遵循实验心理学的原理,针对每一种软件,结合学习心理特点,先提供"热身练习"项目,让学习者通过简单的操作掌握该项软件使用的基本技能;然后通过"理论天地"对应用软件基本理论进行解释;再结合地理学科特点设计的"经典案例"演示型实验,让学习者进一步深入掌握相关软件技术,并对其中的关键环节给以"温馨提示"、"技巧点拨",帮助学习者扫除学习障碍;最后用"实验探索"栏目,让学习者在巩固强化训练的基础上进行综合性实验操作训练,最终的目的是让学习者能够根据自身的学习特点、学习过程和学习能力,结合地理学科特色、现代信息技术特色和自身个性特色创造性地运用计算机辅助地理教学。

本书撰写分工如下:

第一章 陈实、李丽莉(柳州市铁一中教师);第二章 朱爱琴;第三章 陈实、李丽莉、徐思(武汉市第二十三中学教师);第四章 张继峰(中国科学院青藏高原研究所博士);第五章 熊曳、朱利青;第六章 刘鹏程;第七章 徐思。全书由陈实统稿,华中师范大学城市与环境科学学院张雪松副教授、刘鹏程博士、朱爱琴博士以及研究生熊曳、朱利青参加了修改和定稿工作。

本书是华中师范大学出版基金资助的教材立项项目之一,经过近三年的编写与修改,终于成稿。本书能够出版,要感谢很多人的付出。感谢华中师范大学城市与环境科学学院胡静教授,从这门课程的开设到教材出版基金的申请都给予了很多无私的帮助;感谢华中师范大学信息技术系杨九民教授和刘晋萍副教授对这门课程的指导;还要感谢华师一附中的龙泉老师,以及这门课程的助理涂振发、林通、张继峰、张峰铭。

本书出版得到华中师范大学教务处和华中师范大学出版社的大力支持,在此付梓之际,表示衷心的谢意!

由于编者水平有限,书中难免出现缺点和错误,敬请广大读者批评指正。

编　者

2011 年 7 月

于桂子山

目 录

第一章 计算机辅助地理教学概说 … 1
- 第一节 计算机辅助地理教学的发展 … 1
- 第二节 计算机辅助地理教学的理论基础 … 8
- 第三节 计算机辅助地理教学的模式 … 15
- 第四节 计算机辅助地理教学的特点 … 20

第二章 CorelDRAW 在辅助地理教学中的应用 … 25
- 第一节 从整体上认识 CorelDRAW … 25
- 第二节 绘制对象 … 29
- 第三节 管理对象 … 40
- 第四节 CorelDRAW 12 地图绘图的一般流程 … 48

第三章 Flash 在辅助地理教学中的应用 … 59
- 第一节 从整体上认识 Flash … 59
- 第二节 Flash 运动动画在地理课件制作中的应用 … 68
- 第三节 Flash 形变动画在地理课件制作中的应用 … 74
- 第四节 Flash 引导层动画在地理课件制作中的应用 … 77
- 第五节 Flash 遮罩动画在地理课件制作中的应用 … 83
- 第六节 Flash 动画中交互与控制的实现 … 88

第四章 Google Earth 在辅助地理教学中的应用 … 92
- 第一节 Google Earth 的基础知识 … 92
- 第二节 应用 Google Earth 建立地理教学素材库 … 105
- 第三节 基于 Google Earth 的地理多媒体教学平台的开发 … 114

第五章 Stellarium(虚拟星象仪)在辅助地理教学中的应用 … 125
- 第一节 Stellarium 的基础知识 … 125
- 第二节 Stellarium 的基本功能 … 133
- 第三节 Stellarium 在地理教学中的应用 … 142

第六章 GIS 软件在辅助地理教学中的应用 … 147
- 第一节 GIS 与计算机辅助地理教学 … 147
- 第二节 GIS 数据管理和查询辅助地理教学 … 151
- 第三节 GIS 制作专题地图地理辅助教学 … 158
- 第四节 GIS 热链接辅助地理教学 … 166
- 第五节 GIS 地貌表达辅助地理教学 … 169

第七章　网络教学资源的利用与开发 ……………………………………………………… 172
　　第一节　网络教学资源概述 …………………………………………………………… 172
　　第二节　地理网络教学资源的获取 …………………………………………………… 174
　　第三节　网络教学资源管理 …………………………………………………………… 181
　　第四节　地理网络教学资源共享 ……………………………………………………… 188
参考文献 …………………………………………………………………………………… 194

第一章　计算机辅助地理教学概说

**本章导读：**

计算机辅助教学(Computer Assisted Instruction，简称 CAI)，对地理教学起着举足轻重的作用。本章将主要介绍以下三个方面的内容：第一，介绍计算机辅助地理教学的定义、我国计算机辅助地理教学的发展历程及特点，以及计算机辅助地理教学的发展对地理教学的影响；第二，重点介绍计算机辅助地理教学的理论基础，分析这些理论与计算机辅助地理教学的关系；第三，分析计算机辅助地理教学的优势以及应注意的问题。

第一节　计算机辅助地理教学的发展

学完本节，你将能够：

☆说出计算机辅助地理教学的定义；
☆了解计算机辅助教学的发展历程；
☆说明我国计算机辅助地理教学的发展历程及发展特点；
☆举例说明计算机辅助地理教学的发展对地理教学的影响。

计算机辅助教学作为一种现代教育技术，在地理教学中已得到普遍应用，它被认为是人类教育史上继文字出现、学校创立、活字印刷之后的第四次革命。CAI 代表着一种新的教学思想与教学方式，反映了一所学校教学手段现代化的程度。尽管它最初基于行为主义教学的思想已不再受到人们的特别关注，但在此基础上出现的各种 CAI、CAL(计算机辅助学习)模式成了教育现代化的重要内涵[①]。

一、计算机辅助地理教学的定义

由于研究者的视角不同，计算机辅助地理教学的定义有多种类型，概括起来主要包括以下几种：计算机辅助教学指的是用计算机帮助或代替教师执行部分教学任务，传递教学信息，对学生传授知识和训练技能，直接为学生服务的教学模式[②]。计算机辅助教学是指支持教学和学习的各类应用系统的统称。由于多媒体技术的发展及其在计算机中的广泛应用，所以也可以把计算机辅助

---

① 周跃良：《现代教育技术》，高等教育出版社 2008 年 1 月第 1 版，第 101 页。
② 周跃良：《现代教育技术》，高等教育出版社 2008 年 1 月第 1 版，第 101 页。

教学称为多媒体辅助教学[①]。计算机辅助教学是在计算机辅助下进行的各种教学活动,以对话的方式与学生讨论教学内容、安排教学进程、进行教学训练的方法与技术[②]。计算机辅助教学是将计算机应用于教学活动的技术,它的研究对象是教师、学生、计算机组成的人—机系统,CAI研究这个系统的构成、各要素之间的关系及其相互作用的规律[③]。计算机辅助教学即在教学中利用多媒体计算机的处理能力,将教学中涉及的文本、图形、图像和声音等媒体资料,按照一定的教学目标及要求组织起来,并按照一定的呈现形式,完成一定的教学任务的行为[④]。

从以上的定义可以看出,对计算机辅助教学的认识主要有以下几种:第一,计算机辅助教学是一种教学模式;第二,计算机辅助教学是各类应用系统;第三,计算机辅助教学是教学活动;第四,计算机辅助教学是一种技术;第五,计算机辅助教学是一种教学行为。

计算机辅助地理教学(Computer Assisted Instruction in Geography,简称CAIG)的概念是在计算机辅助教学的基础上发展而来的,可以从两个角度来定义,一是指利用计算机帮助地理教师进行教学活动。具体地说,即在地理教育理论的指导下,在地理教学中利用计算机多媒体及其相关设备和设施,遵循心理学的规律,按照一定的地理教学目标,将教学中所需要的教学内容、媒体资料等组织起来,并用一定的呈现形式作为辅助手段完成地理教学任务的行为[⑤]。二是指计算机为学生提供地理学习内容和学习程序,学生通过与计算机的交互活动、自主设计进行地理学习。CAIG为学生提供了一个良好的个人化学习环境,并且综合应用多媒体、超文本、人工智能和知识库等计算机技术,克服了传统教学方式上单一、片面的缺点。它的使用能有效地缩短学习时间、提高教学质量和教学效率,实现最优化的教学目标。

> **资料卡片**
>
> 计算机辅助教学的相关概念:
>
> (1)计算机辅助学习(Computer Assisted Learning,简称CAL),由美国的研究者提出,注重从学习者出发,设计适合学习者的"学件",是学习者有更大的学习自主性。
>
> (2)计算机化教学(Computer Based Learning,简称CBL),是CAI的同义词,作为高程度的计算机支持教学应用。
>
> (3)计算机辅助训练(Computer Assisted Training,简称CAT),主要指计算机在职业技能训练中的应用,如工业训练、军事训练等。
>
> (4)计算机辅助教育(Computer Based Education,简称CBE),它的原意是"计算机化教育",国内译为"计算机辅助教育"。将计算机的各类教育应用,包括在教学、研究和管理中以各种方式使用计算机统称为CBE。
>
> 资料来源:张珺、欧阳中万:《多媒体课件制作理论与实践》,湖南科学技术出版社2008年9月第1版,第3页。

---

① 杨文君:《大学计算机基础教程》,清华大学出版社2009年9月第1版,第217页。
② 张珺、欧阳中万:《多媒体课件制作理论与实践》,湖南科学技术出版社2008年9月第1版,第2页。
③ 刘亚平、郝谦:《计算机辅助教学与多媒体课件制作》,中国铁道出版社2004年5月第1版,第2页。
④ 盛正发:《计算机辅助地理教学的理论与实践》,《湖南师范大学学报》2004年第4期。
⑤ 段玉山:《信息技术辅助地理教学》,高等教育出版社2003年版,第21页。

二、计算机辅助教学的发展

(一)计算机辅助教学的发展历程

计算机辅助教学的发展大致经历了以下四个阶段,即启蒙期、形成期、发展期及创新期[①]。

(1)启蒙期(1958年以前):以1924年美国心理学家锡德尼·普莱西首先提出的利用机器进行教学的概念为代表,其思想及工作为CAI的诞生创造了条件。

(2)形成期(1958年至1970年):以美国为代表的物理学家、计算机科学家、心理学家的合作促进了关于学习理论的研究,也促进了计算机在教育领域的应用,美国心理学家斯金纳发表了《学习科学和教学的艺术》(1954年)和《教学机器》(1958年)等著作,并把他研制的教学机器用于美国军队教学中,使CAI从研究室走向社会,从理论研究走向实际应用。在这个阶段,程序教学有了一定的发展,随着程序教学法的风行,美国IBM公司于1958年设计了世界上第一个计算机辅助教学系统,利用一台IBM650计算机连接一台电传打字机向小学生教授二进制算术,并能根据学生的要求产生练习题,同时还提供一种编写课程程序的创作语言。1960年美国伊利诺大学建成了当时世界上规模最大的教学系统——PLATO(Programmed Learning And Teaching Operation),能提供150个专业的课程,它的1100个终端分布在美国国内多个地区。1963年斯坦福大学成立了CAI实验室。

(3)发展期(1970年至1990年):20世纪70年代延生了价格低廉的微型计算机,促进了CAI的迅速发展。美国斯坦福大学、加利福尼亚大学、杨伯翰大学都有自己的教学系统问世,IBM1500、TICCIT等教学系统也投入实际应用。随着多媒体技术的发展,20世纪80年代中期开始了CAI技术与多媒体技术相结合的研究,专家们致力于研制具有高度交互能力且集图、文、音频、视频于一体的多媒体教学系统。据1975年统计,当时美国高等教育体系中已有2500门课程都不同程度地使用了CAI。到20世纪80年代美国中小学使用计算机辅助教学的用机率占5%。20世纪80年代末,CAI教学占总教学时数的三分之一。这个时期,美、英、法等发达国家的CAI逐步从大学的高等教学向中小学基础教育过渡,再发展到职业教育、特殊教育等领域。

(4)创新期(1990年以后):进入20世纪90年代以后,计算机辅助教育的发展产生了新的飞跃,进入了一个新的发展阶段,主要表现在建构主义(Constructivism)学习理论的应用和多媒体、计算机网络的广泛应用。在这一时期,虚拟现实技术在教育中得到应用,因为它允许学生与虚拟环境中的各种信息进行交互,学生在学习中的主动性、创造力能得到较好的发挥。

(二)我国计算机辅助地理教学的发展历程及特点

1.我国计算机辅助地理教学的发展历程

我国的计算机辅助地理教学起步较晚,直到20世纪90年代才逐步开展起来。这一时期,我国的CAIG发展迅猛,在大、中城市及经济发达地区大面积开展计算机辅助教学,显示出CAI在教学中的重要作用。20世纪90年代初,我国在"九五"科技攻关项目中投资两千多万元,用于大、中、小学多媒体教学软件开发,计算机辅助地理教学随之有了进一步发展。到目前为止,我国的CAIG已有20年历史,虽然与发达国家相比还有很大差距,但CAIG在地理教学中的应用,是一个不可阻挡的趋势。根据CAIG在我国的发展状况,可将其大致分为以下三个阶段,如表1所示。

[①] 刘亚平、郝谦:《计算机辅助教学与多媒体课件制作》,中国铁道出版社2004年5月第1版,第4~7页。

表1-1-1　我国计算机辅助地理教学发展阶段

阶段	时间	主要表现形式	使用的计算机软件
普通CAIG运用阶段	20世纪80年代至20世纪90年代中后期	演示型课件,以文本、图像和计算机媒体来表达教学内容,静态为主,形式单一,交互性不够。	PowerPoint、Word及画图板等简单的工具。
多媒体CAIG发展阶段	20世纪90年中后期至21世纪初期	CAIG多媒体课件,集文本、图像、视频、音频及动画等为一体,呈现教学内容,动态性和交互性突出,具有形式多样、信息量大、可控性强等特点。	除了常用的软件外,还有Authorware、Photoshop、AutoCAD、Flash、FrontPage、3Dmax视频剪辑等相关软件。
网络技术下CAIG运用阶段	21世纪初期至今	交互式的地理教学课件,地理网络化教学和地理信息技术(GIS)的发展,具有信息更新快、交互性强、传输快等特点,使地理教学具有开放性,促进学生自主学习、合作学习。	互联网络技术、地理信息技术(GIS)、数字地球、Google Earth、Stellarium(虚拟星象仪)等。

2.我国计算机辅助地理教学的发展特点

虽然计算机辅助地理教学在我国起步较晚,但其发展却具有独特之处。首先,CAIG普及与发展的速度较快;其次,对其理论与实践的研究与探讨也随着计算机辅助地理教学的发展而不断深入;第三,计算机软、硬件技术的发展使计算机辅助地理教学有巨大的发展空间。

(1)发展迅速。我国计算机进入学校课堂教学始于20世纪90年代,当时仅限于大城市的中学,多数学校仅有一套计算机辅助教学的设备,且主要用于公开课、优质课的展示,教学以演示型PowerPoint课件为主,兼有使用Word及画图板等简单的工具。经过这20年的发展,随着计算机的软、硬件技术的完善与发展,目前,计算机辅助教学已经成为教学的常态形式,计算机辅助地理教学的设备在我国已非常普及,有相当一部分大、中城市的学校,计算机辅助教学设备甚至走进了每个教室。

(2)研究较深入。随着计算机辅助地理教学在我国的普及,对计算机辅助地理教学的理论探讨与实践应用的研究也逐步深入。对此进行研究的人员主要包括以下两类:一是高等院校的教师和研究生;二是中学教学一线的地理教师。其中高校的研究人员多从事理论与设计层面的探讨,主要包括计算机辅助地理教学的原理与理论的探讨、计算机辅助地理教学模式的探讨、多媒体教学软件的开发工具的探讨、计算机辅助地理教学素材库的建立和课件开发运用的探讨、地理信息系统(简称GIS)在计算机辅助地理教学中的应用探索等方面。而在中学一线教学的地理教师则多从事实践与应用层面的探讨,主要包括Authorware、Photoshop、AutoCAD、Flash、FrontPage等辅助地理教学课件开发、计算机辅助地理教学课堂应用研究、计算机辅助地理教学注意问题探究等方面。

(3)前景广阔。据调查:"以计算机技术、多媒体技术、网络技术等作为支撑的教育方式发挥了常规教育方式所无法达到的效益:可以减少40%的时间和30%的经费,可以提高30%~50%的学习速度。"计算机辅助地理教学具有立体、交叉、高速、便捷和美观的特点,通过集文本、声音、图形图像、动画于一体,可以化静为动,模拟再现抽象的地理过程;计算机技术的生动性更贴近于学生的生活和学生的认知发展,技术的挑战性更吸引学生的投入,为培养学生科学态度、科研能力和创新精神奠定了基础。

《国家中长期教育改革和发展规划纲要》特别提出:"信息技术对教育发展具有革命性影响。"地理信息技术包括地理信息系统(简称 GIS)、遥感(简称 RS)、全球定位系统(简称 GPS)和数字地球技术。一方面,以 3S、Google Earth、VR、Stellarium 等为代表的地理信息技术是中学地理教学的内容组成,《普通高中地理课程标准(实验)》在"基本理念"中"强调信息技术在地理学习中的应用";在"实施建议"中提出"重视地理教学信息资源和信息技术的利用";在"内容标准"中规定了学习"地理信息技术应用"的基本内容。如:要求"结合实例,了解遥感在资源普查、环境和灾害监测中的应用";"举例说出全球定位系统在定位导航中的应用";"运用有关资料,了解地理信息系统在城市管理中的功能";"了解数字地球的含义",并在"活动建议"中要求通过"收看相关电视节目,如 DISCOVERY 等,了解在野外考察中 GPS 的功能";"用电子地图(网络或光盘形式)查询城镇、交通、旅游等信息",通过收集和分析地理信息,培养学生获取地理信息和运用地理信息的能力。通过地理信息技术在中学地理实验教学中的运用研究,可以促进学生掌握先进的地理科学技术和地理信息技术。另一方面,它也是计算机辅助地理教学的重要工具,以网络化、数字化、多媒体化和智能化等为典型特征的现代计算机技术在地理教育领域得到广泛应用,正推动教育教学发生深刻变革。

三、计算机辅助地理教学的发展对地理教学的影响

(一)丰富地理教学资源

教学资源,通俗地说,是指一切可以帮助学生达成学习目的的物化了的显性的或隐性的、可以为学生的学习服务的教学组成要素。地理教学资源主要包括地理教学材料、地理教学环境及地理教学支持系统。计算机辅助地理教学从教学材料、教学环境以及地理教学支持系统等方面极大地丰富了地理教学资源。

1. 丰富了地理教学材料

教学资料是蕴含了大量的教育信息,能创造出一定教育价值的各类信息资源。地理学是一门研究人类赖以生存和发展的地理环境以及人类与地理环境关系的学科,研究的领域很广阔,它涉及自然科学和社会科学的很多方面,具有综合性、区域性、空间性和动态性等特点[1]。地理学的研究对象众多,使得地理现象和地理事物之间存在着复杂多样的联系,如此复杂的联系仅仅靠语言的描述是无法完成的。因此,地理教学材料不仅包括地理教材、地图,而且还包括地理实验等,而计算机的使用能极大地丰富地理教学材料。以地图为例,地理教学与地图有着密切的关系,可以这样说,没有地图就不可能有地理教学。因此,地图被称为地理的"第二语言"。各种类型的地图包含着丰富的地理知识,是许多地理知识的载体。网络环境下计算机辅助地理教学在这方面提供了极其丰富的地图教学资料。如 Google Earth、GIS、Stellarium 等具有地理学科特色软件的使用使地图由原来的静态的表达转变为立体的动态的表达,极大地丰富了地理空间表达方式,用 Flash、GIS、3Dmax 还可以设计制作出具有个性特色的立体地图。

2. 丰富了地理教学支持系统

计算机在表现地理信息方面具有快捷、准确、生动的特点,利用计算机技术,可以为地理教学提供更丰富的支持系统。例如,"地理过程"是地理教学的一个重要环节,传统的表达方式是以语言的描述为主,但是对于动态的地理过程用语言描述则需要学生读懂语言符号表达的含义,再利用想象或联想,将地理过程在大脑中"描绘"出来,这种"描绘"出来的"地理过程"因人而异,其中不可避免的有错误的成分,这将导致学生在理解地理过程、地理原理及规律等知识时出现偏差,而利

---

[1] 林崇德:《历史地理教学心理学》,北京教育出版社 2001 年版,第 212 页。

用计算机辅助地理教学支持系统,可以对各种动态过程进行模拟,对地理变化过程进行形象的"再现",有利于学生对"地理过程"的理解。

3. 优化了地理教学环境

地理教学环境不仅是指地理教学过程发生的地点,更重要的是指学习者与教学材料、支持系统之间在进行交流的过程中所形成的氛围,其最主要的特征在于交互方式以及由此带来的交流效果。计算机技术的发展,人机对话的实现,使学习者可以根据自己的实际情况选择学习资源,使地理教学由传统的师生、生生在一定的时间、地域空间——教室的对话,演化到师生、生生、人机不受地域和时间限制的对话,优化了地理教学环境。

(二)创新地理教学方法

传统的地理教学方法在讲解法、讨论法、启发式谈话法等基础上糅合了地理学科特色,这样的教学方法包括地图法、纲要信号图示法等。计算机辅助地理教学融入了现代信息技术,学习者面对的信息渠道复杂、信息表达方式多样、信息量非常丰富。如何将信息进行有效地分解、加工、梳理、归纳,使学习者在进行信息加工时更加便利有效,这就要求在计算机环境下必须创新地理教学方法。计算机环境下创新地理教学方法应该注意以下两点:

1. 凸显地理的过程与方法

新课程改革在课程目标的设置上规定了过程与方法的目标,这是以往的地理课程目标所不具有的。课标提出的"过程"是对科学研究的一种"仿真",强调学生要像科学家那样亲历科学探究的过程,但又不能与科学家的研究画等号,它强调的是让学生经历类似科学研究的过程,以获取知识,领悟科学的思想观念、科学家们研究自然界所用的方法而进行的各种活动,其实质在于要使学生感知、体验科学家是如何把"科学的过程"仔细恰当地运用到问题解决中来的[①]。众所周知,在传统地理教学中地图法、纲要信号图示法等教学方法,均不可能很好地实现地理的过程与方法目标。然而,计算机辅助地理教学提供的丰富的支持系统和地理教学环境却可以为地理过程与方法目标的实现提供可能。例如,地理科学的基本过程包括地理观察、地理分类、地理交流、地理推断、地理预测、认识空间—时间等,大部分都可以通过计算机来实现。地理科学的综合过程包括提出地理问题,形成假设,收集、整理、分析资料,得出结论,表达交流等,都更需要计算机辅助。

2. 突出地理能力培养

地理学科能力的培养是地理教育的关键,地理学科的能力主要包括地理知识学习能力(地理知识感知能力、记忆能力、理解能力、迁移运用能力)、地理实践能力(地理观察考察能力、地理实验能力、地理调查能力、绘制运用地图能力等)、地理空间能力(空间感知、空间表达、空间分析能力等)、地理现代技术运用能力、地理信息处理能力(地理信息收集加工、分析能力)、解决地理问题的能力(地理决策、预测能力)等。可以说地理学科能力是一个非常丰富的体系结构。在传统的地理教学中,由于受技术条件和环境因素的制约,往往无法充分地培养学生的地理能力,然而在以计算机技术使用为标志的信息技术环境下,为学生地理能力的培养提供了充分的条件,尤其是地理空间能力、地理现代技术运用能力、地理信息处理能力以及解决地理问题的能力。

(三)优化地理教学过程

教学过程,即指教学活动的展开过程,是教师根据一定的社会要求和学生身心发展的特点,借助一定的教学条件,指导学生主要通过认识教学内容从而认识客观世界,并在此基础之上发展自身的过程。利用计算机技术,可以激发学生地理学习的动机,增进学生对地理知识的理解。

---

① 袁孝亭:《准确理解地理过程与方法目标中的"过程"与"方法"》,《地理教育》2009年第1期,第4~5页。

1. 激发学生的地理学习动机

"地理学习动机是驱动学生学习地理以满足其学习需要的动因或力量。"[①]只有充分激发了学生地理学习动机才能引发学生对地理学习的愿望、好奇心、兴趣和求知欲，才能使学生从"要我学"的被动局面中解脱出来，转向"我要学"、"我会学"，甚至达到"我爱学"、"我乐学"的境界。学生地理课堂学习的动机主要由以下三个方面的内驱力构成：认知内驱力、自我提高内驱力和附属内驱力。计算机多媒体技术集文字、图像、声音于一体，可以充分地调动学生的视觉、听觉、触觉等多种感觉器官，合理地利用计算机多媒体技术，对激发学生地理学习的动机可以起到事半功倍的效果[②]。

2. 改进学生地理知识体系建构过程

地理知识体系的构建过程是一个复杂的学习心理活动过程，传统的地理教学过程是通过师生之间的授受过程来帮助学生构建地理知识体系的，这种简单、武断的过程被人们形象地称为"填鸭式"的教学过程，计算机环境下对改变这种教学过程具有积极的促进作用。以地理数据教学为例，地理数据是指表征地理圈或地理环境固有要素或物质的数量、质量、分布特征、联系和规律的数字、文字、图像和图形等的总称，它是地理知识的重要组成部分，通过对地理数据进行分析，得到有关地理事物的空间位置、属性特征及时态特征等，地理信息系统的运用在这方面就具有传统地理教学无可比拟的优势。

（四）改变地理学习方式

学习方式（learning approach 或 learning style）是当代教育理论研究中的一个重要概念，指学生在自主性、探究性和合作性方面的基本特征。传统的学习方式把学习建立在人的客体性、受动性和依赖性的基础上，忽略了人的主动性、能动性和独立性。转变学生的学习方式就是要转变这种单一的、他主与被动的学习方式，提倡和发展多样化的学习方式，自主性（主动性）、探究性和合作性是学习方式的三个基本维度，新课程改革由此特别提倡自主、探索与合作的学习方式[③]。

计算机环境下网络技术和数字地球技术改变了传统的信息来源方式、信息通道，信息资源变得非常丰富，为学习方式的改变提供了环境，学习信息的丰富性决定了学生的学习方式涵盖了提取信息、筛选信息、分析信息的过程，增强了学习过程的探究性。目前探究的一个热点问题——计算机支持下的协同学习（Computer Supported Collaborative Learning，简称 CSCL）认为，学习最终关注的是个体的发展。它以协同学习、系统协同思想和知识管理为基础，适应知识与技术的发展，是一种面向知识时代的学习技术系统新框架。协同学习是对现有学习技术系统框架的突破：在信息、知识、行动、情感、价值之间建立有机的、协同发展的联系；在交互层面，提供内容与学习者深度互动；在通信结构层面，提供信息聚合机制；在信息加工层面，提供群体思维操作和合作建构机制。简而言之，我们将协同学习的基本原理归纳为"深度互动，信息汇聚，集体思维，合作建构，多场协调"[④]。

综上所述，计算机网络技术的发展，使得计算机辅助地理教学发生了深刻的变化，对地理教学产生了深远的影响，地理教学如何更新自己的教学理念、创新教学方法、优化教学过程、改进学习

---

① 陈澄：《地理教学论》，上海教育出版社 2002 年 8 月第 1 版，第 300 页。
② 陈实：《充分利用计算机多媒体技术激发学生地理学习的动机》，《中国电化教育》2005 年第 9 期，第 60～70 页。
③ 孔企平：《论学习方式的转变》，《全球教育展望》2001 年第 8 期，第 19～23 页。
④ Zhu Z T, Wang Y M, Luo H W. Synergistic Learning for Knowledge Age: Theoretical Model, Enabling Technology and Analytical Framework. Heidelberg: Springer Berlin, 2008.

方式,还有很多问题值得研究和探讨,有广阔的发展前景。

实践探索

1. 谈谈你对计算机辅助地理教学的理解。
2. 叙述计算机辅助地理教学的发展历程,举例说明各阶段的主要特点。
3. 举例说明计算机辅助地理教学的发展对地理教学的影响。

第二节 计算机辅助地理教学的理论基础

学完本节,你将能够:

☆ 简述信息加工理论的主要内容,举例说明其对计算机辅助地理教学的启示与指导;

☆ 简述建构主义学习理论的主要内容,举例说明其对计算机辅助地理教学的启示与指导;

☆ 简述协同学习理论的主要内容,并能够说明其对计算机辅助地理教学的指导;

☆ 简述活动理论的主要内容,并从活动理论的视角简述计算机辅助地理教学设计应注意的问题;

☆ 举例说明地理教学理论对计算机辅助地理教学的指导。

计算机辅助地理教学与传统的地理教学相比,在教学方式、教学媒体等方面均有很大的差别,因此,需要用现代的学习理论、地理学科理论来指导CAIG,适时改变自己的教学观念、教学方法和教学手段,充分发挥计算机辅助地理教学的优势,优化地理教学过程,提高教学效率。计算机辅助地理教学要以信息加工理论、建构主义学习理论以及地理学科教学论等理论和原理作为指导。

一、信息加工理论

认知心理学认为,学习就是一个信息加工的过程,这一过程可分成若干个阶段,每个阶段需进行不同的信息加工处理。学习者将知识以信息的形式进行分解、加工、记忆,最终使个体获得知识并贮存在记忆中,这就是信息加工学习理论的原理①。人的信息加工过程通常分成三个阶段,即感觉记忆、短时记忆和长时记忆。如图1-2-1所示。

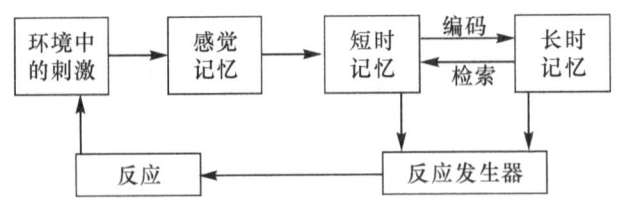

图 1-2-1 信息加工学习理论的模型

在这三个信息记忆过程中,感觉记忆、短时记忆和长时记忆都是信息贮存库,用于保存信息,但其分工却不尽相同。学习者从环境中接受刺激,刺激推动感受器,并转变为神经信息。这时该信息进入感觉登记,这是非常短暂的记忆储存,一般在百分之几秒内就可把来自各感受器的信息登记完毕。有些部分登记了,其余部分很快就消逝了,这涉及注意或选择性知觉的问题。被视觉

---

① 李勇帆:《多媒体CAI课件设计与制作导论》,中国铁道出版社2007年版,第42页。

登记的信息很快进入短时记忆,信息在这里可以持续二三十秒。短时记忆的容量很有限,一般只能储存七个左右的信息项目。一旦超过了这个数目,新的信息进来,就会把部分原有的信息删除。如果想要保持信息,就得采取复述的策略。但复述只有利于保持信息以便进行编码,并不能增加短时记忆的容量。当信息从短时记忆进入长时记忆时,信息发生了关键性转变,即要经过编码过程。所谓编码,并不是把有关信息收集在一起,而是用各种方式把信息组织起来。信息是以编码的形式储存在长时记忆中的。一般认为,长时记忆是个永久性的信息储存库[①]。

教学的目的就是要把知识贮存到学生的长时记忆中,教师应有意识地采取适当措施,使学生保持对所学内容的注意,使信息首先进入短时记忆阶段,然后对短时记忆中的信息进行加工,使之进入长时记忆中,这是教学中所要重点解决的问题。

心理学家发现,计算机程序可以用来描述人类思维和学习的方式。计算机辅助地理教学的程序和课件设计人员要充分考虑学习者学习过程中的信息加工的过程,用计算机来模拟人类解决问题的过程和学习过程,改进计算机加工信息的方式,使其更符合学生的认知规律。一是要利用CAIG课件丰富的表现手法,完善和更新地理教学信息,使学习内容更加生动、有趣、新颖,引起学生的感觉记忆;二是将重点内容,如重要的地理概念、地理原理、地理过程等,利用多媒体高效的集成环境,运用色彩、动画等技术使之和其他信息区别开来,在呈现方式上增加突出性、生动性和趣味性,促进短时记忆;三是要精心设计反馈练习,充分体现CAIG的交互优势,强化已掌握的内容,巩固长时记忆,在整个过程的各个环节,还要考虑到信息传播的方式、信息的传递速度以及信息的容量等问题,以增强信息传递的有效性。

> **说明**
>
> 实验表明,在教育传播过程中,信息的编码方式不同,信息的传递速度也不同,如表1-2-1所示。
>
> 表1-2-1 信息的编码方式与信息的传递速度
>
> | 信息的编码方式 | 信息的传递速度 |
> | --- | --- |
> | 用语言描述使人识别 | 需2.8秒 |
> | 用线条图使人识别 | 需1.5秒 |
> | 用黑白照片使人识别 | 需1.2秒 |
> | 用彩色照片使人识别 | 需0.9秒 |
> | 直接看实物使人识别 | 需0.7秒 |

如"正午太阳高度分布与变化规律"这一教学内容比较抽象,是教学中的重点同时也是难点,学生理解起来有一定的困难,但借助Flash多媒体动画课件可以直观地演示一年之中太阳直射点的回归运动,以及全球正午太阳高度的变化规律,不仅能引起学生学习该知识的兴趣,而且能反复演示从太阳直射点的年回归运动到"二分二至"的分布情况,帮助学生较快地发现正午太阳高度的分布规律,这样的交互演示还能促进学生的长时记忆。

此外,信息加工理论还强调控制三种记忆阶段相互之间的转换,这需要一定的认知策略,即如何进行知识信息的处理。在设计CAIG时要采取适当的策略,促进学习者长时记忆的形成。另外,CAIG所包含的信息量丰富而且信息传递速度快,课件设计时要根据学习者的认知心理特点及

[①] 冯忠良等:《教育心理学》,人民教育出版社2010年版,第125页。

教学内容的难易程度,对地理教学内容进行加工处理,例如添加一些必要的支持信息,适当重复和巩固,以保证信息传递的有效度。

二、建构主义学习理论

建构主义认为,学习是学习者在一定的情境即社会文化背景下,借助其他人的帮助,即通过合作活动而实现的主动构建知识意义的过程。因此,建构主义学习理论强调以学生为中心,认为"情境"、"合作"、"主动学习"和"意义建构"是学习环境中的四大要素[①]。计算机辅助地理教学也正是基于情境、合作、自主学习等的学习模式,因而受建构主义的指导与影响。

建构主义还认为,学习的过程具有以下三个基本特点:

(一)情境性

建构主义学习理论的基本观点认为,学习总是与一定的社会文化背景,即"情境"相联系的,在真实的情境下进行学习,可以激发学习者的学习热情,让学习者觉得自己所学的知识能应用到生活中解决实际问题,从而积极主动地参与到学习过程中。在学习过程中,学习者能利用自己原有认知结构中的相关经验,同化当前正在学习的新知识,从而建构起新的属于自己的知识结构。通过在情境下的合作学习、师生之间相互交流,不仅可以提高教学效率,促进学习者知识建构的过程,同时也可以培养与他人合作学习的意识。

在传统的课堂讲授中,由于不能达到实际情境所具有的生动性、丰富性,因而使学习者对知识的意义建构发生困难。而计算机多媒体与仿真技术和网络技术相结合,则能产生身临其境的逼真效果,为学习者创设一个真实的情境。如计算机多媒体技术能为学生提供界面良好、形象直观的交互式学习环境,能提供图文并茂的多重感官综合刺激,激发学生的学习兴趣。多媒体技术还是创设真实情境的有效工具,有利于促进学生积极主动地学习,达到合作学习的效果,使学生更好更有效地获取相关信息,完成知识的构建。

再如,地震给人们的生活造成了极大的威胁与灾害,这是有目共睹的事实,避震常识已成为每个公民必备的地理知识。在讲解"地震"这一内容时,可以先从"地震来了,我们躲在哪里"这个Flash小游戏开始,让学生参与到如何避震这一活动当中,思考哪些方法才是正确的避震方法及为什么正确,再引出地震是如何产生的、有什么特点等学习内容。教师利用 CAIG 先创设一个模拟的避震情境,让学生一开始就带着好奇心投入积极学习的状态中,通过讲解、交流等,建构自身关于地震的知识结构。

(二)协作与会话

建构主义者主张:"知识不仅是在个体与物理环境的相互作用中建构的,社会性的相互作用同样重要。"[②]建构主义者强调,学习是通过某种社会文化的参与而内化相关的知识和技能、掌握有关的工具的过程,这一过程常常要通过一个学习共同体的合作互助来完成。学习共同体的协商、互动和协作对知识建构具有重要的意义。具体体现在以下三个方面:

1. 智慧的分布和共享

通过小组协作的形式对活动任务进行分解,每个小组成员负责不同侧面的子任务,这样学习小组就可以共同进行单个学生无法完成的复杂探究任务。围绕某个探究主题,小组中的每个学生都成为某方面的"专家",他们彼此交流探究成果,分享经验感受,共同贡献于集体任务,达到共同建构知识的目的。

---

① 袁振国:《当代教育学》,教育科学出版社 2004 年版,第 184 页。
② 杨莉娟:《活动理论与建构主义学习观》,《教育科学研究》2000 年第 4 期,第 59 页。

2. 认知整合和思想改进

通过协作互动，学习者可以表达多元化的理解，在学习共同体中进行交流争论，从而达到观点整合和思想改进的目的。这有助于激发学生的深入思考和批判性反思，帮助他们建构起更深层次的知识，发展多视角的理解。

3. 思维的外显化和精致化

为了和他人交流、共享自己的想法，学生必须首先将自己的思路及观点明确化，并提供足够的证据支持，进行自我解释。这样，学生的知识和思维策略都被外显化和精致化了，这有利于促进学生的反思监控，提高思维和学习活动的质量[1]。

计算机辅助地理教学过程中学生的学习过程是通过师生对话、人机对话、生生协作而完成的，因此设计有利于协作与会话的情境，形成良好的人机、人人交互机制是非常重要的。

（三）主动建构性

建构主义认为，学习不是由教师向学生像传递物品那样直接传递知识，而是学生自己建构知识的过程；学生不是被动的信息接受者，而是信息的主动建构者，这种建构不可能由其他人代替。

学习是个体建构自己的知识的过程。这意味着学习是主动的，学生不是被动的刺激接受者，他要对外部信息进行主动地选择和加工，因而不是行为主义所描述的刺激—反应过程。而且，知识或意义也不是简单地由外部信息决定的。外部信息本身没有意义，意义是学习者通过新旧知识经验间反复的、双向的相互作用过程而建构成的。其中，每个学习者都在以自己原有的经验系统为基础对新的信息进行编码，建构自己的理解，而且原有知识又因为新经验的进入而发生调整和改变，所以学习并不是信息简单的积累，它同时包含由于新旧经验的冲突而引发的观念转变和结构重组。学习过程并不是信息简单的输入、存储和提取，而是新旧经验之间双向的相互作用的过程。因此，建构主义与认知主义的信息加工论有所不同[2]。

计算机辅助地理教学的课件设计、信息筛选、编码与处理要充分地考虑学生已有的知识和经验，要有利于学生自主建构学习。

三、计算机支持协同学习理论（Computer Supported Collaborative Learning，简称 CSCL）

计算机支持下的协同学习理论以协同学习、系统协同思想和知识管理为基础，适应知识与技术的发展，是一种面向知识时代的学习技术系统新框架。协同学习是对现有学习技术系统框架的突破：在信息、知识、行动、情感、价值之间建立有机的、协同发展的联系；在交互层面，提供内容与学习者的深度互动；在通信结构层面，提供信息聚合机制；在信息加工层面，提供群体思维操作和合作建构机制。简而言之，我们将协同学习的基本原理归纳为"深度互动，信息汇聚，集体思维，合作建构，多场协调"[3]。

计算机支持下的协同学习理论认为，学习最终关注的是个体的发展，用协同学的观点，把学习分成两个层次，即个体内部协同过程和个体间协同过程[4]。

（一）个体内部协同过程

一个人的学习过程主要是其大脑的思维过程。学会认识和操作某个对象的关键是形成对该

---

[1] 冯忠良等：《教育心理学》，人民教育出版社 2010 年版，第 156 页。
[2] 冯忠良等：《教育心理学》，人民教育出版社 2010 年版，第 155 页。
[3] Zhu Z T, Wang Y M, Luo H W. Synergistic Learning for Knowledge Age: Theoretical Model, Enabling Technology and Analytical Framework. Heidelberg: Springer Berlin, 2008.
[4] 赵剑、靳玉乐：《计算机支持下的协同学习》，《电化教育研究》2000 年第 4 期，第 48 页。

对象的认知结构,协同学习把这种相对稳定的结构状态称为"有序",认识不清显然就是"无序",由"无序"到"有序"就是个体的知识建构过程。有序的认知结构可能是对对象的正确认识,也可能是对对象错误的或片面的认识。

(二)个体间协同过程

个体都有自己不同的认知策略和经验世界,即存在个体差异。如果某种思维是正确的,又是占优势的(不论一开始就占优势或逐渐占优势),比如基于个人经验的判定认为它是正确的,我们就把这种优势思维称作该协同过程的"序参量",序参量决定系统自组织的方向。

在传统教学中,教师不可能关注到每一个学生,个别教学程度很低,也就是通过教师影响学生的内部协同过程的程度是比较低的。但在群体中并非全部认知都有误,代表正确意见的学生在教师的影响下,较易让自己的看法占有优势,使群体内那些建构有误的学生会与"序参量"协同一致,修正自己的思维。对于整个群体来说,知识建构是有效的,个体也通过非个别化教学方式而达到个别化教学的效果。

协同学习强调学习参与者同时取得进步,团队中占优势的思想("序参量")决定了团队的前进方向,它会引导团队成员向这个方向过渡,从而达到"同"的效果,因此协同学习需要在团队中建立正确的"序参量",以便引导团队成员向这一方向同化,从而实现同时取得学习效果的目的,避免协作学习中可能出现的掉队或者搭便车(Pick-up)现象。

协同学习理论指导下的计算机辅助地理教学中有三个重要环节:一是对计算机辅助地理教学的各种软件的系统学习必须有利于学习者个体内部协同过程,这就要求教师要了解不同学习个体的风格、特点、认知结构,设计出适合个体差异性的学习环境、学习步骤,因此计算机辅助地理教学设计中的随机通达性非常重要;二是计算机辅助地理教学必须有利于个体间协同过程,计算机辅助地理教学过程的设计应考虑教师引导学生将各自的信息汇聚一起,在学习过程中包含讨论、交流、互动环节,通过深度互动、多场协调,形成合作建构的模式;三是计算机辅助地理教学必须有利于适时参与,帮助建立正确的"序参量",协同学习理论的关键环节是正确的序参量的确立,因为它影响或改变着协同学习群体的思维方向,是群体由"无序"走向"有序"的关键,在这里,教师的适时调控与参与是非常关键的。

四、活动理论

活动理论发端于20世纪30年代的苏联心理学界,以维果茨基、列昂捷夫为代表的苏联心理学界社会文化历史学派对它的产生与发展作出了重要的贡献,后经科尔、恩格斯托姆等人的研究与发展,形成了比较完整的理论体系。

第一代活动理论重点突出了维果茨基提出的中介概念,他认为,人类行为是以工具和语言、符号、意义和技术之类为中介物。维果茨基首先将文化制品和人类行动关联起来,从而将个体与社会关联起来。列昂捷夫从心理学的角度探讨了活动的结构和意义,他认为,活动是以心理反应为中介的生活单位。活动可以分为外部的实践活动和内部的心理活动,且二者具有共同的结构,活动、动作、操作和与其相应的需要——动机、目的、条件,二者相互转化。之后,恩格斯托姆拓展了第一代的活动理论,使对于活动的分析能够在集体和共同体的宏观层面上进行,在理论架构中增加了规则、共同体和分工这三个重要的社会要素,从而将个体和共同体的互动凸显了出来,并强调在活动系统中矛盾的存在对于变化和发展具有推动作用。这就是第二代活动理论,第二代活动理论如图1-2-2所示。

正是从第二代活动理论开始,研究活动理论的心理学家才开始关注个体与共同体之间的复杂关系,认为历史进化中的劳动分工使得个体行为和集体行为有所区别,从而为第三代活动理论对共同体的强调与关注做好了理论上的铺垫。

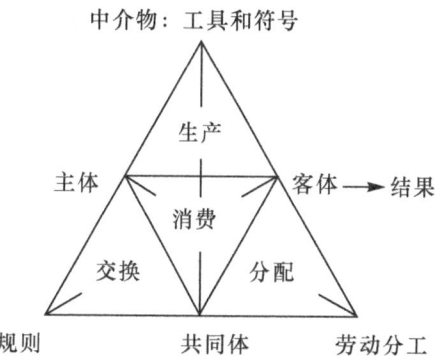

图 1-2-2　第二代活动理论的三角形模型：人类活动系统的结构

2001年,恩格斯托姆分析了学校因封闭而造成的种种弊端,提出以"学习者集体"和"高级学习网络"来突破学校的制度限制,将活动与活动相互联系,形成更大的活动系统,增加了活动的开放性与活动之间的交互性。这是对活动理论进一步的发展,是目前最完善的活动理论,也被称为第三代活动理论。如图 1-2-3 所示。

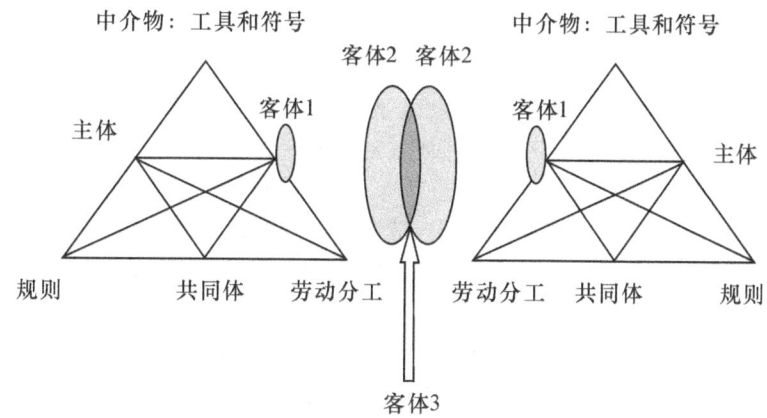

图 1-2-3　第三代活动理论模型：有部分共享客体的两个活动系统的交互

从活动理论的视角来看,计算机辅助地理教学应注意以下几个方面：

1. 设计好中介物

维果茨基认为,中介物(工具)的使用引起了人类新的适应方式,即物质生产的间接方式,不是像动物那样,以身体的直接方式来适应自然。物质生产的工具本身并不属于心理的领域,但它却导致了人类"精神生产的工具"——人类社会所特有的语言和符号的出现。我们知道,所有的高级心理技能都有借助一定符号的中介过程,符号是用来掌握并指导这些高级心理技能的基本工具。对于计算机辅助地理教学来说,计算机、各种软件及软件的呈现和表达都是中介物,均会进入高级心理的结构中,都会影响学生相关感觉和意义的生成。因此,中介物的设计是至关重要的。

2. 同时关注个体和共同体

对个体的关注要求学习过程中注重每个学习者的知识背景和学习状态,关注学习者在建构新知识的过程中所出现的不同观点,让学习者有机会充分表述自己的观点,并在与他人的交流中反思和改进这些观点。共同体与主、客体构成稳定的三角结构,对于共同体的关注是影响个体学习的关键。

3. 注重教学过程的动态性和非预定性

视教学设计为纯粹技术工作的观念已被教育研究和实践者所超越,教学过程的动态性和复杂性使完全预定学习程式的教学设计方法难有理想的成效。在教学过程中,不同的学习者对学习的对象和目标进行协商,也在学习过程中出现事先无法预想的观点。学习者之间的互动也促进着学习者不断完善或者修正自己的观点。对生成中的新目标和新观点,需要以灵活的教学机智去判断、分析和应对①。

五、地理教学理论

计算机辅助地理教学是在地理这门学科教学中运用计算机辅助,所设计、教学的内容为地理学科内容,服务于地理教学,因而必须遵从地理学科的教学规律,以地理学科的教学理论为指导。

(一)使用CAIG,丰富学生的地理感知

地理是空间科学,具有区域性和综合性的特点。地理学习最有效的方法之一是能身临其境,体会各个地域的特点,但是受时空的限制,我们又无法实地走访每一个地区。如在探讨世界各地区的地理景观时,学生往往无法体会及接触当地的风土文化,若用传统的方法想进一步在国内收集世界各地区的气候、地质、地形、生物、社会、经济等地理资料,更是困难。而计算机技术能将丰富的地理信息进行叠加、组合、分类等,有利于学生理解相关的地理原理和规律等综合性的地理知识。通过Google Earth等网络技术,学生可以收集到世界各地的资料,身临其境般地体验到世界各地的地理空间格局和风土人情。

(二)重视地图,突出地理的时空性

地理学的研究对象众多,使得地理现象和地理事物之间存在着复杂多样的联系,而这些联系如果能运用有关的地图进行解释,多能迎刃而解,从而避免知识的孤立割裂。众所周知,地理教学与地图有着密切的关系,没有地图就不可能进行有效的地理教学,因此,地图被称为地理的第二语言。各种类型的地图,包含着丰富的地理知识,是许多地理知识的载体。

地图既具有直观具体性,又具有抽象概括性,所以,地图是地理教学中重要的思维工具。计算机在表现地图信息方面具有快捷、准确、生动的特点,利用计算机技术可制作出一幅幅叠加、整合、静动结合的地图,教师可按不同的教学要求显示或突出所讲的内容。计算机还具有对各种动态过程进行模拟、对信息变化进行形象的描述、出图迅速等优势。

(三)使用CAIG,突出地理教学的学科方法特点

计算机辅助地理教学运用的成功与否,其中关键的一点是看在使用CAIG时是否突出了地理教学的学科方法及特点。例如,区域差异性是地理学科重要的概念之一,计算机在运用比较法来掌握区域的特点和差异这方面就有很大的优势。在CAIG教学中,对地理数据、地理事物、地理现象和地理区域进行比较,找出它们的异同,认识地理事物和现象的本质,有助于对所学的地理知识形成鲜明而准确的印象。

地域差异是客观存在的,但也有一定的规律,地理学科涉及的空间范围如此庞大,我们不可能经常用实地考察的方法教授各个地域的特点,而横向比较可以帮助学生理解和掌握不同地区间地理要素的相似性和差异性。例如,我国南方北方以秦岭—淮河为界,自然条件、社会经济、风土人情方面都有很大的差异。在教学中运用计算机辅助教学,将两个区域的差异用各种表格、数据、事实材料、图片或视频展示出来,让学生通过感官认识,总结两地的地域差异规律,在比较中形成两类不同地区的完整概念。

(四)使用CAIG,巩固强化地理教学

学生要有效地掌握地理教学的内容,巩固和强化环节是必不可少的。常规课堂上用语言对知识点进行的重复和梳理,形式较为单一,而运用CAIG可以巩固强化教学环节的趣味性,变枯燥的

---

① 郑太年:《从活动理论看学校学习》,《开放教育研究》2005年第2期,第66页。

机械记忆为有趣的联想式记忆。例如,在讲解"中国行政区划"这一节时,可以运用 CAIG 设计的"中国省级行政区划拼图游戏",通过游戏中设置的难度、等级、分数,激发学生的竞争感,在游戏中收获知识、强化记忆。此外,中国的主要山脉、世界洋流的分布、中国铁路网等内容也可以采用类似的方法,进行游戏竞争记忆。如地理数据是地理科学性的重要体现,对地理数据的教学可以通过 CAIG 绘制地理图表,直观、形象地表现地理数据,或是进行地理数据的对比分析,通过对地理数据的计算和综合分析进行发现规律的创造性教学。

实践探索

1. 与同学讨论信息加工理论对计算机辅助地理教学的启示与指导。
2. 与同学讨论建构主义学习理论对计算机辅助地理教学的启示与指导。
3. 简述 CSCL 理论的主要内容及其对计算机辅助地理教学的启示与指导。
4. 简述活动理论的主要内容及其对计算机辅助地理教学的启示与指导。
5. 简述地理教学理论对计算机辅助地理教学的指导。

第三节　计算机辅助地理教学的模式

学完本节,你将能够:

☆用科学的语言表述计算机辅助教学模式的定义,并能简述计算机辅助教学主要的模式类型;
☆简述计算机辅助地理教学主要模式类型及其主要特征;
☆根据教学实际选择计算机辅助地理教学的模式。

一、计算机辅助教学的模式

计算机辅助教学模式是指为了完成一定教学目标或达到一定学习效果,在学习规律和学习理论的指导下,结合计算机技术的特点和优势,在计算机辅助教学课件的存储、运行、表达、操作等诸方面形成的比较典型、稳定和成熟的计算机辅助教学形态①。计算机辅助教学的模式很多,常用的有课堂演示模式、操练练习模式、网络教学模式、协作模式、个别化学习模式、虚拟仿真(模拟)模式、教学游戏模式、智能授导模式等十多种。在教学实际中可以依据不同的标准来对现有的模式进行归类。我国教育技术学者祝智庭对教学模式从认识论(个别化或集体化)和价值论(教师中心或学生中心)两个维度进行了分类,并提出计算机辅助教学的分类框架及相关模式,如图 1-3-1 所示②。

计算机辅助教学的分类框架将计算机辅助教学的模式分为以下四类。第Ⅰ类:客观主义—个体主义,也就是教学过程以教师为中心,兼顾个别化学习的模式,主要有个别辅导、操练与练习、教学测试、模拟、问题解决、教学游戏和智能授导;第Ⅱ类:建构主义—个体主义,也就是教学过程以学生为中心,以个别化学习为主的模式,主要包括微型世界、案例学习、认识工具、基于资源的学习、情境化学习;第Ⅲ类:建构主义—集体主义,也就是教学过程以学生为中心的集体学习为主的模式,主要包括研究性学习和计算机支持的协作学习两种模式;第Ⅳ类:客观主义—集体主义,也

---

① 张有录:《媒体教学论》,国防工业出版社 2008 年 7 月第 1 版,第 239 页。
② 徐明成:《现代教育技术》,电子工业出版社 2008 年 4 月第 1 版,第 99 页。

就是教学过程以教师为中心的集体教学模式,共有两种模式——虚拟教室和计算机支持讲授。这些模式是传统的课堂教学的一种改进。使用计算机支持讲授的模式进行教学,为课堂教学增加了计算机的元素,使得教学信息的传递多元化,课堂教学更具吸引力①。

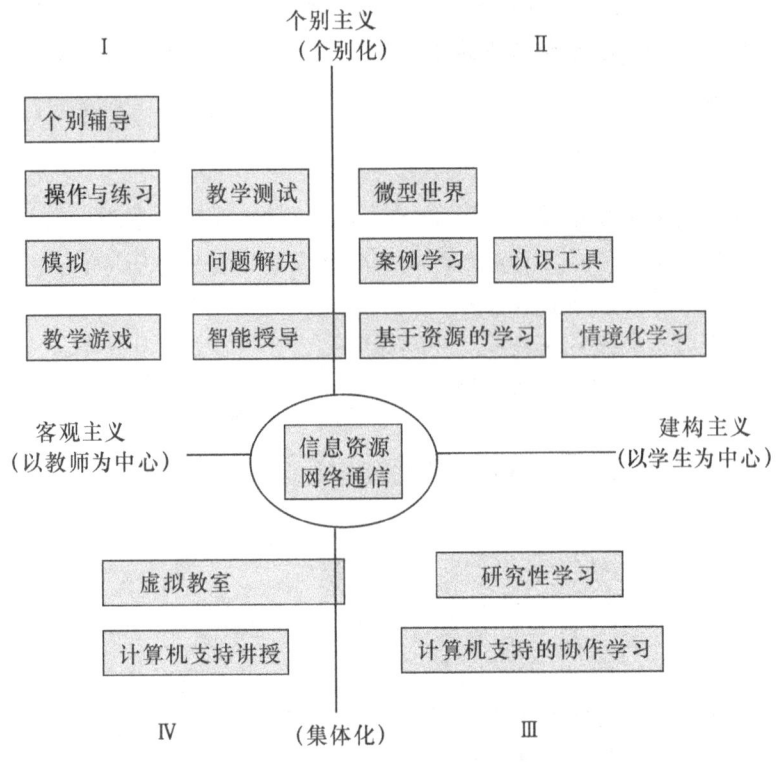

图 1-3-1　计算机辅助教学的主要模式及分类框架

二、计算机辅助地理教学主要模式

(一)基于计算机支持的讲授—演示型模式

基于计算机支持的讲授—演示型模式是教学过程中以教师为中心的集体教学模式,也是目前计算机辅助地理教学运用最为广泛的模式。该模式是指地理教师在课堂上操作计算机,向学生展示教学内容,是一种面向全体学生的使用方式。它可以展示地理事物发展和变化的过程、地理景观类型、地理事物的空间分布等。

基于计算机支持的讲授—演示型模式的理论基础是行为主义学习理论,是通过联系——反馈——强化等过程进行的,这样反复的循环过程能促使学习者的行为达到预定的学习目标。基于计算机支持的讲授—演示型模式的基本教学程序是:复习旧课——激发学习动机——讲授新课——巩固练习——总结,在每一个环节计算机均可以参与进来进行辅助教学。但该模式在实际应用中往往容易出现以下问题:第一,教学内容如何选取。不是所有的教学内容都适合用计算机支持的讲授—演示型模式,什么样的教学内容才是适合的,在进行教学分析和设计时必须充分考虑;第二,教学过程中什么时间适合用计算机支持。一节计算机支持的讲授—演示型课并不是每一个教学环节都需要计算机支持,因为计算机的信息传播速度快,信息容量大,如果运用不当,容易造成"人灌"+"机灌",反而不利于教学效果的实现;第三,如何设计课件的交互性。为了提高课

---

① 徐明成:《现代教育技术》,电子工业出版社 2008 年 4 月第 1 版,第 99～100 页。

堂的教学效率,保证教师和学生能够充分地进行交流,课件的设计要有师生互动环节。何时、何种场合需要交互,需要什么类型的交互是由课件的类型、教学对象、教学内容和教学目标与要求所决定的。一个交互良好的地理课件,不论是内容、目标还是任务,都应该划分为各个相对独立的组成部分。而在各个部分的排列上,既应有一个逻辑上的先后顺序,同时还应提供一个灵活的跳转,使得地理教师在课堂教学中随时可以从当前部分跳转到另外的部分,从而实现课件的非线性结构,给教师提供更大的灵活性。

(二)适应个别化的教师辅导模式

适应个别化的教师辅导模式是教学过程以教师为中心,兼顾个别化学习的模式,是经典的计算机辅助教学模式之一。该模式以个别教学、学习理论为基础,由计算机代替教师向学生传授知识和技能,教师对一名或几名学生进行一对一辅导的教学。该模式试图在一定程度上通过计算机来实现教师的教学行为,对学生实施个别化教学,其基本教学程序为:计算机呈现与提问——学生应答——计算机判别应答结论并提供反馈。应当指出,在实际操作中存在两种不同性质的个别指导方法,一是程序式个别指导;二是对话式个别指导或称"苏格拉底法"。一般情况下大多指前者,后者需借助人工智能技术来实现,因此又称为智能导师系统。在多媒体方式下,个别指导型CAI的教学内容的呈现可变得图文并茂、声色俱全,并可使交互形式更为生动活泼[①]。

适应个别化的教师辅导模式是计算机辅助地理教学的发展趋势,它可以让学生自定学习内容的顺序、学习的进度,有利于学生更好地发挥主观能动性。该学习模式需要教师精心设计教学内容、教学形式、交互形式,否则容易使教学流于形式。教师为了实现更有针对性的教学指导,在教学之前可以通过调查问卷了解学生的学习需求、学习特点、薄弱环节等。

(三)基于动手操作的练习模式

基于动手操作的练习模式是一种最简单的CAI模式,它是通过计算机给学生提供一系列的练习,并要求学生回答,计算机按照程序进行应答处理,以确定它是否正确,同时给学生提供一个反馈信息。该模式并不向学生传授新知识和新技能,只是用来巩固和熟练某些知识和技能,这些知识和技能是学生已经通过其他途径学会了的[②]。

基于动手操作的练习模式的理论依据是行为主义学习理论,即学生通过动手操作计算机及时获得学习的结果,即时纠正错误,获得正确的知识。其教学程序如图1-3-2所示。例如,在进行中国的地形学习时,学生通过计算机鼠标拖动相应的地形名称序号到相应的地理位置,操作正确,计算机会给一个正确的反馈,操作错误,计算机会马上给出提示,直到学生学会正确的操作为止。如图1-3-3,图1-3-4所示。

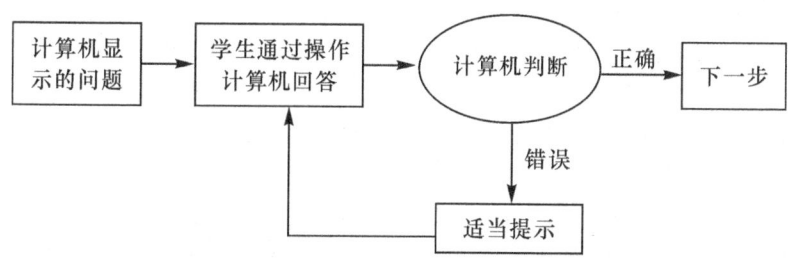

图 1-3-2　动手操作的练习模式的教学程序

---

① 张有录:《大学现代教育技术教程》,中国铁道出版社2007年2月第1版,第207页。
② 张有录:《媒体教学论》,中国铁道出版社2007年2月第1版,第239页。

图 1-3-3　中国地形学习的动手操作的练习模式图(1)

图 1-3-4　中国地形学习的动手操作的练习模式图(2)

(四)基于问题解决的学习模式

基于问题解决的学习模式是指计算机为学生提供了在学习过程中解决问题的各种工具,使学生可以利用这些工具解决一些与实际背景比较接近的问题。基于问题解决的学习模式通过让学生以小组的形式共同解决一些模拟现实生活中的问题,让学生在解决问题的过程中发展解决问题的能力并实现知识的探索发现的过程。基于问题解决的学习模式的理论基础是布鲁纳的发现学习理论。

计算机环境下基于问题解决的学习模式主要有两种类型,一是将计算机提供的网络环境作为获取信息的重要资源,从网络上获取信息,进行加工分析、找到解决问题的方案;另一种是利用计算机的相关软件,例如 GIS、Google Earth 等作为解决问题的工具。

基于问题解决学习模式的教学程序主要环节包括:学习任务的确定、网络或计算机提供资源与帮助、经过资源获取、探究分析、寻找解决方案、最后进行验证阶段。具体的环节如图 1-3-5 所示。

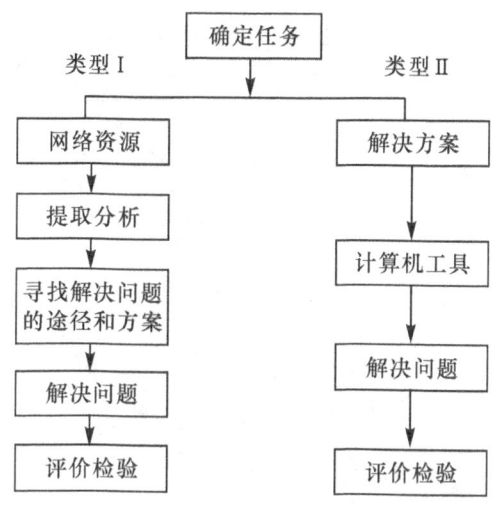

图 1-3-5 基于问题解决的学习模式教学程序

(五)基于游戏式互动的学习模式

基于游戏式互动的学习模式是利用计算机产生一种带有游戏内容与教学目的紧密相联的学习环境,寓教于乐。该模式集教学性、趣味性和竞争性为一体,仅适合特定的教学内容或教学内容的特定部分,常常用来产生一种较强烈的竞争性的学习环境[1]。

基于游戏式互动学习模式的教学程序主要环节包括:教学目标制定,根据教学目标确定游戏的内容和过程,设计游戏、学生操作游戏、教师或计算机扮演对手或裁判、游戏结果判定。如图 1-3-6,图 1-3-7,图 1-3-8 所示。

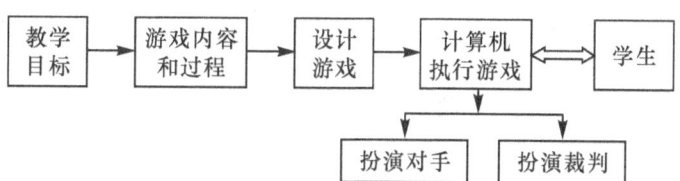

图 1-3-6 基于游戏式互动学习模型教学程序

图 1-3-7 基于游戏式互动学习模式——中国省级行政区划拼图游戏(1)

---

[1] 张有录:《媒体教学论》,国防工业出版社 2008 年 7 月第 1 版,第 242 页。

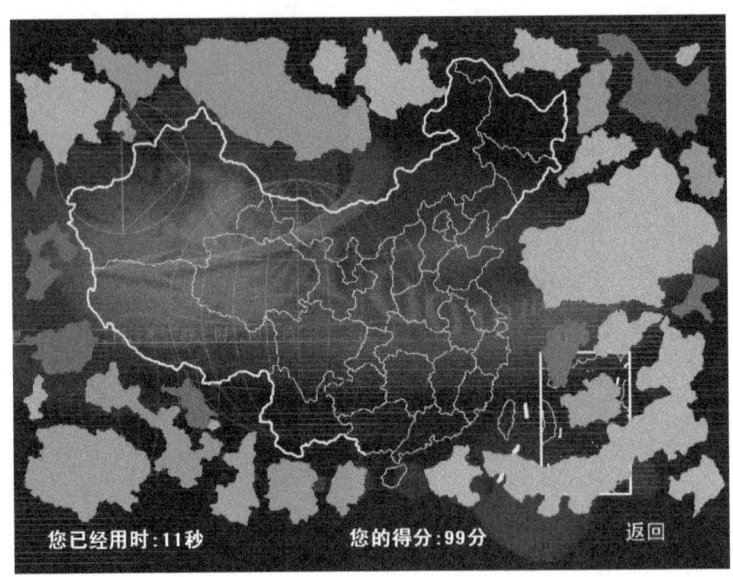

1-3-8　基于游戏式互动学习模式——中国省级行政区划拼图游戏(2)

(六)基于虚拟现实的情境学习模式

基于虚拟现实的情境学习模式是指利用计算机相关软件系统(如 Google Earth、Stellarium)提供的数字地球技术或虚拟现实,构造一种可供学习者自由探索的学习环境。其特点是:学习者可以操纵模拟环境中的对象,建构自己的学习系统。如数字地球与虚拟星象仪的共同点都是可以提供情境化的学习,学习者能够在这些情境中进行探究学习,这种学习过程与学习者的认知与情感是相一致的,学习者通常经过训练就可以进行自由的探索学习,以促进学习者进行自我组织的学习。

实践探索

1. 举例说明 CAIG 运用的特点。

2. 选择一个计算机辅助地理教学的案例,分析其运用的优点和不足。

3. 选择人民教育出版社出版的高中《地理》必修Ⅱ中"人口的变化"的教学内容,设计计算机辅助地理教学的模式,并说明设计的理由。

4. 选择人民教育出版社出版的高中《地理》必修Ⅰ中"宇宙中的地球"的教学内容,设计计算机辅助地理教学的模式,并说明设计的理由。

第四节　计算机辅助地理教学的特点

学完本节,你将能够:

☆结合地理的学科特点说出 CAIG 的优势;
☆结合教学案例理解 CAIG 在教学中运用时应注意的问题。

一、计算机辅助地理教学的优势

(一)丰富地理课程教学

地理是一门空间科学,但学习常常受时空的限制,且地表的各种现象及事物变迁快速,而地理教材又有一定的滞后性,因此现有的教学资料往往不能满足现代教学的需求。计算机技术的应用大大扩展了地理教学信息来源,使教师和学生在课堂教学中能够使用即时的地理信息成为可能。通过网络通信技术,地理教学中可以收集到世界各地的资料,特别是在讲述世界地理时,旅游网站中的风土人情、风光照片、趣闻轶事给我们的地理课增色不少。此外,地理信息技术的发展和各种地理模拟软件也进一步丰富了地理课程资源。例如,WebGIS 将 GIS 获取的信息发布于网络中,真正实现了资源共享,如图 1-4-1 所示。目前广为人知的 Google Earth,利用它可以了解世界各地的地形状况,"游玩"整个地球。

图 1-4-1　利用网络实现资源共享

(二)创设开放的地理学习情境

利用计算机技术可以给学生创造一个丰富、开放的学习环境,对学生的感官进行多项刺激,开展情境教学,使学生处于一种亲切的情境中,从一定程度上消除了学生听课造成的疲劳和紧张,使学生的智力因素和非智力因素交互促进、共同发展。3D 地图与计算机虚拟技术的发展,解决了教学中许多难题,在自然界中有很多地理演变过程和现象是人们难以看到的,如月相的变化过程、青藏高原的形成、黄土高原环境的演变、大气中的水循环、火山爆发的地下过程等,借助虚拟技术,可将这些过程模拟出来,为学生提供一个虚拟环境,给教学带来很大的方便。

(三)解决地理教学中的重难点知识

地理教学中有许多重要的地理现象和地理过程是比较抽象的,实际教学中存在一定的困难。而借助计算机多媒体技术就能通过多种渠道、多种方式,使学生能利用多种感官分析器进行学习,化不可见为可见,化抽象为形象,化静为动,再加上教师精炼的讲解,重点、难点知识会因势利导得以突破，从而收到事半功倍的教学效果。如"太阳日与恒星日"这一内容，因为日地距离太远，学生很难理解地球与太阳、恒星的相对位置，教师通常只是用简单的板图来表示，学生也难以明白两个不同周期的原因。但是利用 Flash 中的运动补间动画可以做出地球自转时与太阳、恒星的相对位置，配合教师的讲解，就可以很直观地解决这个问题。如图1-4-2，图1-4-3所示。

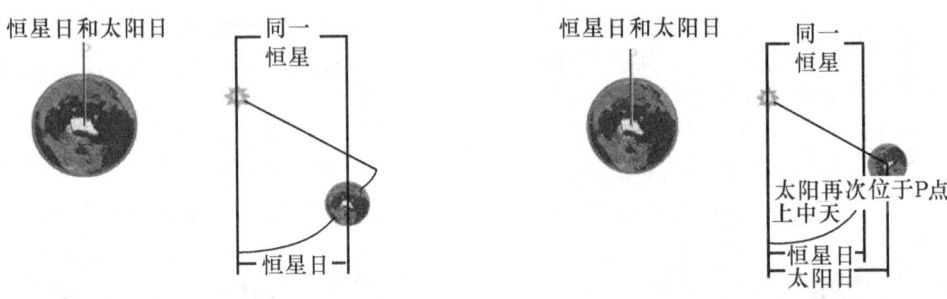

图 1-4-2　恒星日运动动画演示中的一帧　　图 1-4-3　太阳日运动动画演示中的一帧

(四) 培养学生的多种地理学习能力

地理是一门跨越文科和理科的学科，重视学生地理学科能力和思维能力的培养，前者包括读图能力、观察能力、获取和处理地理信息的能力等，后者主要包括想象力、记忆力以及形象思维、直觉思维、抽象思维等思维能力。地理教学过程中离不开地图的运用。运用计算机辅助地理教学，可以减少教学中频繁换图、画图的时间，直观地展现地理事物，培养地理学科能力。计算机软件的模拟动画功能将静态化为动态，把抽象的地理规律用动画表现出来，能给学生以生动、形象的感性认识，在直观形象的基础上培养思维能力，提高学生的认知能力，促进积极思维的形成。

(五) 促进学生个体的发展

传统的地理课堂教学中，学生的学习过程往往是单向线性的，每个学生的学习过程大同小异。有了现代信息技术的支持，教师可以通过计算机资源库把部分选择地理信息资源和学习步骤的权利交给学生，使地理学习的过程具有弹性，学生可根据自己的需要来选择和调整学习内容。同时，也增加了学生进行多向交流的机会。例如网上的"交流区"、"聊天室"、论坛等均能扩大学生课堂交流的范围，增加学生发表自己意见的机会，促进师生间、学生间的交流。

二、运用计算机辅助地理教学应注意的问题

(一) 课题选择的适当性

计算机具有信息容量大、擅长表现地理事物过程的特点，但信息容量大可能造成信息的冗余，表现过程迅速也不利于学生的思考和记忆，因此并非地理教学中的所有内容都适合用计算机辅助教学，有些内容用传统的黑板、粉笔、地图册、教科书就可以很好表现的内容，宜采用传统的教学媒体。也就是说，并不是所有的内容都适合运用计算机辅助地理教学，计算机辅助地理教学的课题要有一定的选择性，什么样的课题适合用计算机辅助地理教学，用什么软件表达最适合，这些都是运用计算机辅助地理教学时必须认真考虑的问题。

(二) 保证运用的科学性

计算机辅助地理教学的科学性主要体现在地理教师对课件的教学设计中，包括在实际课堂教学中对教学内容的选择、教学方法的选择、教学媒体的选择等。由于计算机辅助地理教学的最终目的，是让学习者通过对计算机提供的地理信息的学习来掌握基本的地理知识和技能，因此地理信息表述的科学性也就成了多媒体地理课件追求的最基本的目标之一。地理信息表述的科学性主要指地理信息表述的准确性、典型性。科学性的实现主要取决于地理教师对地理教学本质的认

识。在计算机表述的地理信息中,主要有地理要素在时间和空间上的变化和分布、地理要素的数量特征,以及地理要素之间的相互关系等,在设计时要有不同的侧重。

(三)体现色彩使用的艺术性

根据三基色原理,背景和内容用互补的颜色能取得较好的效果。基色(红、绿、蓝)与次混合色是彼此的互补色,即彼此之间最不一样的颜色。例如青色由蓝色和绿色构成,而红色是缺少的一种颜色,因此青色和红色构成了彼此的互补色。我们在制作课件时,色彩的搭配一定要考虑到三基色原理的灵活应用,一个优秀的课件首先给观者的是视觉上的享受,只有这样才能让学生产生进一步探寻的欲望。

> **问题与思考**
>
> 通过对地理教师平时教学近 40 个地理多媒体课件进行调查分析,发现在这些课件中存在以下的问题:
> 1. 字体颜色和背景色太接近,难以看清楚字迹,影响课件的使用效果;
> 2. 重点知识没有和其他知识区分开来,用的都是同色,不易起到强调作用;
> 3. 练习题的题目和答案颜色无区别,造成学生视觉上的误差;
> 4. 色彩搭配过于单一,通常为黑白配色,不能给人以视觉上的冲击和享受;
> 5. 画面过于花哨,给人眼花缭乱的感觉;
> 6. 课件中色彩的运用与地理事物的特征不符;
> 7. 课件没有考虑初、高中学生的年龄差异。
>
> 结合你搜集到的课件,谈谈地理多媒体课件设计时,在色彩运用方面应注意哪些问题?

优化色彩搭配的出发点和落脚点都是为了辅助地理教学,根据专业的研究机构研究表明:彩色的记忆效果约是黑白的三倍,也就是说,在一般情况下,彩色页面比完全黑白页面更加吸引人。计算机辅助地理教学色彩运用应遵循色彩调和的原则,不必过多,但应该和谐,包括同种色的调和、类似色的调和、对比色的调和等。背景和文字的色彩搭配上应形成色彩对比,以突出文字内容。

(四)注重高效的交互性

计算机辅助地理教学可利用的软件很多,何时何地、何种场合需要交互,需要什么类型的交互是由课件的类型、教学对象、教学内容和教学目标与要求来决定的。以 Flash 课件为例,一个 Flash 地理课件应该划分为多个相对独立的组成部分,而各部分的排列上应有一个逻辑先后顺序和灵活的跳转,以实现课件的非线性结构与线性结构的统一。多场景导航型课件的交互设计则因其更为灵活多变的交互结构而为 Flash 地理课件资深制作者所青睐,多场景导航型的课件结构一般由封面、教学内容、封底三部分构成。其中,教学内容由导航界面和学习模块组成,学习模块根据教学的需要划分成多个模块,是课件的核心部分。如图 1-4-4 所示。

导航界面一般是进行教学的第一个画面,如图 1-4-5 所示,主要由主界面背景、课件标题、主菜单构成。主菜单通常采用按钮、图标、热区等方式,是由各个学习模块的名称按钮、退出、帮助和返回、音乐开关等辅助按钮组成,提供关于

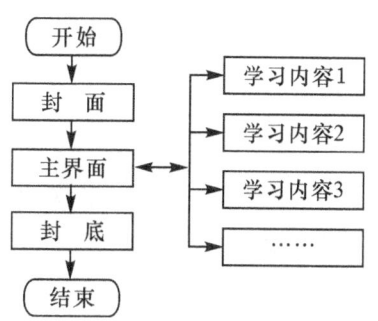

图 1-4-4　场景导航型课件设计图

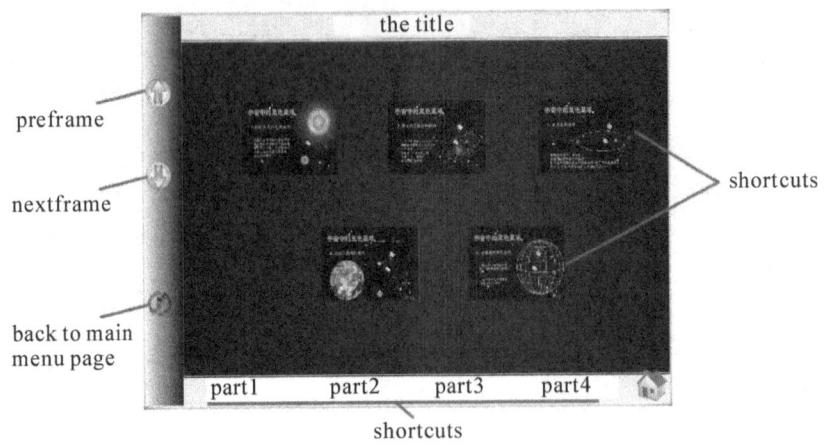

图 1-4-5　导航界面（主界面）

学习内容的选择，它是多媒体课件的总导航。另外，交互性的界面应该体现出一定的层次性，也即课件的设计必须具有逻辑结构特征。

实践探索

1. 举例说明 CAIG 运用的特点。
2. 选择一个计算机辅助地理教学的案例，分析其色彩使用的优点和不足。

第二章　CorelDRAW 在辅助地理教学中的应用

本章导读：

地图是地理教学的第二语言，在地理教学中被广泛使用，可以直观反映地理过程、空间分布和空间演化规律等。获取地图的方式有很多，例如网络下载、扫描纸质图件和自行绘制等。其中自行绘制是获取地图的主要方式，所以掌握一些绘图软件是非常必要的。本章将结合具体案例，介绍如何利用 CorelDRAW 软件绘制地图，主要内容包括：第一，从整体上认识 CorelDRAW 界面和掌握一些基本操作；第二，学会利用各种工具绘制地理对象；第三，对绘制好的对象进行有效管理，方便今后反复使用。第四，掌握绘图的一般流程。

第一节　从整体上认识 CorelDRAW

学完本节，你将能够：

☆熟悉 CorelDRAW 的工作环境；
☆熟悉 CorelDRAW 的基本操作。

理论天地

一、认识 CorelDRAW

CorelDRAW 是加拿大 Corel 公司开发的一款矢量绘图软件。矢量图形的特点是：当对矢量图进行无限放大时不会出现"马赛克"现象。CorelDRAW 有简单易学、画线、输入文字方便、快捷和生成文件小等优点，在地图制图中受到越来越多的人青睐。目前，市面上很多地图就是用 CorelDRAW 绘制的。

CorelDRAW 从面世到现在以来有许多版本，其内容和外观基本相似，新的版本只是在功能和设置上做了一些改进。本章以 CorelDRAW 12 为例来介绍 CorelDRAW 软件的各项功能。

首先来认识一下 CorelDRAW 12 的工作环境。

CorelDRAW 12 软件的安装和其他软件的安装一样，比较简单，在安装向导的帮助下，即可顺利完成，由于篇幅关系在此不作详细介绍。

CorelDRAW 12 软件安装完毕后，点击"开始"→"程序"→"CorelDRAW Graphics Suite 12"→"CorelDRAW 12"，启动 CorelDRAW 12 程序，如图 2-1-1 所示。

CorelDRAW 12 启动后，便可以进入 CorelDRAW 12 程序主界面，如图 2-1-2 所示。

主界面最上面依次有标题栏、菜单栏、工具栏和属性栏。

图 2-1-1　启动 CorelDRAW 12 程序

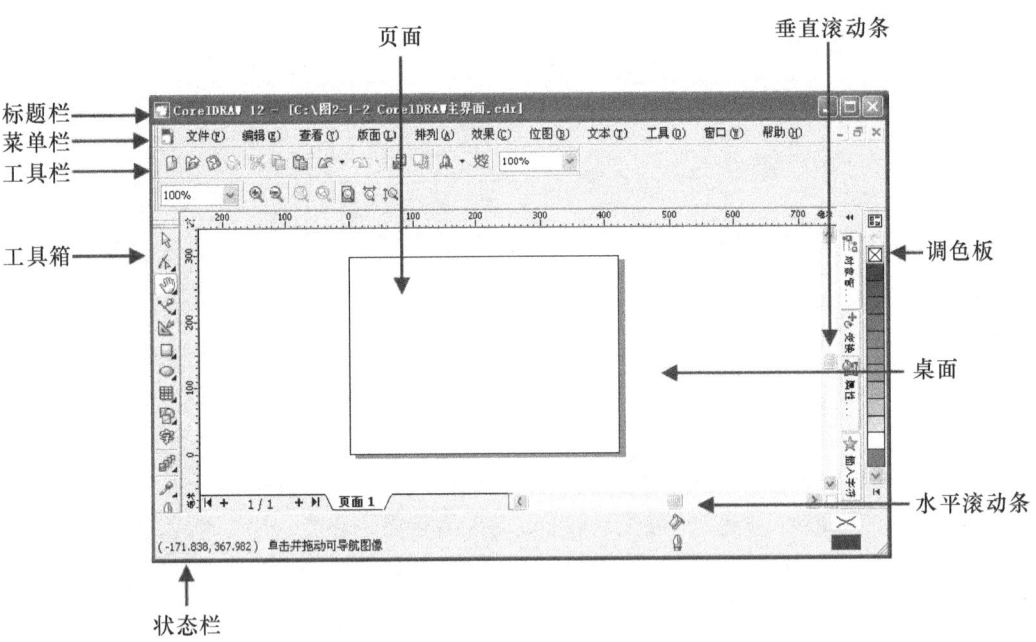

图 2-1-2　CorelDRAW 12 主界面

主界面的左侧是工具箱,工具箱中包含所有绘图工具,其中一些工具的右下角有一个黑色的小三角形,单击它便会出现展开栏,展示出许多附加工具,如图 2-1-3 所示。

主界面的最右侧是调色板,图形轮廓绘制好后,可以利用它添加颜色。

主界面的中央是页面,是进行绘画的区域,页面周围的白色区域称为桌面。图形绘制可以在页面上绘制,也可以在桌面区域进行,但打印或输出图形时,只有在页面区域的图形才能被显示出来。

主界面的底部是水平滚动条和状态栏等。

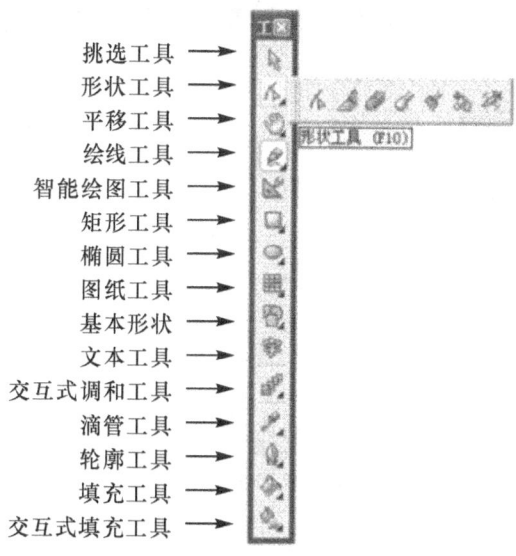

图 2-1-3　工具箱及其展开栏

这些内容大部分是固定的,但也有不少内容是活动的,活动的栏目可以根据自己的喜好进行调整,即通过菜单栏里的"工具"→"选项"→"自定义"命令进行设置。

二、掌握 CorelDRAW 的基础操作

1. 新建文件

启动 CorelDRAW 12 程序,点击菜单栏中的"文件"→"新建",或者按快捷键"Ctrl+N"来创建一个文件,如图 2-1-4 所示。

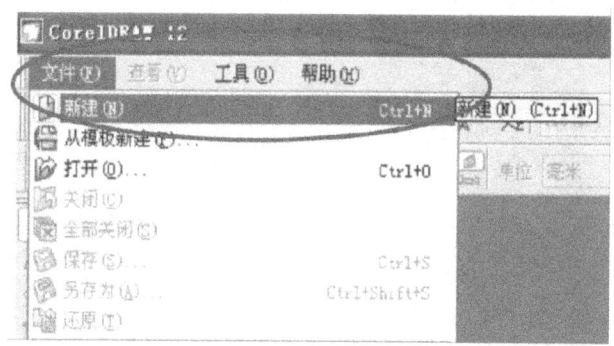

图 2-1-4　新建文件

2. 保存文件

新建文件后,我们就可以开始绘图了,而绘图完成后如何将其保存呢?方式是:点击菜单栏中的"文件"→"保存",或者按快捷键"Ctrl+S",弹出"保存绘图"对话框,在其底部的"文件名"中输入文件名,便可以顺利地完成文件保存,如图 2-1-5 所示。

3. 退出程序

保存文件后,就可以关闭文件,退出 CorelDRAW 12 程序。退出程序的方法是:点击菜单栏中的"文件"→"退出",或者使用快捷键"Alt+F4",如图 2-1-6 所示。

4. 打开文件

对已保存的文件进行修改时,需要打开该文件,如何打开该文件进行修改呢?方法是:点击菜

图 2-1-5　保存文件

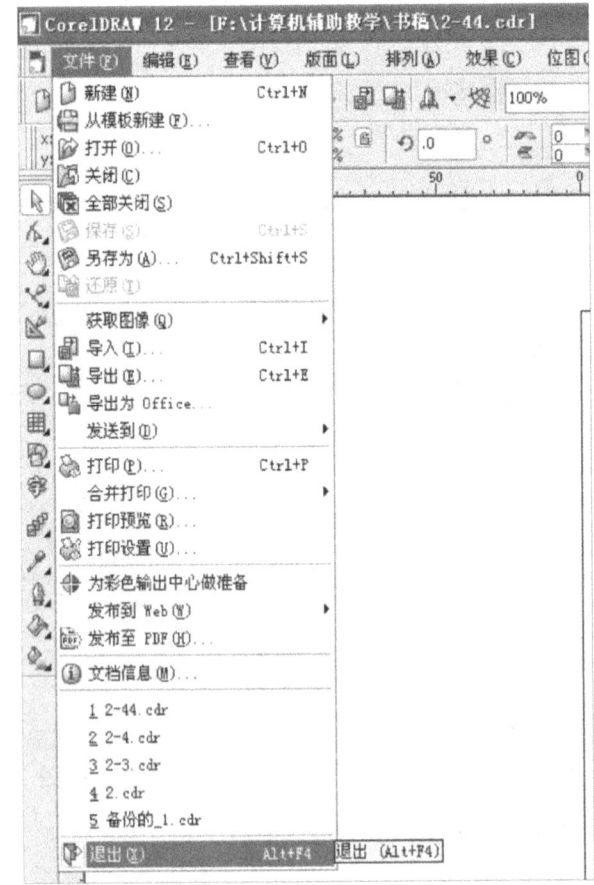

图 2-1-6　退出程序

单栏中的"文件"→"打开",或者按快捷键"Ctrl+O",弹出"打开绘图"对话框,找到文件所在的位置,单击"打开"按钮打开该文件,如图 2-1-7 所示。

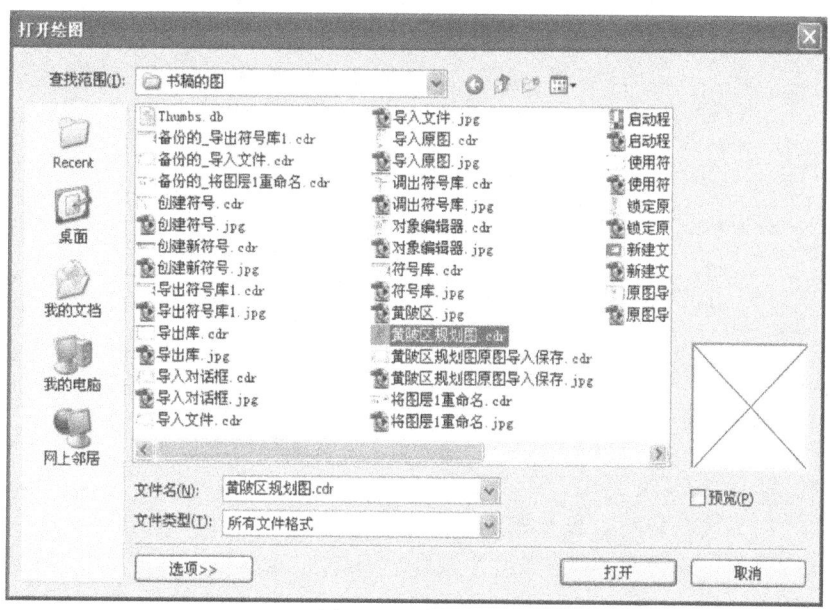

图 2-1-7　打开文件

温馨提示

CorelDRAW 和 Word、Photoshop 等软件的操作方法有很多相同之处，在学习过程中，我们可以尝试着把这些软件的操作方法运用到 CorelDRAW 中，这样学习起来就会轻松许多。

实践探索

1. 学会安装 CorelDRAW 12 软件，熟悉 CorelDRAW 12 主界面。
2. 练习新建、打开、保存文件和退出程序等操作。

第二节　绘制对象

学完本节，你将能够：

☆ 完成线状地物的绘制；
☆ 完成面状地物的绘制；
☆ 完成文本注记的编辑。

理论天地

在地图制图中，涉及的绘图对象主要有点、线、面和文本注记四大类。这些对象在 CorelDRAW 中如何绘制呢？点的绘制通常是通过绘制很小的面来实现的，因此点的绘制就不再作具体介绍。本节将重点介绍线、面和文本注记的绘制。

一、线的绘制及其编辑

（一）线的绘制

一般绘图都是先用线勾勒出轮廓，然后进行填色。绘线是绘图的第一步，所以首先必须掌握

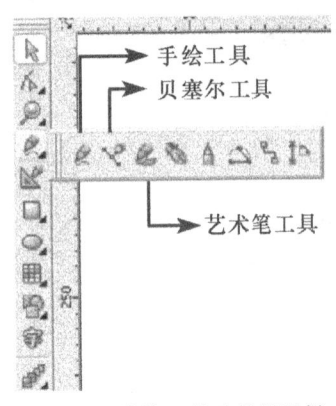

图 2-2-1 绘线工具及其展开栏

线的绘制方法。在 CorelDRAW 12 中有很多绘线工具,如"手绘工具"和"贝塞尔工具"等。这些工具位于工具箱的第四个图标中,如图 2-2-1 所示。点击该图标右下角的三角形弹出展开栏,可以依次看到"手绘工具"、"贝塞尔工具"和"艺术笔工具"等。

1. 用"手绘工具"绘线

(1) 绘制直线。在工具箱中选取"手绘工具"后,绘图页面中,鼠标将变成"✛"形状,将鼠标"✛"中心对准直线的起点,单击左键并立即松开,再把鼠标"✛"的中心对准直线的终点单击左键并立即松开,一条直线就绘制成功了,如图 2-2-2 所示。

注意:用该方法绘制的直线只有一个起点和一个终点,要想绘制出不间断的折线,只要在转折点处改单击为双击即可。

(2) 绘制曲线。在绘线过程中,一直按住鼠标左键不放,就能绘

图 2-2-2 手绘工具绘直线

出不间断的曲线。但这个工具有个缺点,无法让用户灵活控制曲线的平滑度。因此,在地图制图中很少用它来绘制曲线,而一般利用"贝塞尔工具"来绘制曲线。

2. 用"贝塞尔工具"绘线

(1) 绘制直线。绘制的方法和手绘工具基本相同,不同的是将鼠标左键移到终点后,需要按空格键或点击其他工具来释放"贝塞尔工具",以结束直线的绘制,否则,鼠标将继续利用该工具进行绘制,这样得到的线段就不是直线,而是连续的折线或者多边形。

(2) 绘制曲线。"贝塞尔工具"已成为地图绘图最理想的曲线绘图工具,因为"贝塞尔工具"提供了"控制点"功能,可以通过调节"控制点"的曲率和长度来灵活控制线条的平滑度,克服手绘工具在绘制曲线方面的不足。

"贝塞尔工具"绘制曲线的操作方法是:

① 选中工具箱中的"贝塞尔工具"。

② 在曲线起点处单击鼠标左键,得到第一个节点。

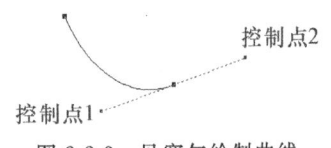

图 2-2-3 贝塞尔绘制曲线

③ 将鼠标移动到下一个节点处,单击左键并拖动鼠标,此时两个节点之间会出现一条曲线段,同时两端出现两个控制点,如图 2-2-3 所示。

④ 按住鼠标左键不放,拖动鼠标调节控制点连线的长度和曲率,曲线的外观就会随之发生改变,调整完成后释放鼠标,即可完成曲线的绘制,如图 2-2-3 所示。

线绘制完成后,通常需要对线条进行修饰,例如改变线条的粗细、颜色或者在线条两侧加箭头等修饰操作。修饰操作可利用工具箱中的倒数第 3 个图标"轮廓工具"来完成。具体步骤如下:

① 选中需要修饰的线条。

② 单击"轮廓工具"展开栏中的"轮廓画笔对话框工具"或者直接按 F12 键,即可打开"轮廓笔"对话框,如图 2-2-4 所示。

③ 在"轮廓笔"对话框中设置线条的颜色、宽度、样式和箭头等,如图 2-2-4 所示,设置曲线颜色为黑色,宽度为 0.6 毫米,样式为实线。

颜色、宽度和箭头的设置都较简单,可以通过单击相应的下拉选项进行设置。这里重点介绍轮廓线样式的设置,因为在绘制国界线、省界线、铁路线等虚线时经常需要进行轮廓线样式的设

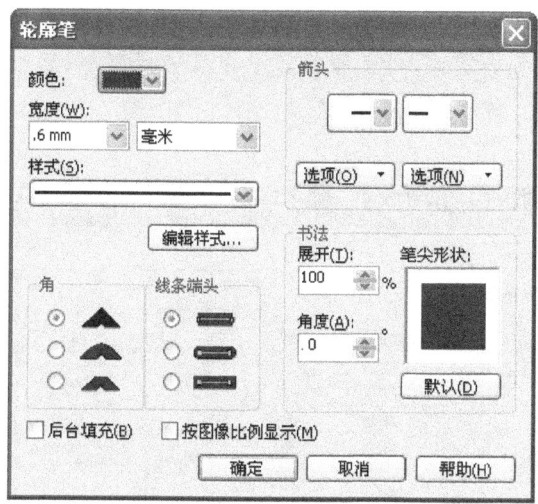

图 2-2-4 "轮廓笔"对话框

置。方法是:单击"样式"的下拉菜单,样式库里呈现出各种虚线供选择使用。有时候,现有虚线的线形满足不了要求,此时可以单击 编辑样式… 按钮,利用弹出的"编辑线条样式"展开栏进行编辑,如图2-2-5所示。

编辑线条是通过拖动"I"型拉杆,调整黑白方块的间隔和数量来完成的。移动"I"型拉杆,可以调整线形样式的末端位置,点击编辑条中的小方块可以改变方块的黑白颜色,注意:第一个小方块必须是黑色,最后一个小方块必须是白色。黑白小方块代表的长短需根据线宽来定。例如,如果一条曲线线宽为 0.4 毫米,那么一个黑白方块的长宽都为 0.4 毫米,样式实线部分长度为 0.4×5 个黑方块=2 毫米,虚线部分的长度为 0.4×5 个白方块=2 毫米,如图 2-2-5 所示。

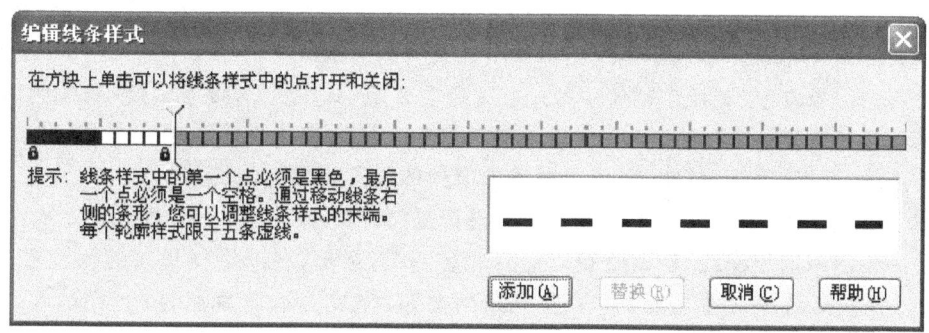

图 2-2-5 编辑线条样式

在绘制直线的过程中,如果点击鼠标的同时按住 Ctrl 键不放,可以绘制水平、垂直或呈一定角度(系统默认增量是 15 度)的直线。

用绘线工具绘制闭合曲线非常简单,只要将首末两个节点重合即可。

经典案例 1——铁路线绘制

在绘制之前,我们来观察一条已经绘制好的铁路线。我们发现,铁路线是黑白相间的一条曲线,同时曲线的两侧有很窄的黑色边框。那么,在CorelDRAW 12中如何将这样的一条曲线绘制出来呢?能不能只绘制一条曲线,然后将线条样式设置成黑白相间的虚线呢?答案是否定的。

CorelDRAW 12 中的虚线只有点划部分有颜色,虚划部分是无法添加上颜色的,所以实际绘制过程中需要绘制两条曲线。思路是:先绘制一条黑色的实线,再在原位置上将其进行复制,然后将复制后的线条改为白色较窄的虚线。具体步骤如下:

(1)用"贝塞尔工具"任意绘制一条曲线。

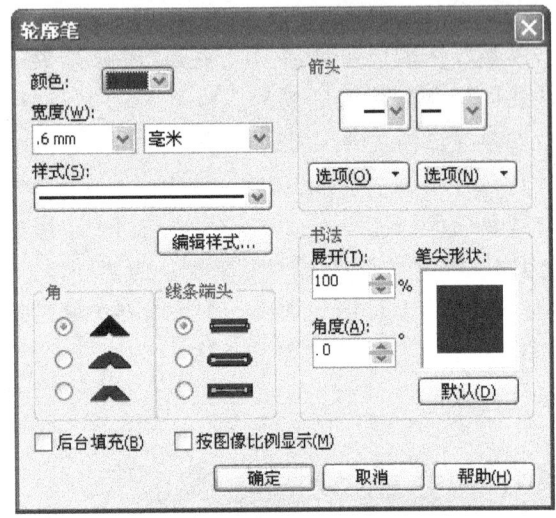

图 2-2-6　轮廓笔设置曲线属性(1)

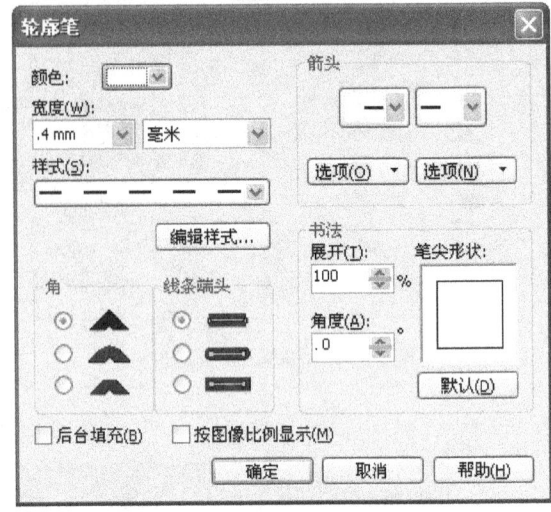

图 2-2-7　轮廓笔设置曲线属性(2)

(2)选中该曲线,按 F12 键,弹出"轮廓笔"对话框,在对话框里设定颜色为黑色,宽度为 0.6 毫米,样式为实线,点击"确定"按钮,完成曲线轮廓属性的设置,如图 2-2-6 所示。

(3)按下键盘上的"+"键,在原位置上将其进行复制。

(4)选中复制的这条曲线,按 F12 键,弹出"轮廓笔"对话框,在对话框里将颜色设置为白色,宽度设置成 0.4 毫米,样式设置为虚线,单击"确定"按钮,完成曲线轮廓属性的设置,如图 2-2-7 所示。至此,一条铁路线便完成,如图 2-2-8 所示。

图 2-2-8　绘制好的铁路

(二)线的编辑

线绘制完毕后,通常需要对线的形状进行编辑加工。线的编辑主要是利用"形状工具",通过拖拉节点、增删节点和改变曲线曲率等方法来实现的。形状工具是工具箱中的第二个图标。

1.用形状工具编辑曲线

(1)拖拉节点。选择"挑选工具",选中需要编辑的曲线,再选择"形状工具",曲线上将多出很多节点,用鼠标单击需要拖拉的节点,并按住鼠标不放进行拖拉,便可对曲线进行编辑,如图 2-2-9 所示。

(2)调整曲线曲率。用鼠标拖拉节点两旁的控制杆,改变曲线的曲率,如图 2-2-10 所示。

图 2-2-9 拖拉节点编辑曲线

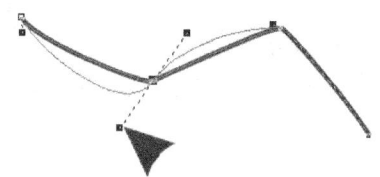
图 2-2-10 调整曲率编辑曲线

2. 用"节点编辑"属性条编辑曲线

选中"形状工具",在屏幕上方的工具栏中会出现"节点编辑"属性条,如图 2-2-11 所示。

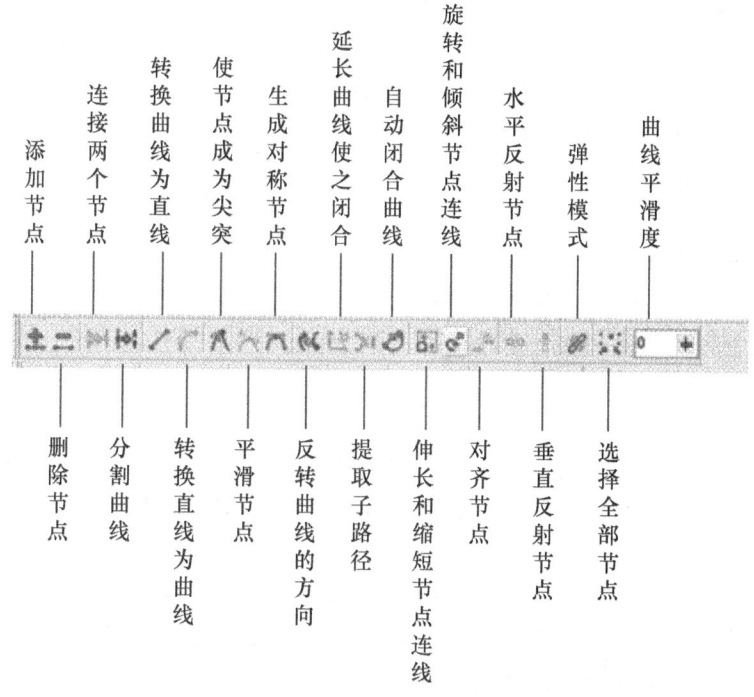

图 2-2-11 "节点编辑"属性条

(1)添加节点。用"形状工具"在曲线上需要加点的地方单击鼠标,然后单击"添加节点"按钮 ,一个节点就添加完成。添加节点的另一个简便方法是:用"形状工具"在曲线需要加节点的地方双击鼠标,即可直接添加节点。

(2)删除节点。删除节点和添加节点操作完全相同,先选中要删除的节点,然后单击"删除节点"按钮 ,或者通过双击法都可以删除该节点。

(3)连接节点。连接节点分两种情况:

一是连接一条曲线的两个端点,将开放曲线变成闭合曲线。操作方法是:选取一个端点,按住"Shift"键,再选取第二端点,然后单击"连接两个节点"按钮 就可令一条开放曲线闭合,如图 2-2-12 所示。

图 2-2-12 开放曲线的闭合

二是将两条以上相互独立的曲线连接起来。图 2-2-13 为任意三段曲线,其连接的方法是:首先点击"排列"→"结合"命令将三段曲线结合成一个对象,然后利用上面介绍的"开放曲线闭合"方法依次将相邻两个节点连接在一起,连接后的效果如图 2-2-13 所示。

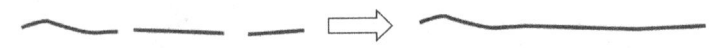

图 2-2-13　段曲线闭合

在地图制图中,连线是常事,而节点连接必须满足以下条件:

①一次只能连接两个节点。

②两个节点必须是同一对象的端点,或者是同一对象相对独立的两条曲线的端点。

(4)曲线分割。在地图制图中,经常需要将曲线进行分割,例如在绘制等高线分层设色图时,通常需要利用已经绘制好的曲线中的一部分来绘制其他图层的曲线。我们单击"分割曲线"按钮 就可以完成该项任务。操作方法是:第一步,用"形状工具",单击

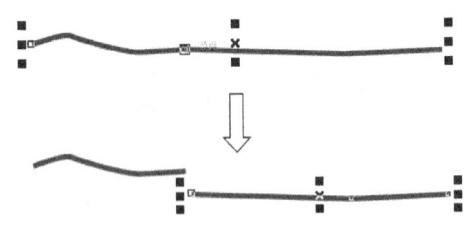

图 2-2-14　曲线分割

要分开的地方;第二步,单击"分割曲线"按钮,一条曲线就被分成两部分了;第三步,按快捷键"Ctrl+K"可以将其拆分为两条独立的曲线,如图 2-2-14 所示。

二、面的绘制

掌握线的绘制后,再来学习面的绘制就很容易了。只要将绘制的曲线首尾闭合,就可以生成一个闭合面。当然,CorelDRAW 12 工具箱中还有很多其他的工具可以直接绘制面,比如"矩形工具"和"椭圆工具"等,如图 2-2-15 所示。

面绘制完成后,可以给它填充上颜色,我们通常利用"填充工具" 来完成。"填充工具"位于工具箱中的倒数第二个位置,单击"填充工具"按钮后,将弹出一个内容丰富的填充工具展开栏,包含标准色填充、渐变色填充、图案填充、底纹填充、PostScript 填充、无填充和颜色泊坞窗,如图 2-2-16 所示,可根据需要进行选择。下面结合等高线地形图的绘制,介绍"填充工具"的使用。

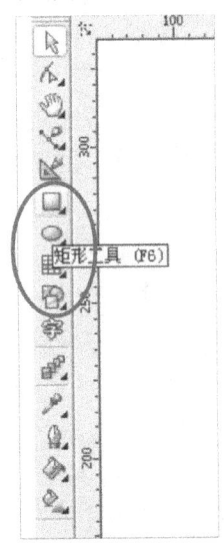

图 2-2-15　矩形等面状要素绘制工具

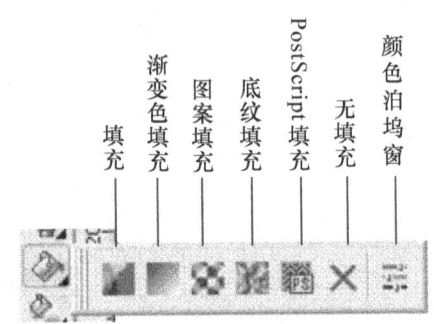

图 2-2-16　填充工具选择框

第二章　CorelDRAW 在辅助地理教学中的应用

 经典案例 2——绘制一个简单的等高线地形图

 温馨提示

等高线地形图是地理教学中经常绘制的图形之一。在 CorelDRAW 12 中如何来绘制呢？通常采用的办法是，把同一高程的等高线绘制成闭合曲线，然后填上颜色，不同高程的等高线用不同颜色进行填充，通过颜色的不同来表示地形的高低起伏。

绘制等高线地形图时需要注意绘制次序，一般从高程最低的等高线绘起，一层层不间断地往上分图层绘制。具体步骤如下：

第一步，新建一个文档。

第二步，点击菜单中的"文件"→"导入"弹出"导入"对话框，找到工作底图所在位置，单击"导入"按钮，如图 2-2-17 所示。

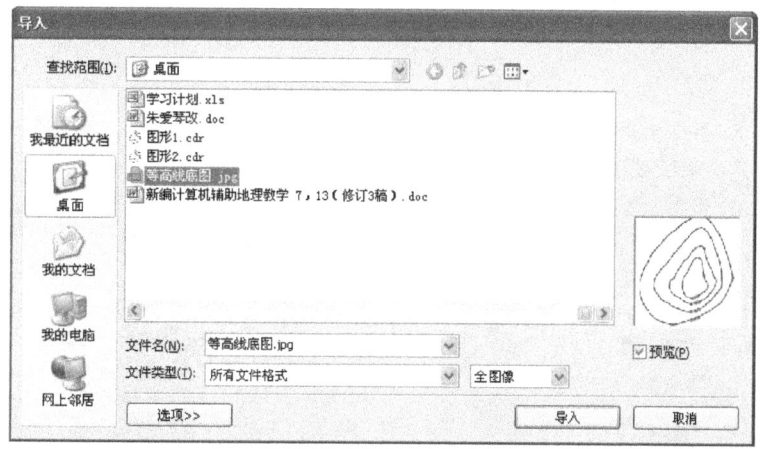

图 2-2-17　导入工作底图

第三步，选中导入的工作底图，单击鼠标右键，在弹出的菜单中选中"锁定对象"，锁定工作底图，避免在绘制过程中底图跑动，如图 2-2-18 所示。

第四步，点击菜单栏中的"窗口"→"泊坞窗"→"对象编辑器"，调出"对象管理器"，如图 2-2-19 所示。

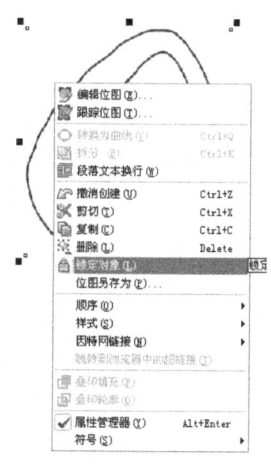　　　　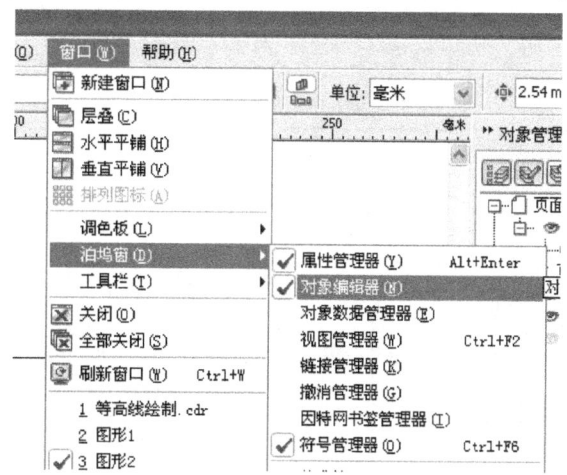

图 2-2-18　锁定工作底图　　　　图 2-2-19　打开"对象管理器"

第五步,在"对象管理器"中点击"新建管理器选项",弹出"新建图层"选项,点击该选项,将"图层1"改名为"3000"。重复此步骤,依次建立"3500"、"4000"和"4500"共四个图层,如图2-2-20,图2-2-21,图2-2-22,图2-2-23所示。

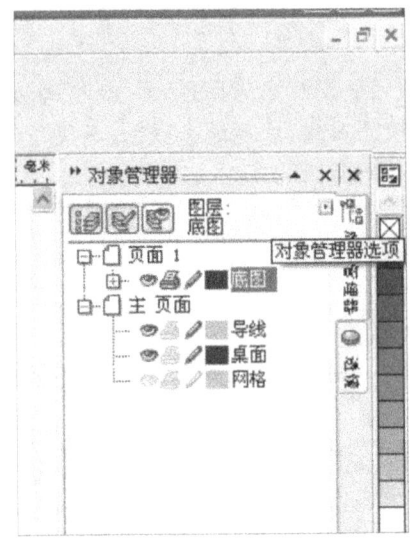

图2-2-20 打开"对象管理器"选项

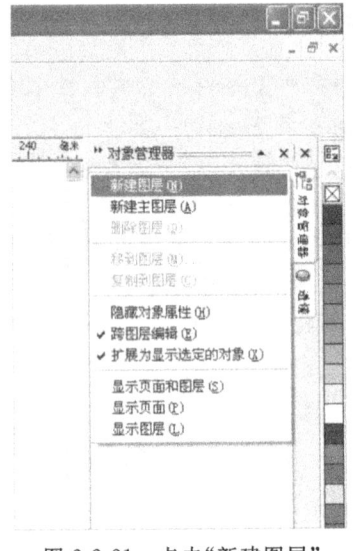

图2-2-21 点击"新建图层"

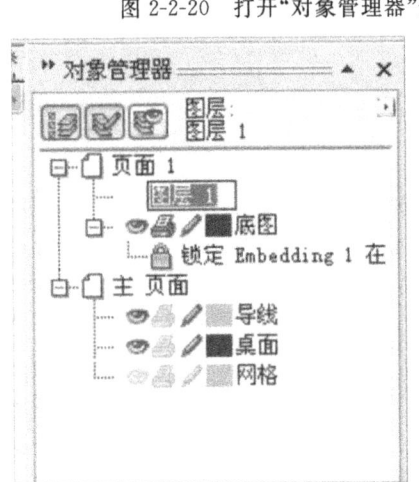

图2-2-22 新建图层3000

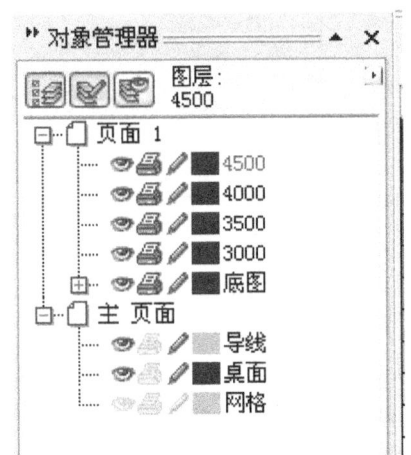

图2-2-23 完成3000、3500、4000、4500四个图层

第六步,用"贝塞尔工具",依次在对应图层上绘制3000、3500、4000和4500四条闭合的等高线。高程3000等高线绘制过程如图2-2-24所示。四条等高线绘制完成后,如图2-2-25所示。

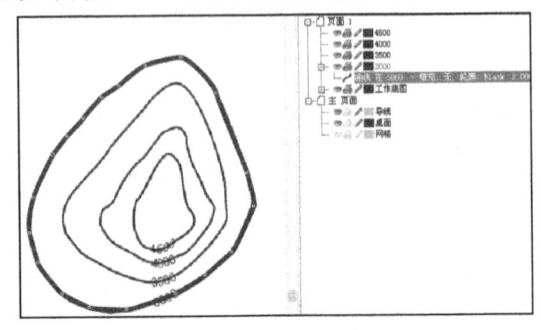

图2-2-24 绘制3000等高线

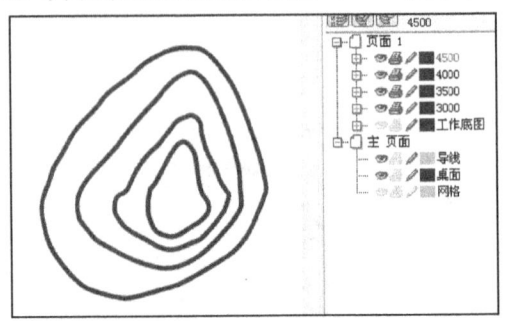

图2-2-25 完成3000、3500、4000、4500四条等高线绘制

第七步，选中高程为 4500 的等高线，点击调色板"红色"颜料，注意点击需停留数秒，否则无法弹出同一色系调色板。利用调色板将四条曲线内部分别填充上不同的颜色，颜色设置原则为："4500"等高线内填充颜色最深，"3000"等高线填充颜色最浅，如图 2-2-26 所示。

第八步，新建"注记"图层，分别给四条等高线加上"3000"、"3500"、"4000"和"4500"四组文字，完成后的最终效果如图 2-2-27 所示。

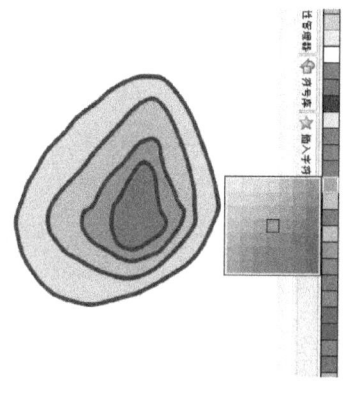 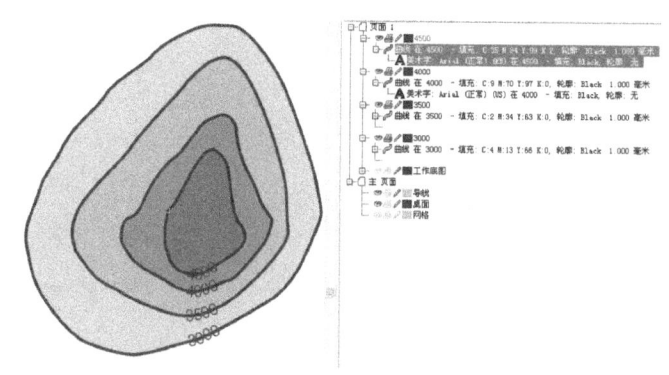

图 2-2-26　等高线填色　　　　　　图 2-2-27　等高线分层设色最终效果图

三、文字注记

在以上案例中，等高线高程标注就是文字注记的一个应用。在地图绘制中，文字注记能起到对地物进行说明的作用。例如，说明等高线的高程，说明河流、水系、山脉、铁路的名称等。地图文字注记的特点是字体字形多样，字距字向多变。运用 CorelDRAW 12 中提供的字距调整功能和沿路径注记功能，不管对象是什么方向、什么形状，只要用字符串的形式一次性输入，借助手动旋转、字距调整和沿路径注记功能，就可以方便地调整字距和字向。除此之外，CorelDRAW 12 还有字体变形功能，可以用它来制作水系注记的左斜体和山脉注记的耸肩体，还可以拆卸和拼装字库中没有的文字，便于地图的文字注记。下面结合铁路线的路名注记详细介绍文字注记的方法。

 经典案例 3——铁路线的路名注记

 温馨提示

　　铁路、公路线的路名文字通常是沿道路分布的。CorelDRAW 12 提供了一种简便的方法绘制这样的注记，借助菜单栏中的"文本"→"使文本适合路径"命令即可完成任务。

具体操作步骤如下：

第一步，选中绘制好的铁路线（绘制方法见本章第二节"经典案例 1——铁路绘制"），从"文本"菜单中选择"使文本适合路径"，如图 2-2-28 所示。

第二步，设置文本输入的起始标记，如图 2-2-29 所示。

第三步，输入文字，在此输入"京广线"三个字，文字便自动沿着铁路线排列，如图 2-2-30 所示。

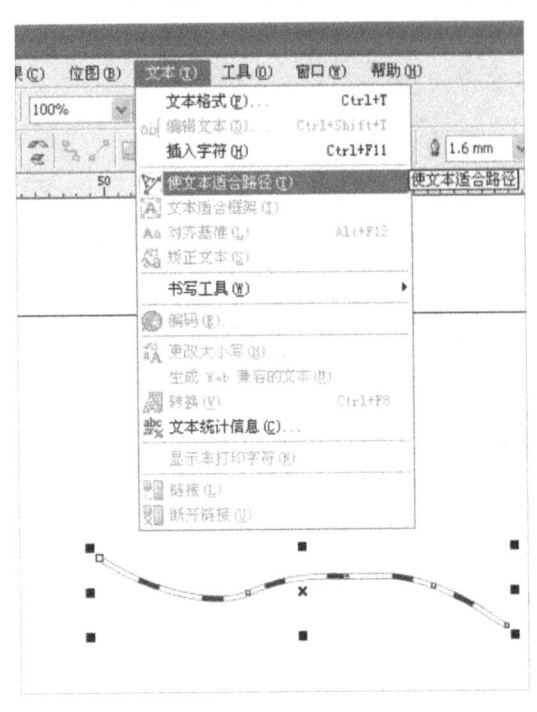

图 2-2-28 使文本适合路径

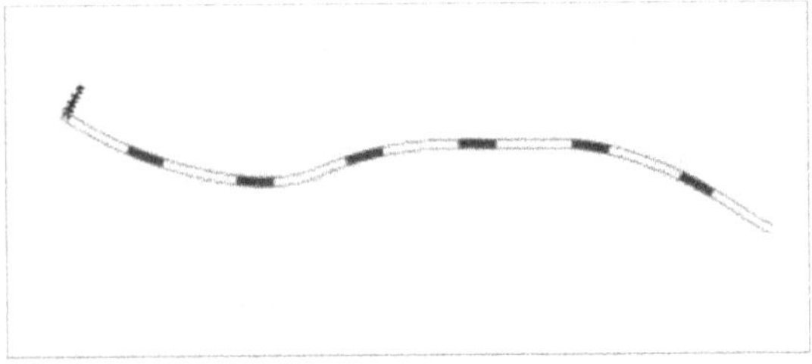

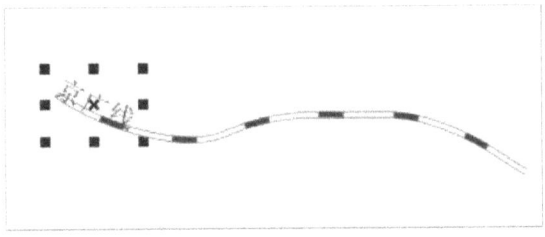

图 2-2-29 设置起始标记

图 2-2-30 输入文字

第四步,选中输入的文字,单击工具箱中的"形状工具",如图 2-2-31 所示。

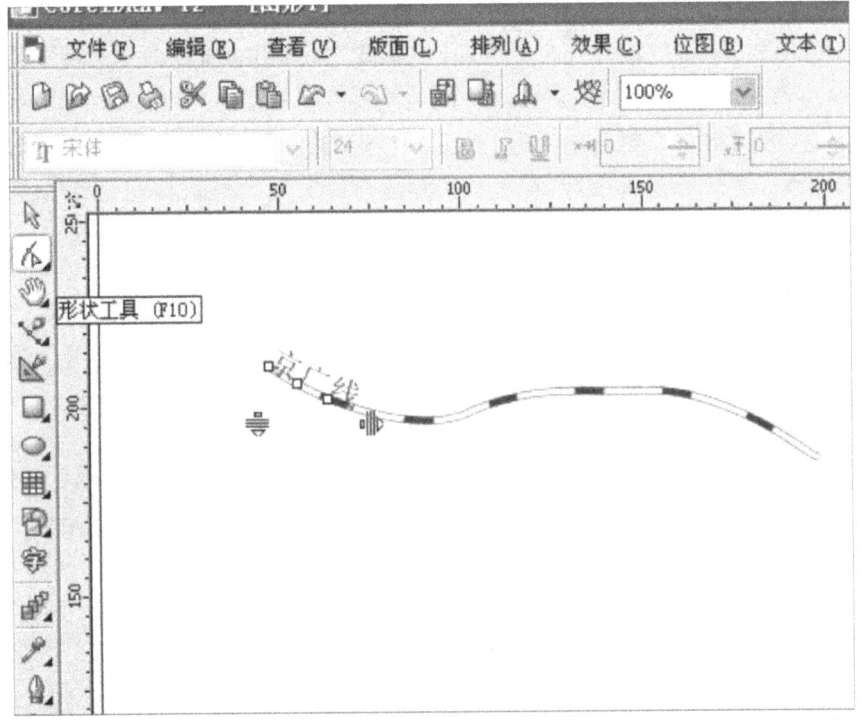

图 2-2-31 选择"形状工具"

第五步,文字的两端出现两个类似箭头的按钮,如图 2-2-32 所示,拖动右侧的箭头往右拉动,字距就会越拉越大,最终的效果如图 2-2-33 所示。

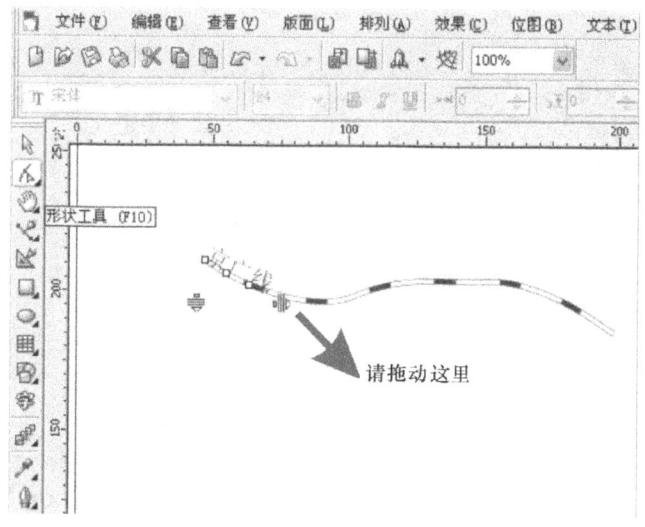

图 2-2-32 改变文字间距

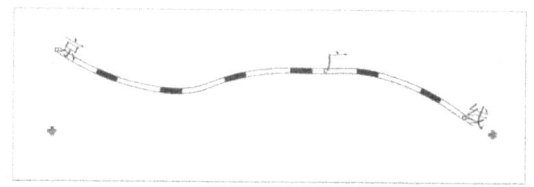

图 2-2-33 最终效果图

实践探索

1. 利用图 2-2-34 作为工作底图,绘制我国铁路干线图。

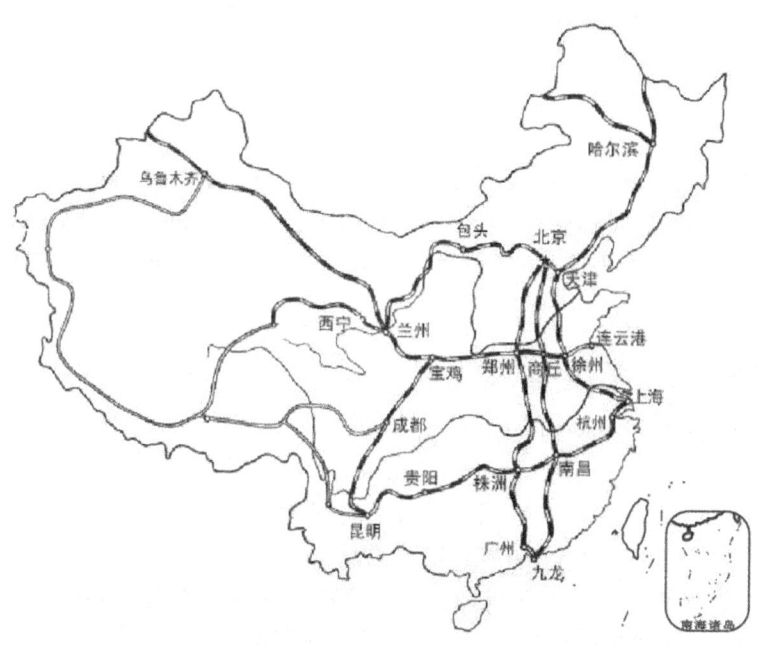

图 2-2-34 我国铁路干线图

要求:(1)提取"五纵三横"铁路;(2)给不同铁路干线添加名称;(3)用图层管理各类对象。

2. 绘制图 2-2-35 所示的世界气候类型分布简图,并对不同的气候类型进行分类管理。

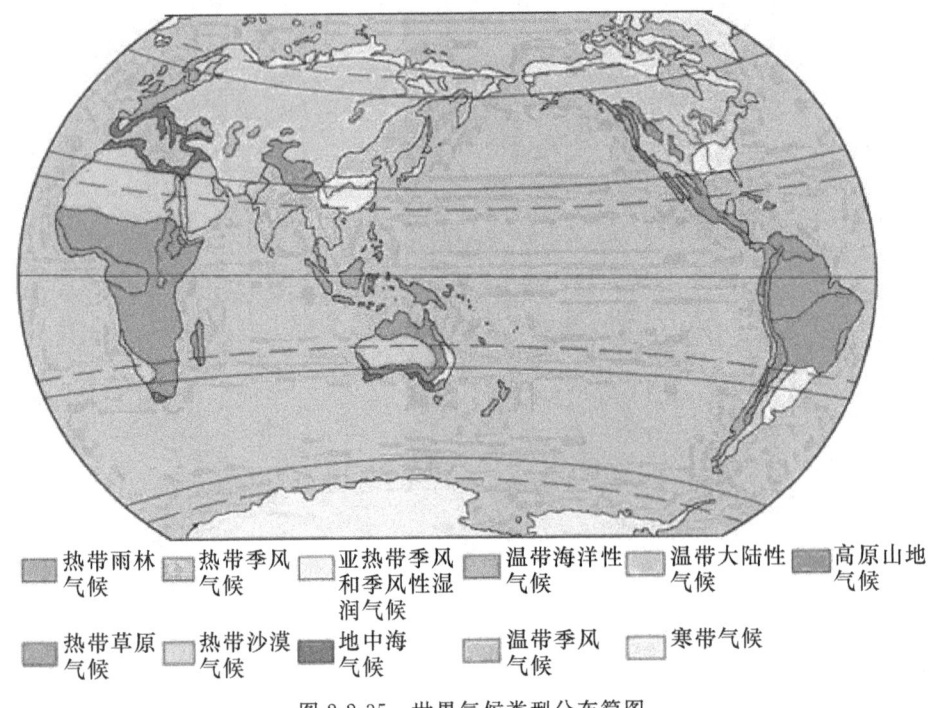

图 2-2-35　世界气候类型分布简图

第三节　管理对象

学完本节,你将能够:

☆创建属于自己的字符;
☆创建自己的符号库。

理论天地

第二节已经讲述了绘制对象的基本方法。那么,如何将绘制得比较好或经常用的对象保存下来呢?本节将具体介绍一些管理的方法。例如,城墙、国界、陡坎和行政区等图例,在很多地图中都需要用到,CorelDRAW 12 为这些对象的管理和使用提供了方便,做到一次创建多次使用,从而大大提高了绘图效率。

一、CorelDRAW 12 的对象管理

CorelDRAW 12 提供了两种建库方法管理对象:

1. 字符库

CorelDRAW 12 可以把对象生成字符,通过字符库进行管理。需要使用时,通过"插入字符"形式进行调用。这种方法的优点是:能够利用菜单栏"文本"→"使文本适合路径"和"文本"→"文本格式"两个命令,实现对象自动沿路径分布。该方法在绘制长城等地物时非常有用,只要先用"贝塞尔工具"绘出长城经过的路径,然后输入字符"城墙",调整字符间距即可以完成,不必逐个调整城墙符号的位置,从而大大提高了工作效率。

2. 符号库

基本管理思路是:用户借助 CorelDRAW 12 工具制作一个对象,通过"编辑"→"符号"→"新建

符号"将其生成符号,这样就可以通过符号库进行调用。前面制作长城时使用的方法是生成字符,另外利用符号库也可以完成。但符号库的缺点是,无法实现沿路径排列,需要用鼠标一个一个移动或旋转才能完成。

二、字符库和符号库创建条件

字符库和符号库的创建必须同时符合以下两个基本条件:

(1)新绘制的字符或符号必须使用"焊接"或"合并工具"组合成"单一对象",否则 CorelDRAW 12 软件会弹出"对象太多不能导出"的错误提示。

(2)字符或符号的所有部分都必须封闭,即使是再细的线条也必须封闭,否则 CorelDRAW 12 软件会弹出"对象未关闭"的错误提示。

温馨提示

通常城墙等符号是折线,并不闭合。根据建库条件,符号必须闭合,如何使其闭合呢?可以利用以下两种方法来解决:

第一,利用矩形工具绘制每条边,使矩形的宽度和直线的宽度相等,然后把矩形边线和内部都填充上相同的颜色,这样绘制的就是一条封闭的直线。

第二,利用绘线工具往返重绘一次,也就是说,绘线到终点后,再回到起点。

经典案例 4——用两种方法创建城墙

1. 字符创建的步骤

字符可以自行设计,也可以在原有符号上重新描绘。如果是在原有符号上重新描绘,就必须另设底图图层放置原有符号,新符号描绘好后再将底图图层删除,否则无法创建字符。

创建的步骤如下:

第一步,用"矩形工具"绘制一个矩形,将边线和内部填充上黑色,如图 2-3-1 所示。

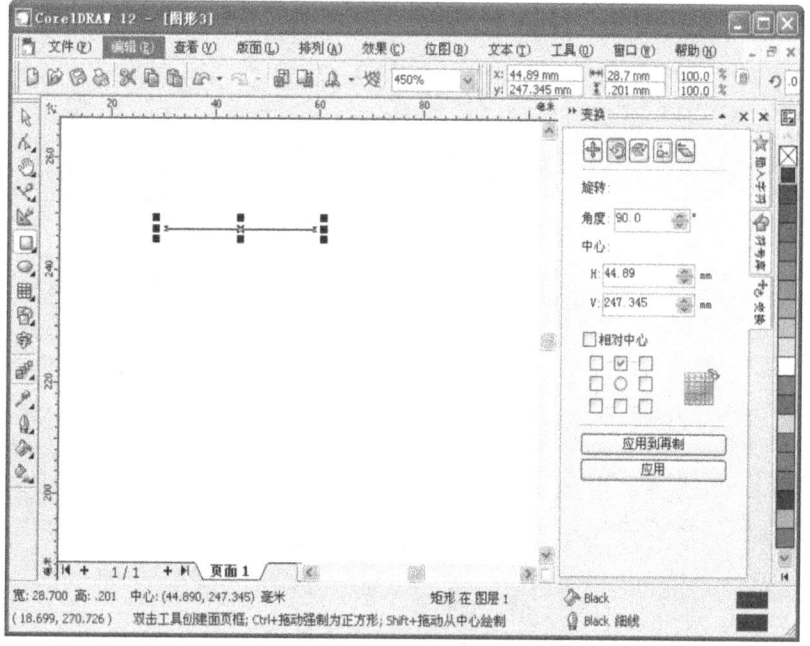

图 2-3-1　绘制矩形

第二步,选中矩形,利用"排列"→"变换"→"旋转"命令打开"变换"对话框,如图 2-3-2 和 2-3-3 所示。

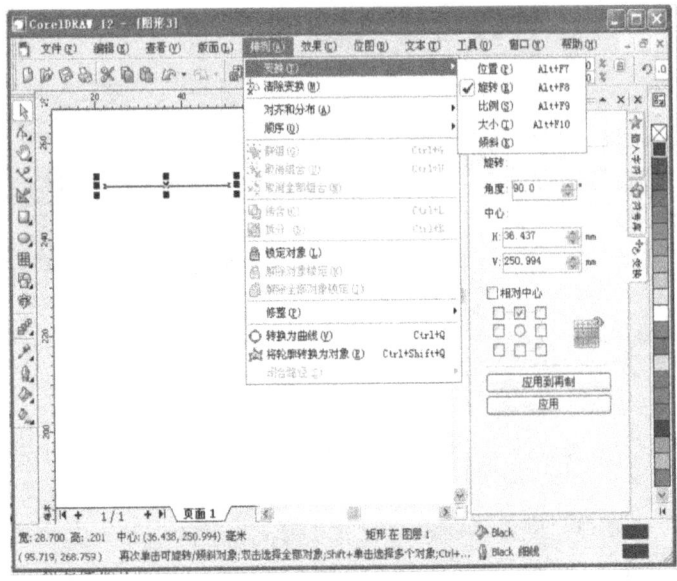
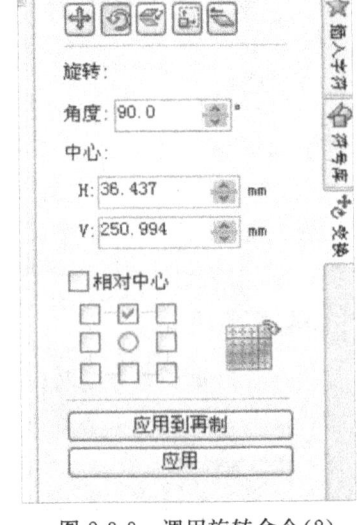

图 2-3-2 调用旋转命令(1)　　　　　　　　　图 2-3-3 调用旋转命令(2)

第三步,设置旋转中心为右下角,在"角度"输入框中输入 270,单击"应用到再制"按钮,生成第二条直线,用同样的办法依次设置旋转中心为左上角、角度 90 度;旋转中心为右上角、角度 90 度,生成多条直线,如图 2-3-4,图 2-3-5,图 2-3-6 所示。

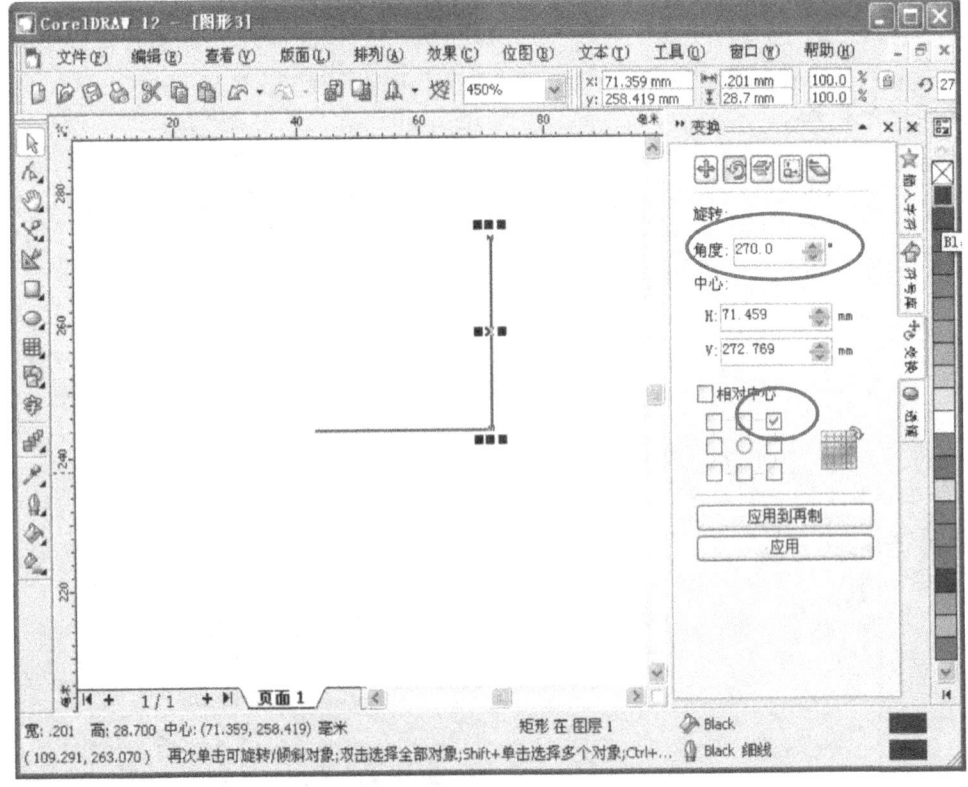

图 2-3-4 设置旋转面板(1)

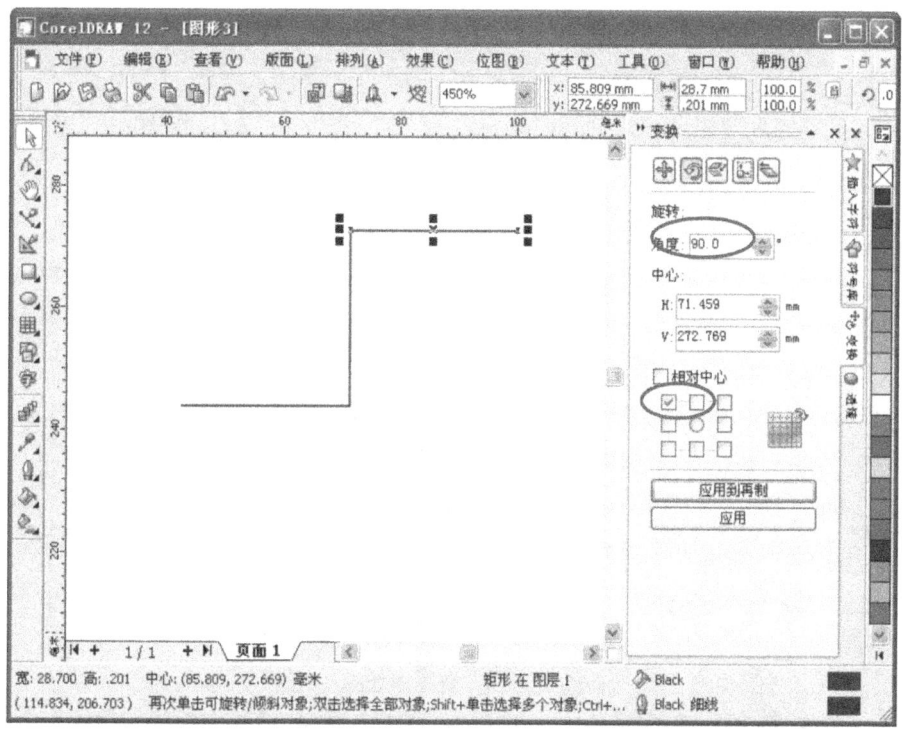

图 2-3-5　设置旋转面板(2)

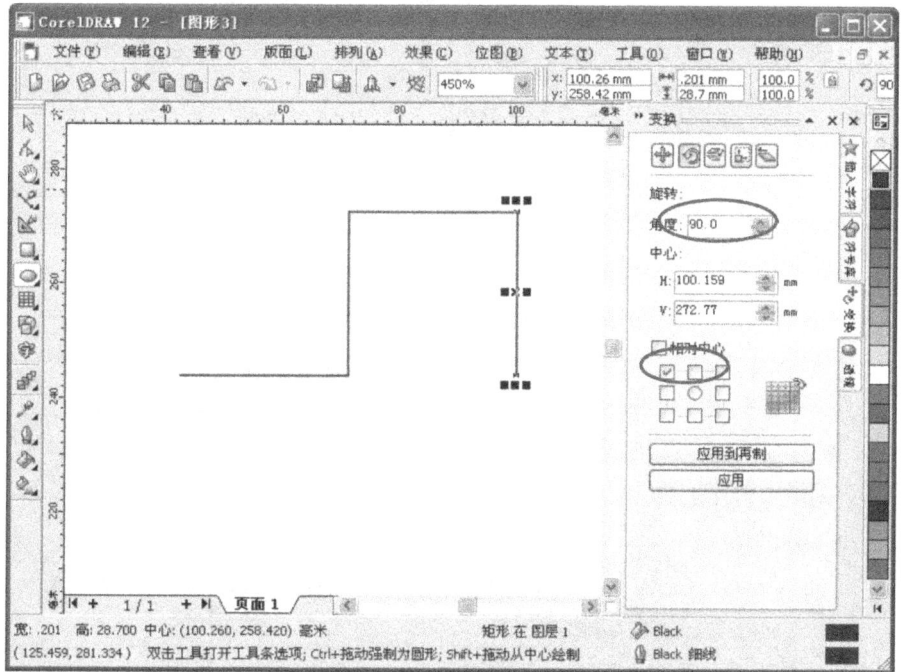

图 2-3-6　设置旋转面板(3)

第四步，选中所有图形，点击"排列"→"结合"将其组合成单一对象，如图 2-3-7 所示。

第五步，选中图形，点击"工具"→"创建"→"字符"，如图 2-3-8 所示。

第六步，在"插入字符"对话框中输入"A 城墙"，如图 2-3-9 所示。

第七步，单击"确定"按钮后，新绘制的符号便自动存入字符库了。打开字符库的方法是点击"文本"→"插入字符"，如图 2-3-10 所示。

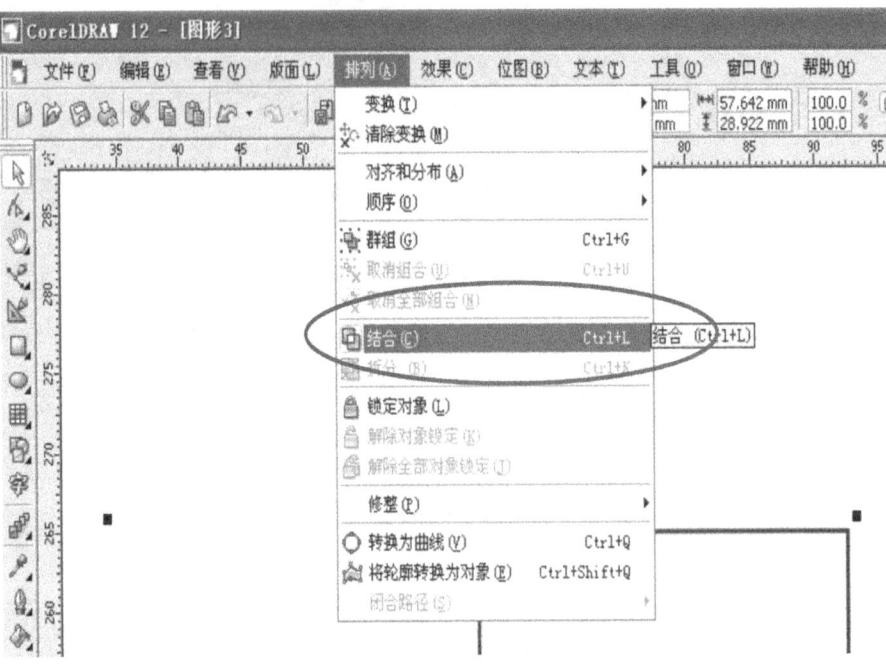

图 2-3-7　将图形合并

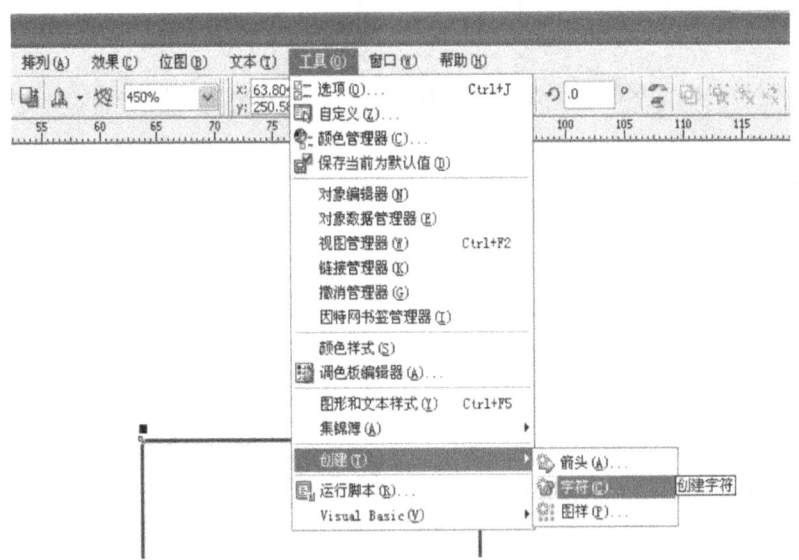

图 2-3-8　生成字符(1)

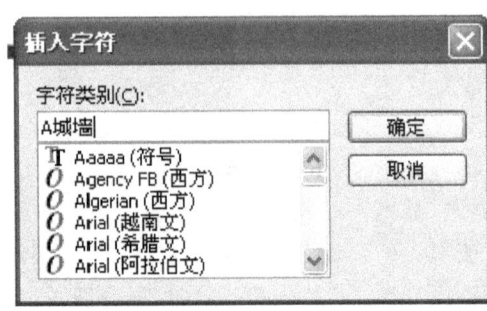

图 2-3-9　生成字符(2)

第二章　CorelDRAW 在辅助地理教学中的应用　　45

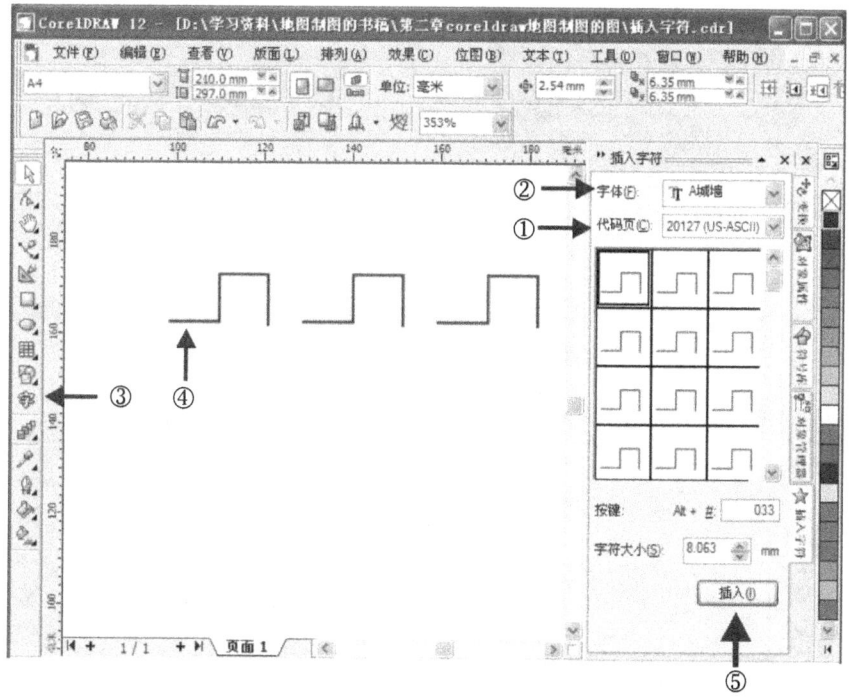

图 2-3-10　插入字符

第八步,使用字符的方法。在图 2-3-10 中,①在"代码页"下拉框中选择"20127(US-ASCII)";②在"字体"下拉框中选择"A 城墙";③在工具箱中选择"字符"工具;④单击需要插入城墙符号的位置;⑤单击"插入"按钮,即可输出城墙字符,如图 2-3-10 所示。

第九步,去除间距,点击"文本"→"文本格式"调出"格式化文本"对话框,设置"间隔"→"字符"为－10.0%,字符间距调整,如图 2-3-11 所示。

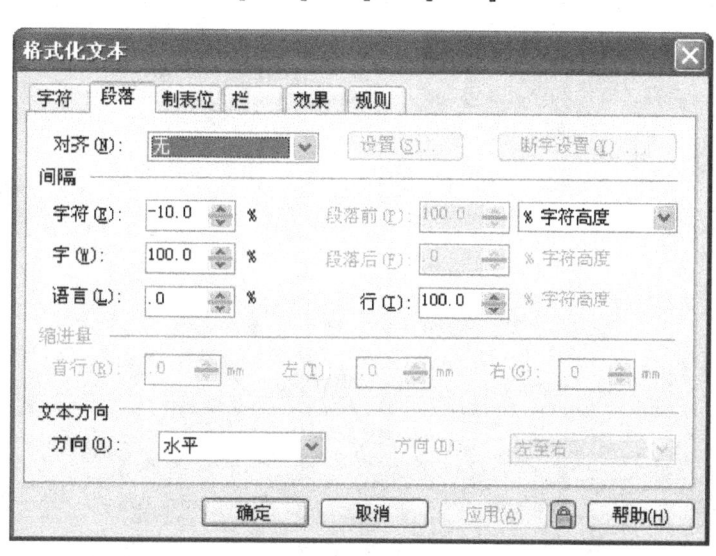

图 2-3-11　去除间距

2. 符号库创建步骤

第一步,重复字符库创建中的第一步到第四步,得到一个城墙符号。

第二步,点击"编辑"→"符号"→"新建符号",如图 2-3-12 所示,弹出"创建新符号"对话框,在对话框中输入"城墙",完成新建符号的创建,如图 2-3-13 所示。

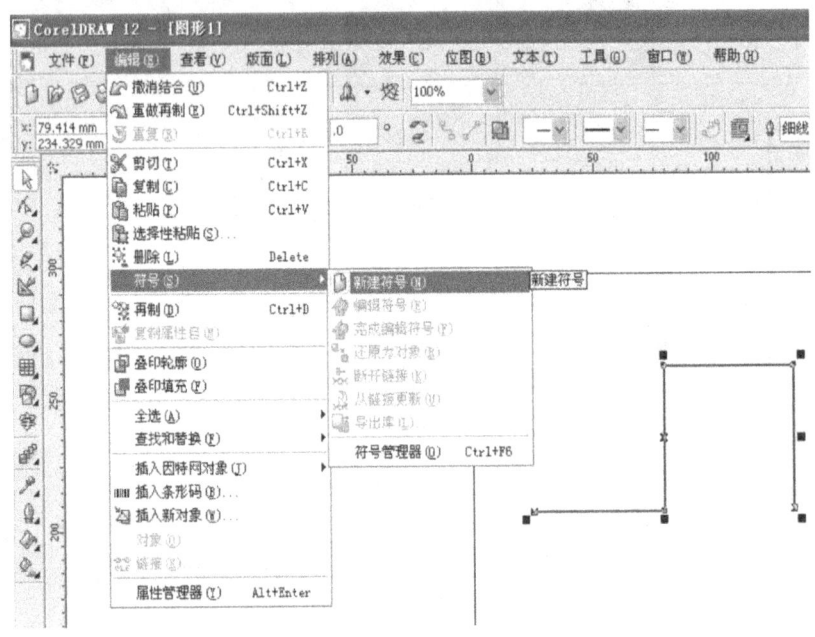

图 2-3-12　调用创建符号菜单

图 2-3-13　新符号的创建

第三步,将创建好的符号通过"窗口"→"泊坞窗"→"符号管理器",调出符号库页,如图 2-3-14 所示。用鼠标先后点击①和②两处,便能看到刚才设计的城墙符号,如图 2-3-15 所示。

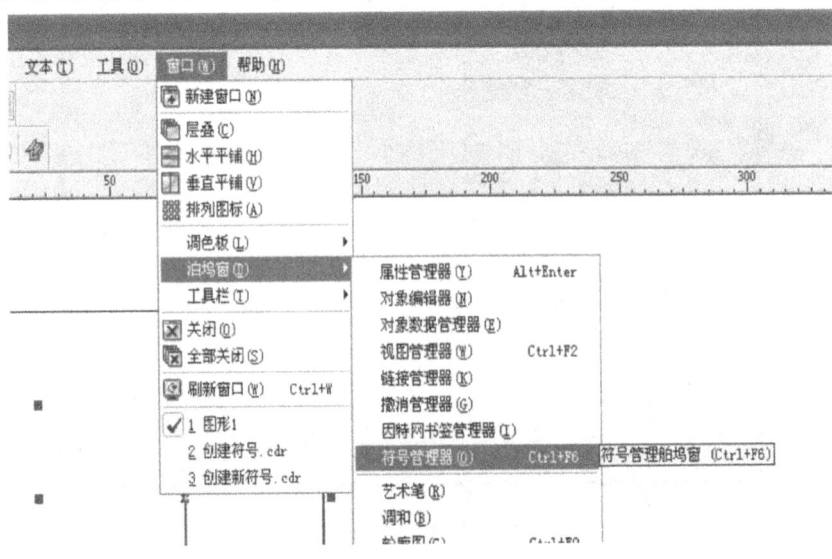

图 2-3-14　调用"符号管理器"命令

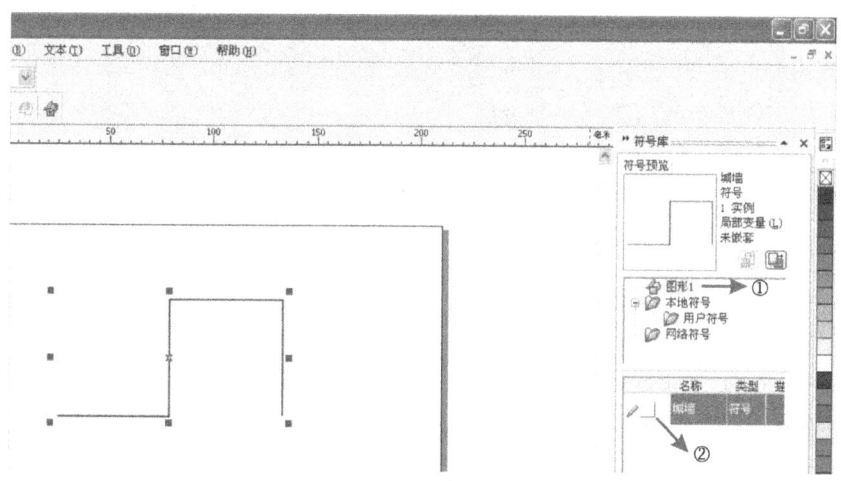

图 2-3-15　打开"符号管理器"面板

第四步,点击"导出库"按钮,弹出"导出库"对话框,在对话框里输入"常用符号",这样自己的符号库就创建好了,如图 2-3-16 所示。

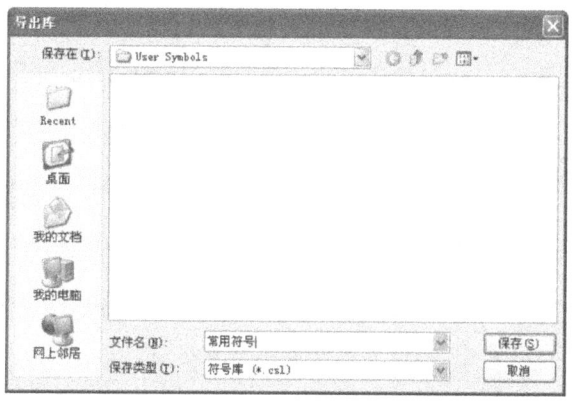

图 2-3-16　符号库的创建

第五步,新建一个文档,点击"窗口"→"泊坞窗"→"符号管理器",弹出"符号库"页面,点击"本地符号"→"用户符号"→"常用符号",可在下方看到刚才创建的城墙符号。单击鼠标左键选中城墙符号,拖动到页面区域,即可生成一个符号实例,如图 2-3-17 所示。

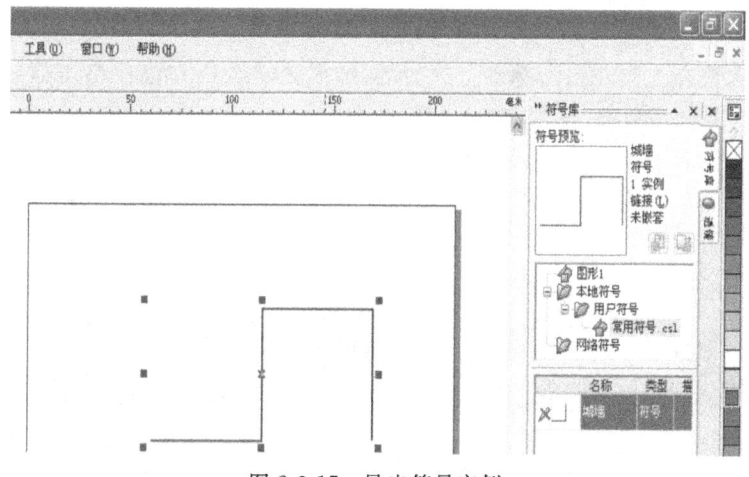

图 2-3-17　导出符号实例

实践探索

1. 创建图 2-3-18 所示的国界单元符号。

图 2-3-18　国界单元符号

2. 创建图 2-3-19 所示的建筑符号。

图 2-3-19　建筑符号

第四节　CorelDRAW 12 地图绘图的一般流程

学完本节,你将能够:

☆掌握 CorelDRAW 12 地图绘图的一般流程;
☆能够绘制点、线、面等各种地物的地图。

理论天地

一、CorelDRAW 12 地图绘图的一般流程

CorelDRAW 12 绘图流程不是固定不变的,需根据具体情况而定,一般情况下的步骤为:工作底图扫描→新建文件→导入工作底图→工作底图定位与锁定→建立各种地物的图层→绘制地物→输出地图。下面具体介绍各操作步骤。

1. 工作底图扫描

地图绘图通常是在工作底图的基础上进行的,即事先需利用扫描仪将工作底图扫描成位图格式文件,然后导入到 CorelDRAW 12 中来处理。

2. 新建文件

通过"文件"→"新建"命令,新建文件,新建文件后,通常需要根据绘图要求设置页面大小等参数。

3. 导入工作底图

导入原图的方法是,通过"文件"→"导入"命令,弹出"导入"对话框,找到工作底图所在位置,将其导入新建的 CorelDRAW 12 文件中,如图 2-4-1 所示。

通常,工作底图导入文档前需对工作底图进行裁剪处理,方法有以下四种:

第一种,在扫描前裁剪无关内容。

第二种,导入时,利用"导入"对话框右下角下拉菜单的"裁剪"命令,裁剪出所需的内容,如图 2-4-2 所示。

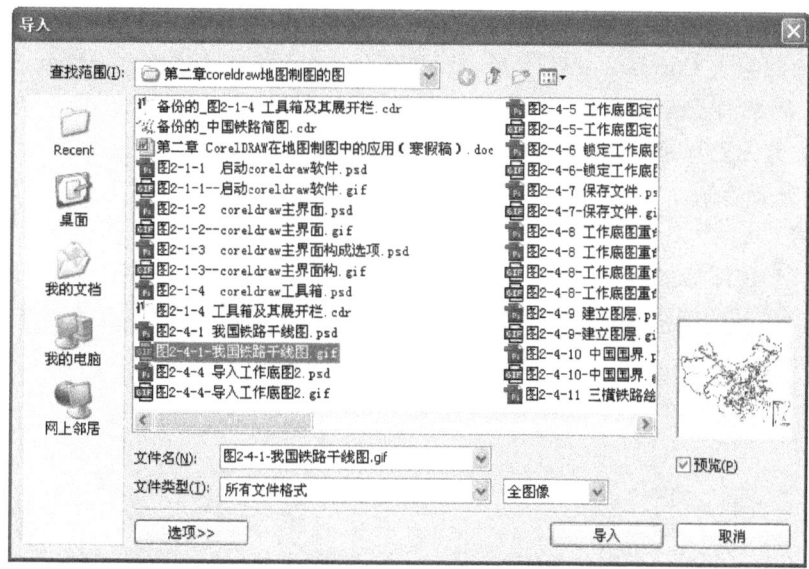

图 2-4-1　导入工作底图

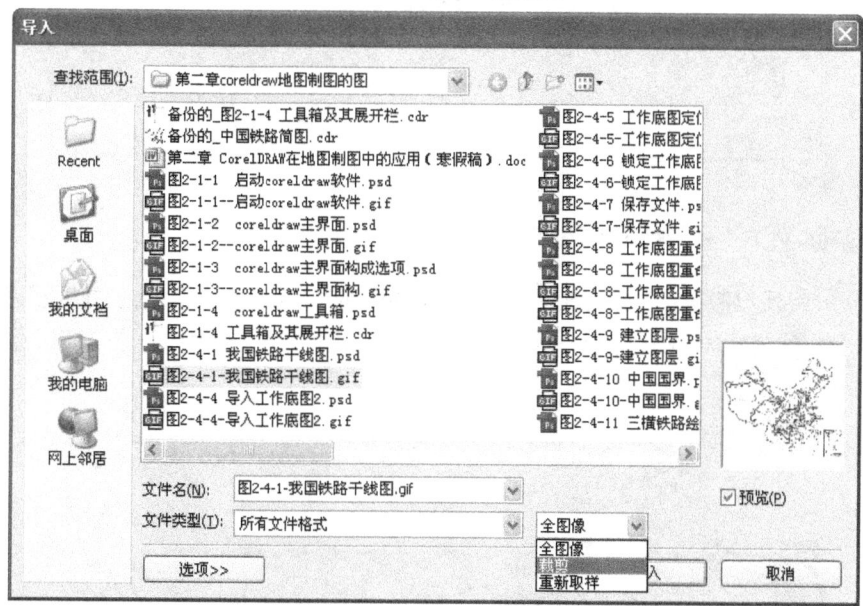

图 2-4-2　裁剪工作底图

第三种,导入后利用工具箱中"形状工具"→"刻刀工具",裁剪出绘图区域。

第四种,用工具箱中"矩形工具"框选出制图范围。这种方法最为方便,并且留有扩充余地。

4. 工作底图定位和锁定

工作底图定位,是指将工作底图定位于页面的中央。

工作底图锁定,是为了防止在绘图过程中工作底图移动导致所画对象错位。

5. 建立各种地物的图层

因为上面图层会覆盖下面图层的内容,所以图层建立的原则是:最下层为工作底图图层,由下至上依次是面状地物、线状地物、点状地物,各种地物还可以根据具体需要细分为若干图层,图层的多少应以方便操作为原则。在建立图层时,要养成良好的命名习惯,以方便绘图过程中快速查找相应地物。

6. 绘制地物

工作底图原图导入 CorelDRAW 12 后,就可以尽情地发挥自己的想象力绘制地图了。

CorelDRAW 12 中最常用的绘图工具有工具箱中的"贝塞尔工具"、"形状工具"、"轮廓工具"和"填充色"等。绘图的原则是先绘面状地物,然后绘线状地物,再绘点状地物,最后用文字进行注记,不同地物应分层绘制。

7. 输出地图

各种地物绘制完成后,即可输出图形,通过菜单中"文件"→"导出"命令完成,如图 2-4-3 所示。

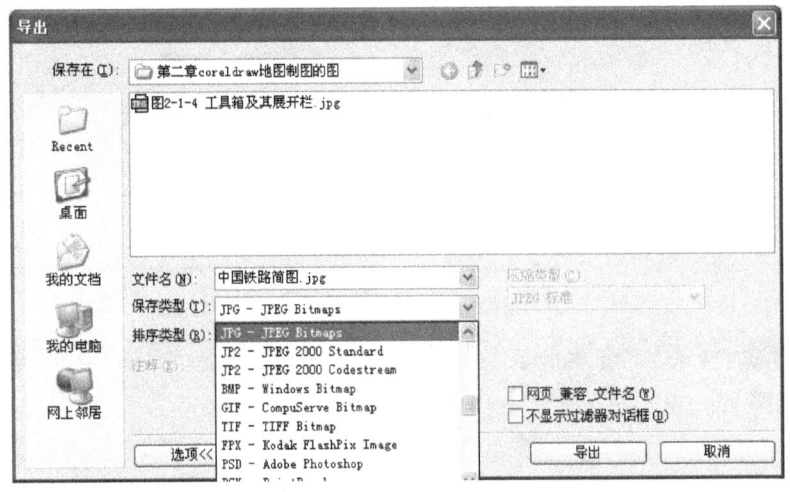

图 2-4-3　输出地图

二、经典案例 5——中国铁路简图

人民教育出版社出版的初中《地理》"中国的铁路交通"一节,如果仅仅把"中国主要铁路干线"地图(如图 2-4-4 所示)扫描用计算机展示出来,不但信息容量大,主干知识不突出,而且学生会对

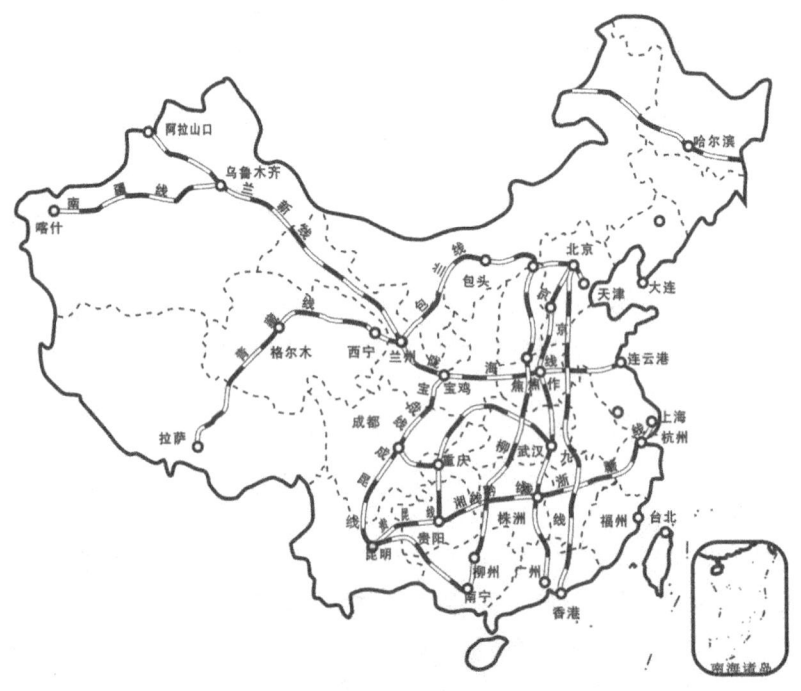

图 2-4-4　我国铁路干线图

这些信息一闪而过,不能留下深刻印象。现在我们利用 CorelDRAW 12 处理一下,在"中国主要铁路干线"图上提取出"五纵"和"三横"相关信息,绘制"中国铁路简图",如图 2-4-5 所示,并用不同的颜色标注,比如东西走向的"三横"干线用红色标注,南北走向的"五纵"干线用蓝色标注,就可以达到较好的教学效果。下面按照前面所介绍的 CorelDRAW 12 地图绘图的一般流程,介绍中国铁路简图绘制的步骤。

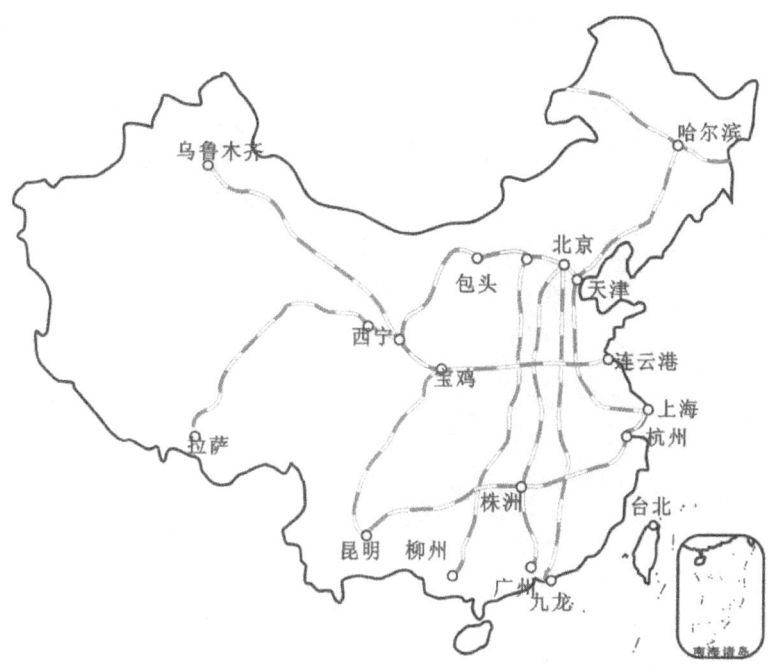

图 2-4-5　中国铁路简图

(1)扫描工作底图。扫描工作底图,"中国主要铁路干线"地图。

(2)启动 CorelDRAW 12 应用程序。点击"开始"→"程序"→"CorelDRAW Graphics Suite 12"→"CorelDRAW 12",启动 CorelDRAW 12 应用程序,如图2-4-6 所示。

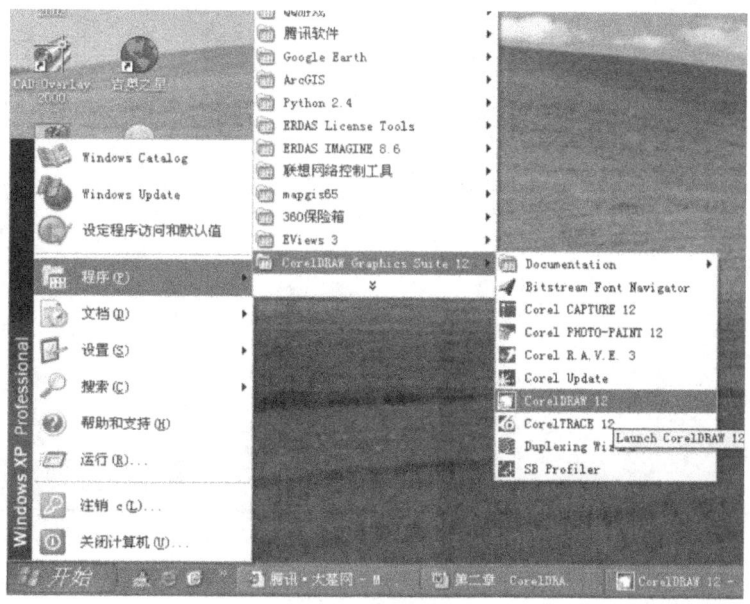

图 2-4-6　启动 CorelDRAW 12 应用程序

(3)新建文件。单击"新建图形"按钮,新建文件,如图2-4-7所示。

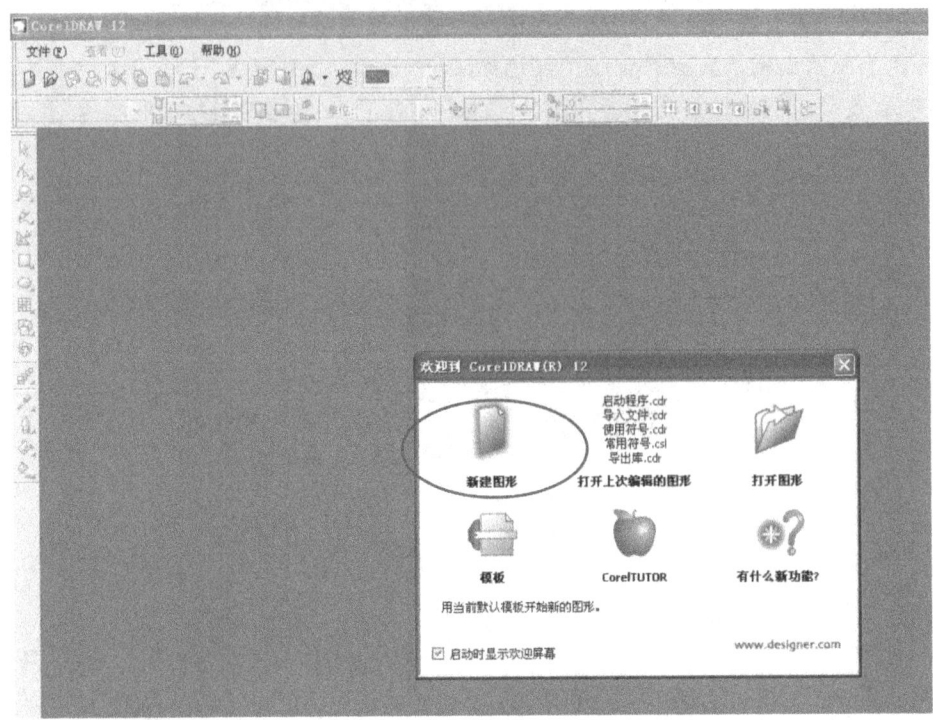

图 2-4-7　新建文件

(4)导入工作底图。点击"文件"→"导入",出现"导入"对话框,找到工作底图所在的位置,单击右下角"导入"按钮,在页面上单击鼠标,导入工作底图,如图2-4-8所示。

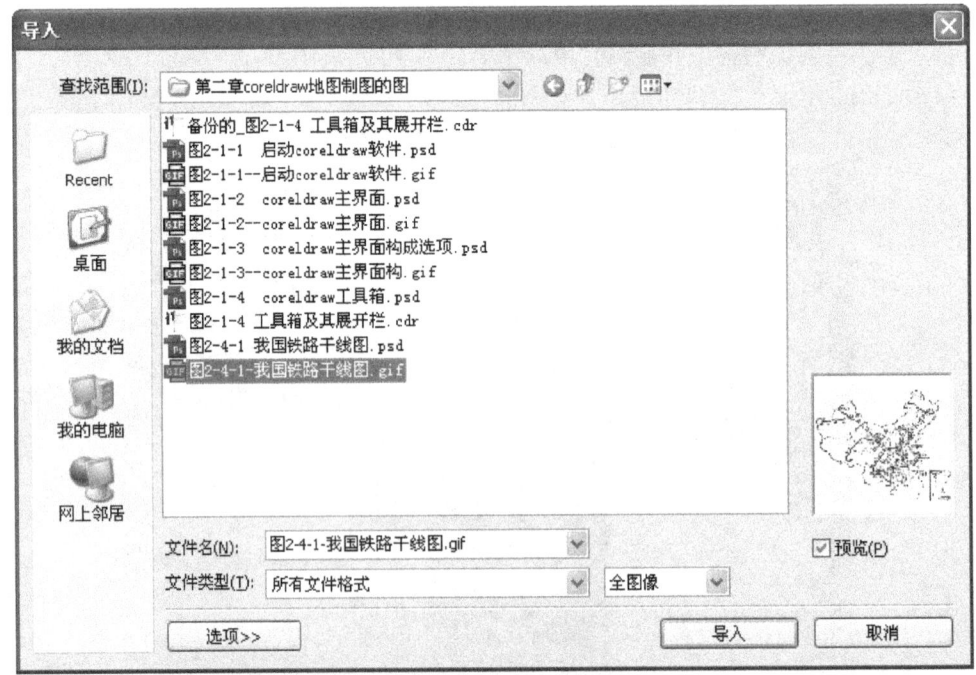

图 2-4-8　导入工作底图

(5)工作底图定位。用工具箱中的"挑选工具"选中工作底图,点击菜单栏"排列"→"对齐和分布"→"在页面居中"命令,将工作底图放置在页面中央,如图2-4-9所示。

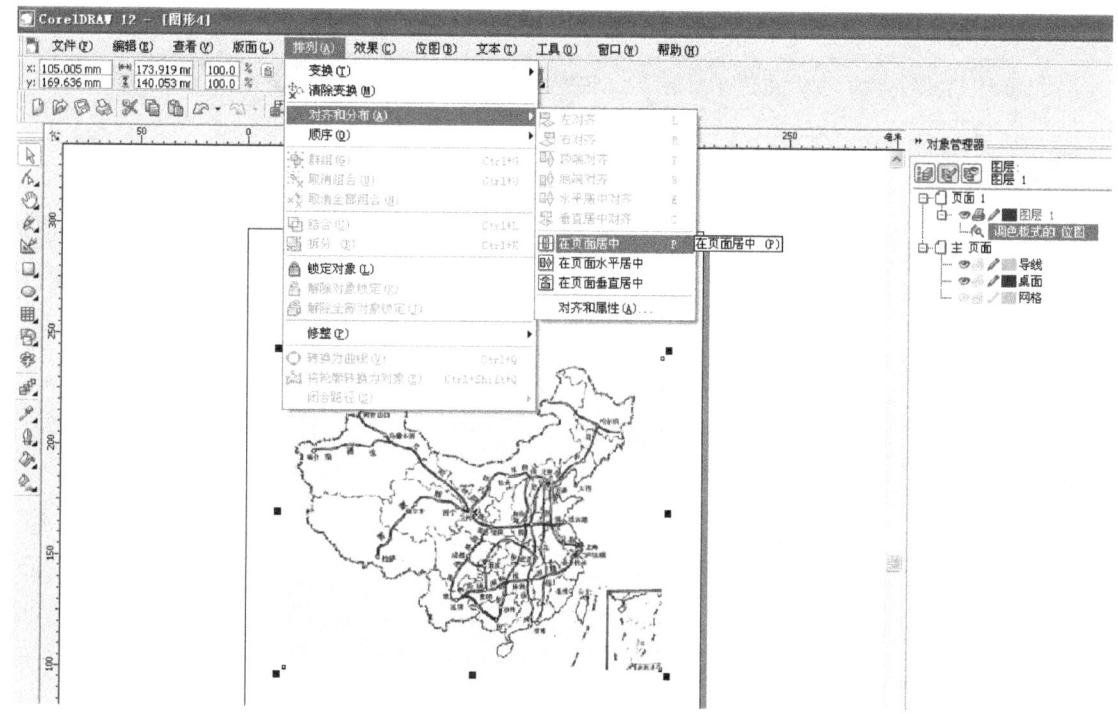

图 2-4-9　工作底图定位

(6)锁定工作底图。鼠标右键点击"对象管理器"中工作底图所在的图层,在弹出的菜单中选择"锁定对象",将工作底图锁定不动,如图 2-4-10 所示。

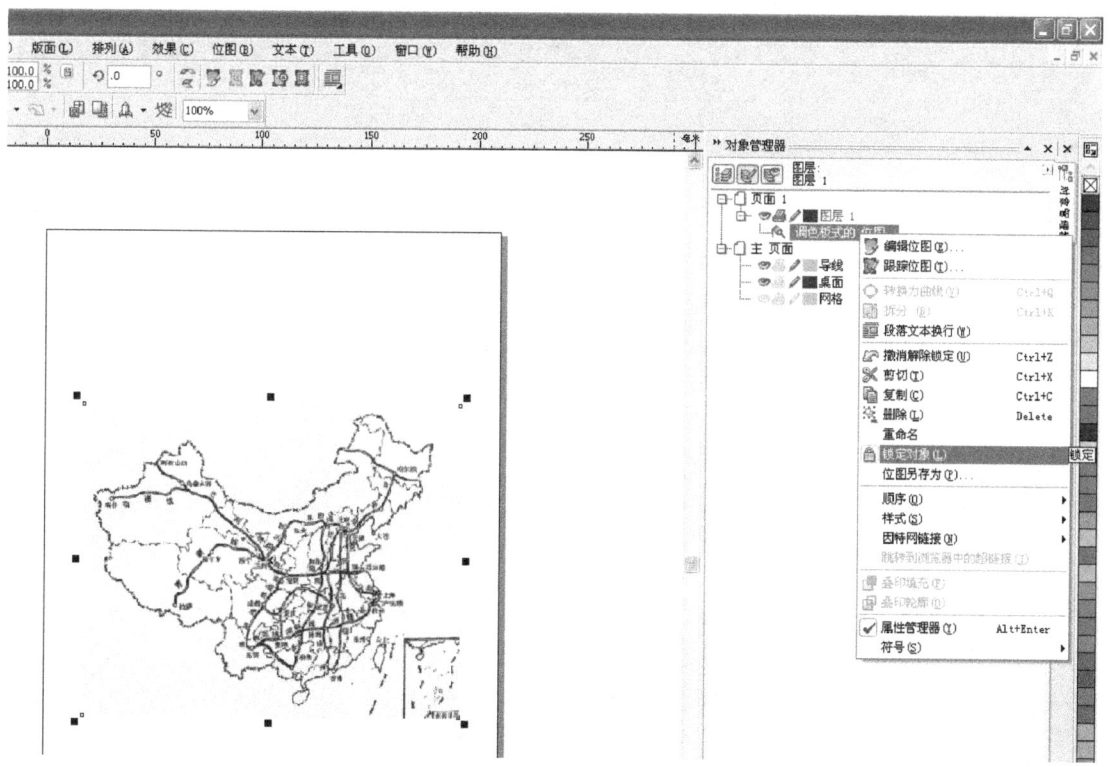

图 2-4-10　锁定工作底图

(7)保存文件。点击"文件"→"保存",弹出"保存绘图"对话框,找到保存文档的路径,在"文件名"文本框中输入名称,本例中输入的是"中国铁路简图",如图 2-4-11 所示。

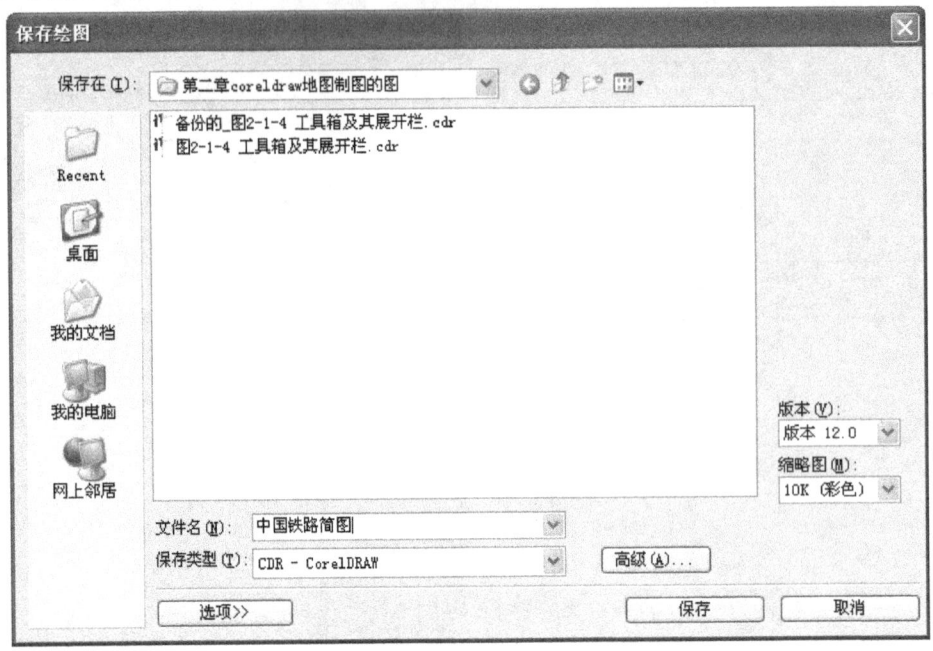

图 2-4-11　保存文件

(8)工作底图图层重命名。点击"窗口"→"泊坞窗"→"对象管理器",弹出"对象编辑器",在"图层 1"上点击鼠标右键,弹出快捷菜单,点击"重命名",将"图层 1"的名字改为"工作底图",如图 2-4-12 和图 2-4-13 所示。

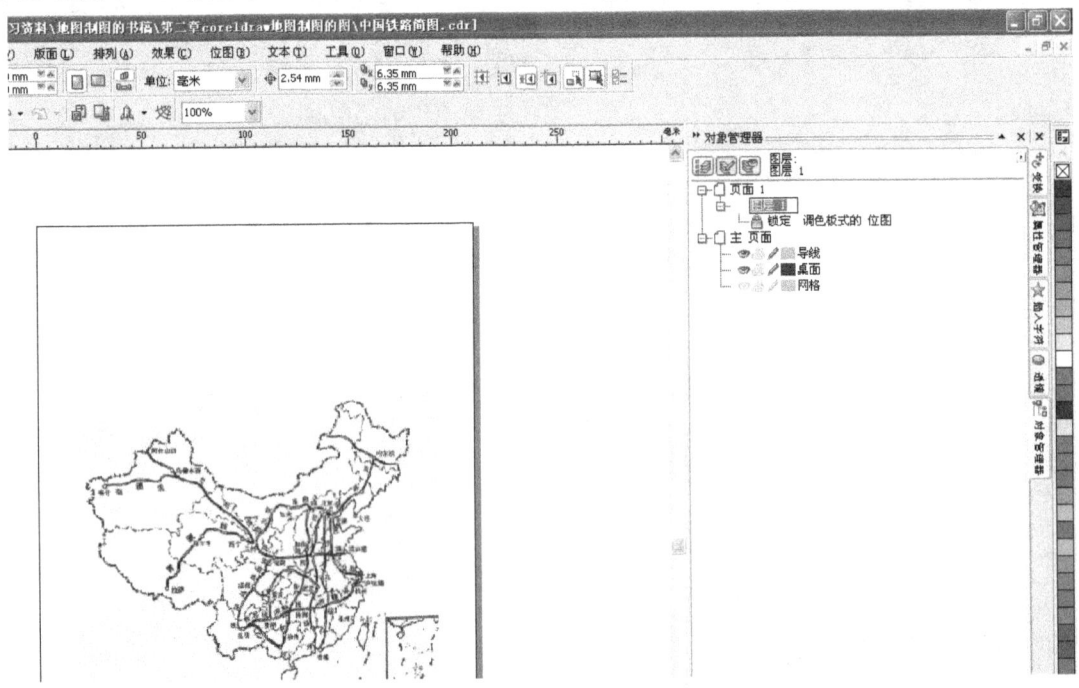

图 2-4-12　图层 1 重命名

(9)新建若干图层。本图中需要绘制的对象有:国界、三横铁路、五纵铁路、城市和注记等。依次在对象管理器中为这些对象建立不同的图层,如图 2-4-14 所示。

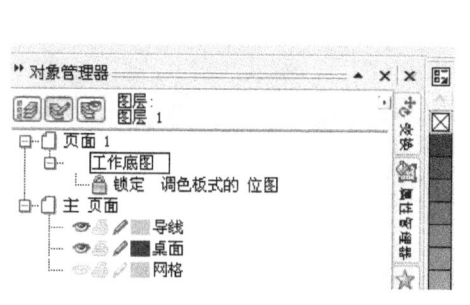
图 2-4-13 "图层 1"重命名为"工作底图"

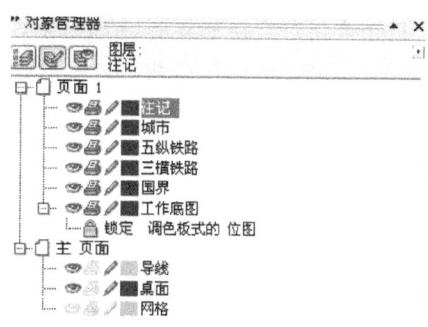
图 2-4-14 新建若干图层

(10)绘制国界。选中"国界"图层,用工具箱中的"贝塞尔工具",沿工作底图勾勒国界线。用"矩形工具"绘制右下角的南沙群岛范围。设置国界线线宽为 0.6 毫米,线型为实线,颜色为黑色。为了看清楚所绘制的国界,点击工作底图前面的"眼睛"图标,将工作底图关闭。绘制后的国界如图 2-4-15 所示。

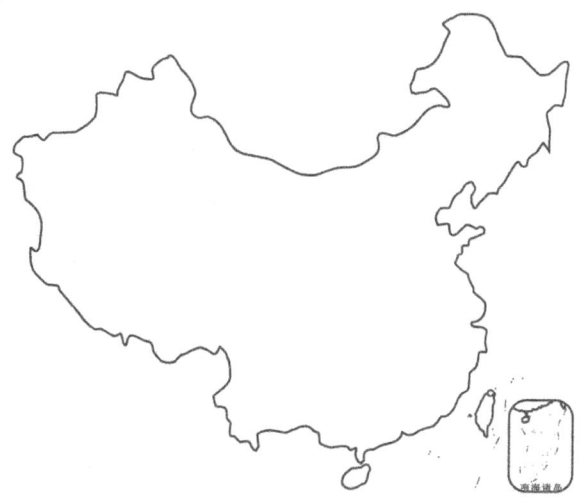
图 2-4-15 国界线

(11)绘制"三横"铁路。用"贝塞尔工具"绘制三条东西走向的"三横"铁路线,设置三条铁路的线型为实线,颜色为红色,线宽为 0.8 毫米,如图 2-4-16 所示。

图 2-4-16 "三横"铁路(1)

将这三条铁路进行原地复制、粘贴,生成新的三条曲线,修改线型为白色虚线,线宽为0.6毫米,颜色为白色,至此三横铁路线绘制完成,如图2-4-17所示。

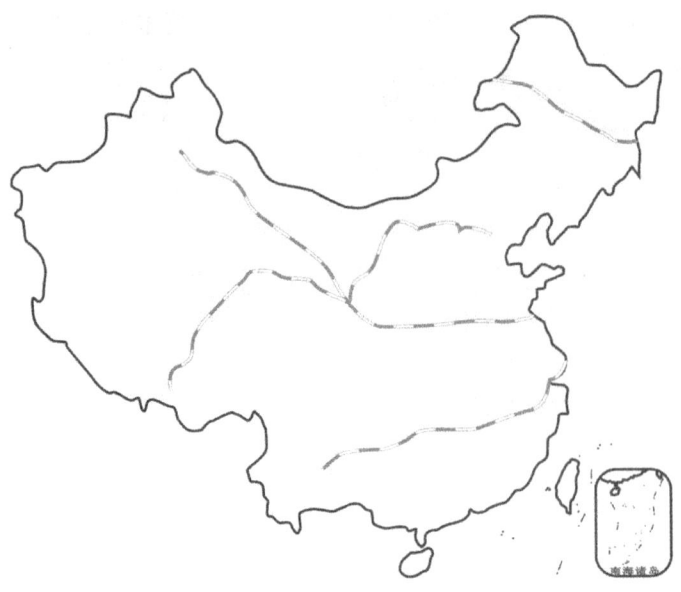

图 2-4-17 "三横"铁路(2)

(12)绘制"五纵"铁路。用绘制"三横"铁路的方法,在五纵铁路图层绘制"五纵"铁路。绘制完成后的效果如图2-4-18所示。

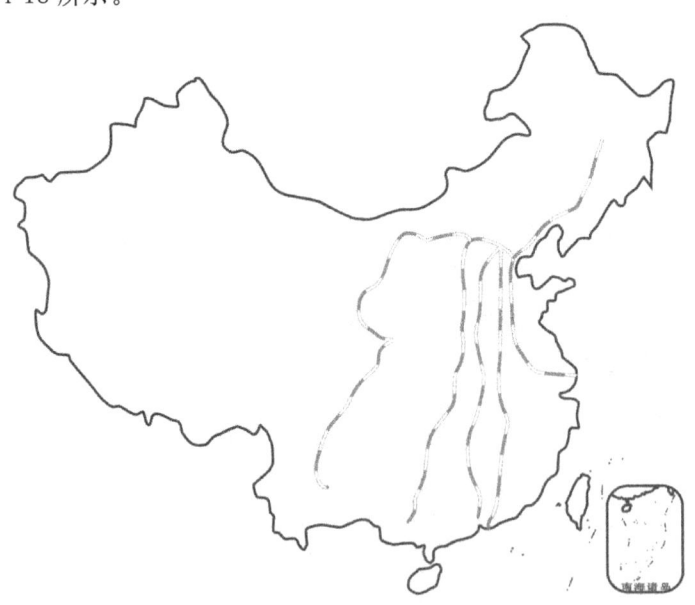

图 2-4-18 "五纵"铁路

(13)绘制城市符号。绘制城市要用到"椭圆工具",选中"椭圆工具",按住"Ctrl"键,可绘制出正圆。将绘制的正圆的直径改为2毫米,设置边框线线宽为0.4毫米,圆的边框线颜色为黑色,圆的填充色为白色,即可得到一个城市符号。将绘制好的城市符号复制到"五纵三横"铁路经过的城市,如图2-4-19所示。

(14)输入城市名称。在标注图层为各城市符号写上标注,设置字体大小为12 pt,字体为宋体,轮廓线为黑色、实线、细线,如图2-4-20所示。

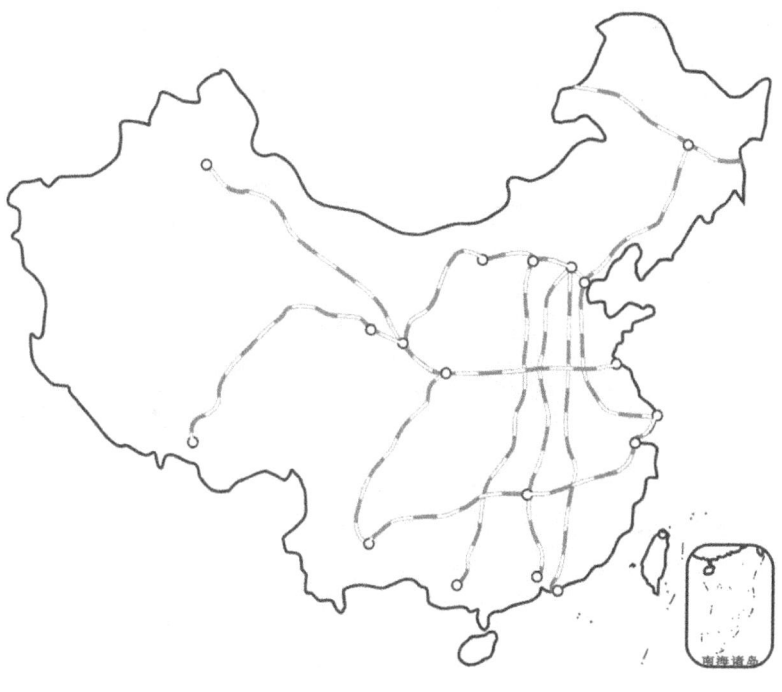

图 2-4-19 城市符号

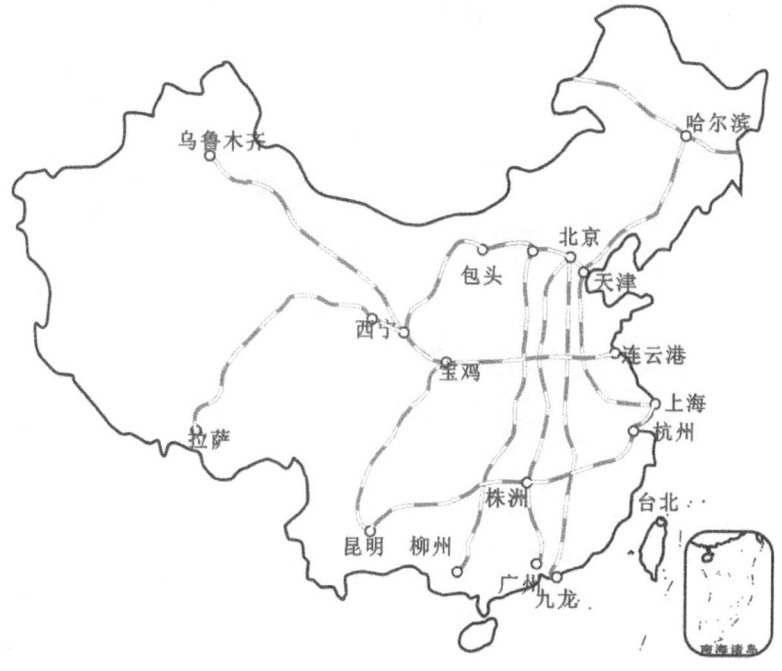

图 2-4-20 城市名称

以上便是中国铁路简图制图过程。可以看出，CorelDRAW 12 绘图流程并不是固定不变的，很多时候需要根据具体情况作相应的调整。

实践探索

1. 绘制华北地区区位图，如图 2-4-21 所示。

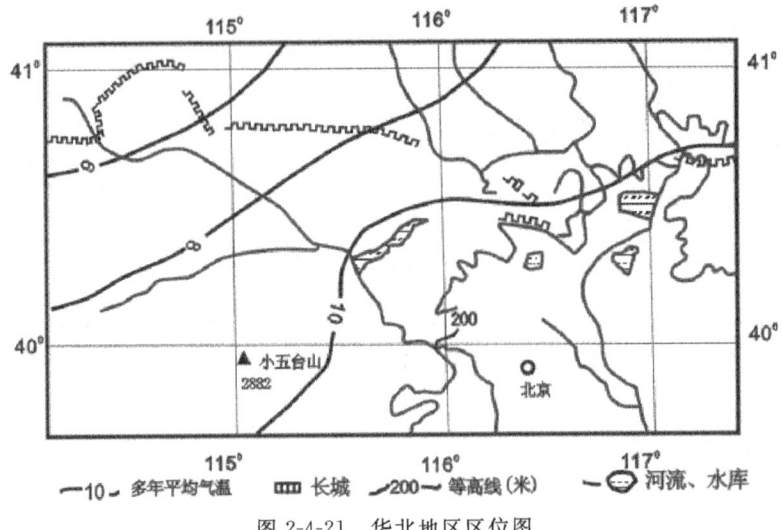

图 2-4-21　华北地区区位图

2.绘制中国冬、夏季风图,如图 2-4-22 所示。

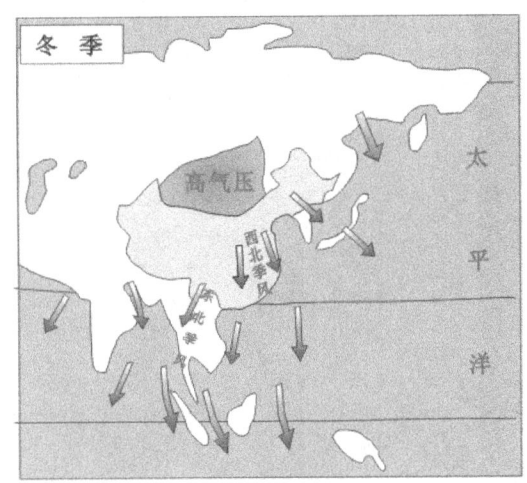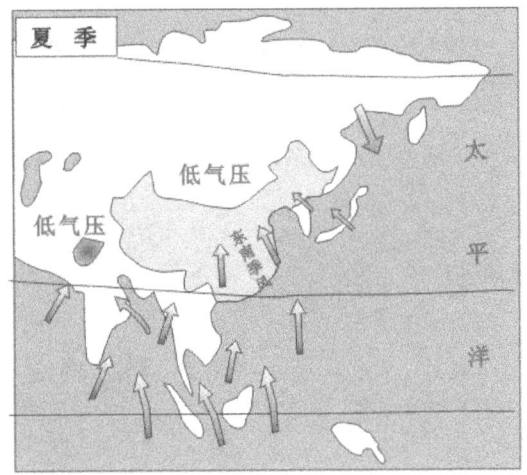

图 2-4-22　中国冬、夏季风图

第三章　Flash 在辅助地理教学中的应用

本章导读：

　　Flash 是实用性很强的一款动画制作软件,在课件制作过程中具有操作简单、使用方便等特点,近年来,Flash 制作的地理课件在教学中的应用越来越多,优势愈加突出。本章首先将从整体上介绍 Flash 的工作环境、基本原理和基本操作,然后结合具体的地理案例,利用 Flash 的补间动画、引导动画、遮罩动画、交互功能来制作相应的 Flash 地理课件。

第一节　从整体上认识 Flash

学完本节,你将能够：

☆熟悉 Flash 8.0 的工作环境；
☆学会使用 Flash 8.0 的基本绘图及编辑工具；
☆理解不同类型的帧及用途；
☆熟悉元件的制作与使用；
☆理解 Flash 影片组织的形式；
☆运用 Flash 8.0 精确绘制地球、回归线、等高线等图形。

理论天地

一、认识 Flash

　　Flash 是一款矢量动画制作软件。Flash 和 CorelDRAW 软件的不同之处在于,CorelDRAW 只能绘制静态的矢量图片,而 Flash 能绘制各种各样的动画,同时能将声音对象等引入动画,还具有强大的交互功能等特性,利用 Flash 可以制作出界面美观、动静结合、交互性很强的多媒体教学课件。因此,在地理教学中,受到了越来越多人的青睐。

　　Flash 从面世到现在有许多版本,其内容和外观基本相似,新版本只是在功能和设置上有了很多改进。本章以 Flash 8.0 为例来介绍 Flash 软件的各项功能。

　　首先来认识一下 Flash 8.0 的工作环境。

(一)Flash 8.0 的工作环境

1.菜单栏

　　Flash 8.0 共有 10 个菜单栏,分别是文件、编辑、视图、插入、修改、文本、命令、控制、窗口和帮助。

2. 场景

在 Flash 影片中,舞台只有一个,但在演出过程中,可以更换不同的场景,每个场景都有名称,在舞台的左上角给出了当前场景的名称。

3. 时间轴

时间轴显示的是动画中各帧的排列顺序,同时也包括了各层的前后顺序。时间轴窗口包括两个区域:图层控制区域和帧控制区域,它们共同组织和控制动画内的各个元素。使用"图层"可以添加图层、删除图层、改变图层的属性以及设定各层在舞台上的上下位置;而使用"帧"可以设定动画在时间上出现的先后次序。时间轴上有很多小格子,每个小格子代表一帧,每帧都可以放图片,整 5 倍数的帧颜色较深且上有数字序号,动画是由帧组成的,帧上面红色的线是时间指针,表示当前的帧位置,同时下面的时间轴状态栏上也有一个数字表示当前帧的位置。在时间轴中可以控制 Flash 影片的播放。

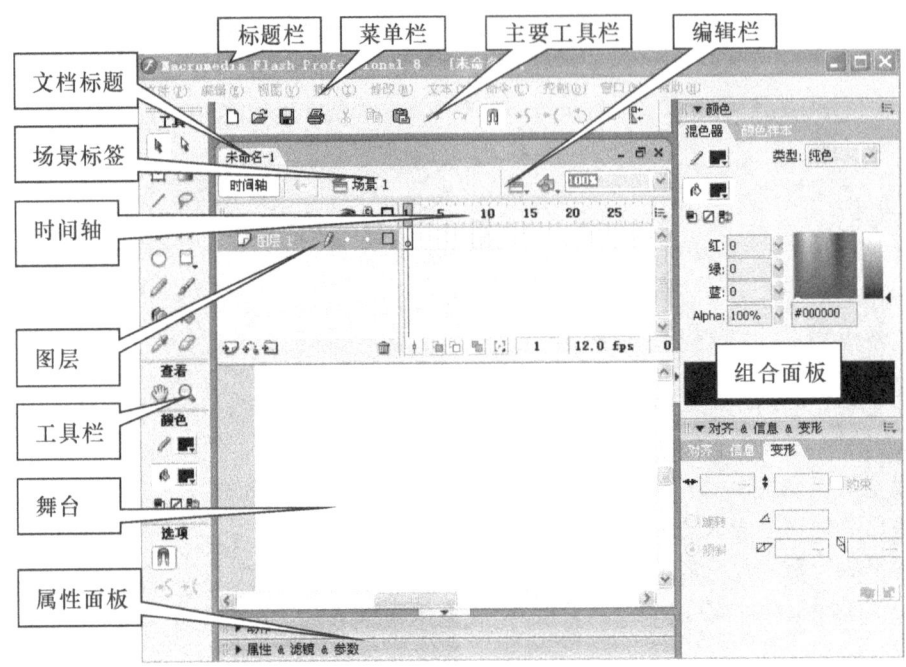

图 3-1-1　Flash 8.0 的工作环境

4. 属性面板

随着用户选择要素的不同,Flash 8.0 的界面会发生相应的变化,用户也可以自由地设置舞台上选定对象的属性,从而加快了创建过程。

5. 组合面板

包括有颜色、变形、库等面板。

6. 工具栏

汇集了绘图、喷漆、选取和修改等工具,分为绘图工具、查看工具、颜色工具和选项栏。

7. 舞台

制作 Flash 影片的主要区域,位于整个工作区的正中间部分。只有在舞台矩形区域中的内容才能够播放出来。在"属性"面板中可以改变舞台的大小。

在 Flash 动画制作中,只有熟练掌握绘图工具的使用方法,才能快速制作出丰富多彩的 Flash 作品,因而要熟记各种基本工具的使用方法。

(二)基本绘图工具

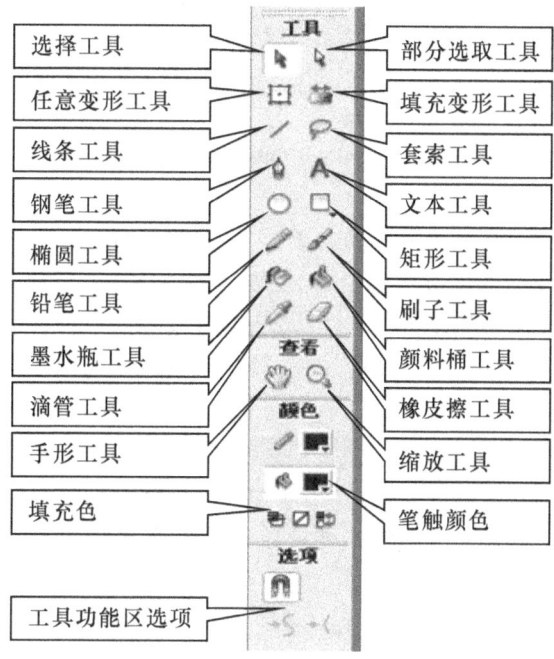

图 3-1-2　基本绘图工具

(三)常用的几种对象操作

1. 分离与组合

分离:选中对象后按快捷键"Ctrl+B",或者右键选择"分离"。分离的对象选中后内部有一系列的白点。

组合:选中对象后按快捷键"Ctrl+G",或者在"修改"菜单中选择"组合"。组合的对象选中后四周出现一方框。

2. 重叠与交割

重叠:将组合的对象和元件对象放置在一起,属于重叠,分开后各自的形状不发生变化。

交割:分离的对象放置在一起,在分开后,一个会被另一个"吃掉"。

3. 变形与整形

变形:包括任意变形、扭曲、封套等。

整形:在分离的对象没选中的情况下进行,是对对象细节的整饰。

4. 测试动画

按快捷键"Ctrl+Enter"或是使用菜单里的"控制"→"测试影片"命令,可以测试 Flash 动画效果。

二、掌握 Flash 8.0 的基本操作

(一)文档操作

1. 创建文档

创建一个新文档,可以使用开始页面创建,也可以执行菜单里的"文件"→"新建"命令和使用模板来创建。

2. 打开文档

使用菜单来打开 Flash 8.0 文件。

温馨提示

高版本的 Flash 软件可以打开低版本的 Flash 文档,但低版本的 Flash 软件无法打开高版本的 Flash 文档。

(二)绘制和处理直线

线条工具是 Flash 8.0 中最简单的工具。单击"线条工具"按钮，移动鼠标指针到舞台上,在开始的地方按住鼠标拖动,到结束点松开鼠标,完成直线的绘制。绘制直线的同时,按住"Shift"键,得到一条水平或垂直或与水平方向成 45 度、135 度的直线。"线条工具"能画出很多不同风格的直线,可以在"属性"面板中对其进行设置。在"属性"面板中,我们能定义直线的颜色、粗细和样式,如图 3-1-3 所示。

图 3-1-3 "属性"面板

如果想改变直线的方向和长短,除了在"属性"面板中改变之外,还可通过"选择工具"或"部分选取工具"来进行,操作方法是:移动鼠标指针到直线的端点处,指针右下角会变成直角状或一个"回"字,这时拖动鼠标就可以改变直线的方向和长短。

(三)绘制矩形

绘制矩形的方法与绘制直线类似,单击"矩形工具",可以设置矩形的边框和填充色,通过选择"颜色"中的"笔触颜色"和"填充色"来完成对颜色的设置。绘制好矩形后,也可在"属性"面板中改变其属性,如样式、粗细等。同样,按住"Shift"键,再进行绘制,则可绘制出一个正方形,如图 3-1-4 所示。

图 3-1-4 绘制矩形和正方形

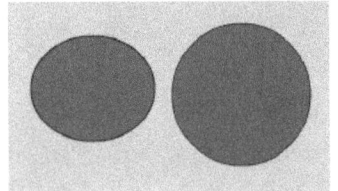

图 3-1-5 绘制椭圆和正圆

(四)绘制椭圆

单击"椭圆工具"按钮，在工作区上绘制一个自定义颜色的椭圆。按住"Shift"键,再进行绘制,可绘制出正圆,如图 3-1-5 所示。

 **技巧点拨**

如果要画出垂直或水平的线条、正方形、正圆等标准图形,要在画图的同时按住"Shift"键。

(五)编辑图形

对图形编辑,包括调整图片大小和形状、旋转或缩放和精确变形等操作。具体方法是:选中对象,然后选择"任意变形工具"按钮,此时选中的对象周围就会出现8个控制点小黑块,沿着控制点的方向拖动小块,就可以改变图形的大小。旋转和缩放的操作与之相似,鼠标移到4个顶点外面时,会出现一个弧形箭头,顺着箭头的方向拖动就可以绕着中心点进行旋转或缩放,当然,中心点也可以自由移动。如果要使图形发生精确的变形,需在面板中通过输入数字来实现。具体操作是:选择对象后,点击菜单栏中的"窗口"→"变形",如图3-1-6 所示。在面板上的选项,两个双箭头分别表示横向和纵向的放大倍数,默认为100%,保持原样不变;下面是旋转和倾斜选项,对应自由变换相应的操作;右下角的两个按钮,一个为"复制并应用转换"按钮,单击即可复制出一个相同的对象,另一个为"重置"按钮,可以让变形的对象恢复原状。

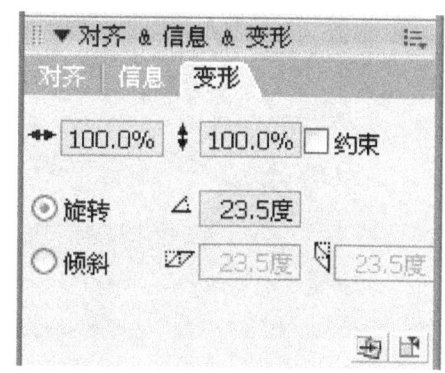

图 3-1-6　窗口的设置面板

(六)输入文本

在课件制作中若要输入文字,首先选取"文本工具"按钮A,然后用鼠标在舞台上需要输入文字的位置单击,舞台内就会出现一个文本框,即可在文本框内输入所需的文字。编辑文字的方法与一般的文字处理软件相似。用"选择工具"选中文字,在"属性"面板中设置文字的属性,调整其大小、颜色、格式、样式、形状等。

 经典案例1——精确绘制地球

(1)执行"文件"→"新建"命令,创建一个新的文档。

(2)按住"Shift"键,在舞台上画一个正圆,并把中间的填充部分删除,如图 3-1-7 所示。

(3)在圆外画两条直线,一条竖直,一条水平,同时选中圆与竖线,再点击菜单栏的"修改"→"对齐"→"水平居中",把直线移至圆的中心,如图 3-1-8(1)所示;同时选中圆与水平的直线,再点击菜单栏的"修改"→"对齐"→"垂直居中",如图3-1-8(2)所示。

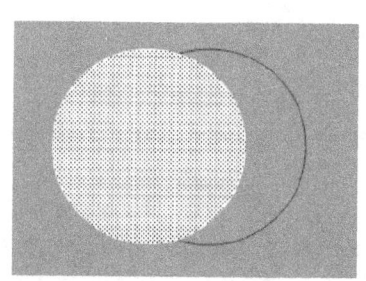

图 3-1-7　绘制正圆

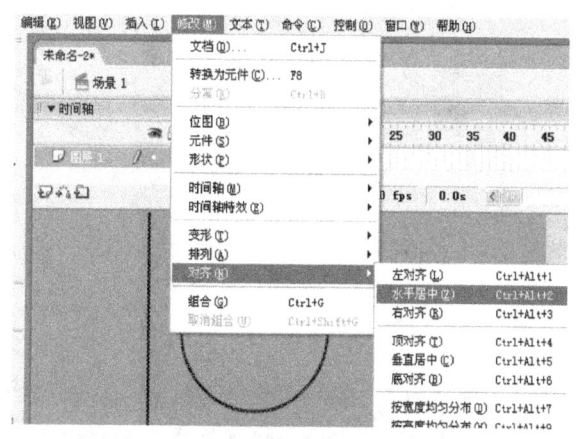

图 3-1-8(1)　竖直的线与圆水平居中

最后再选中圆外面多余的线并将其删除,得到一个被分为四份的圆,如图 3-1-9 所示。

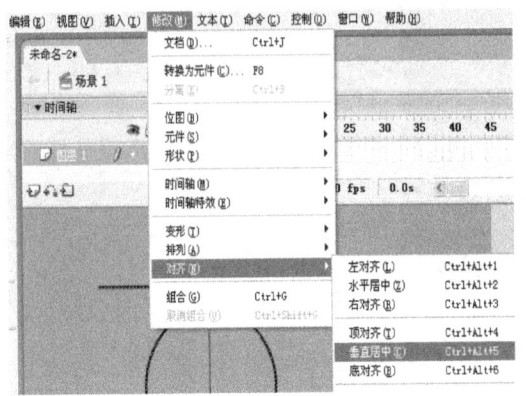 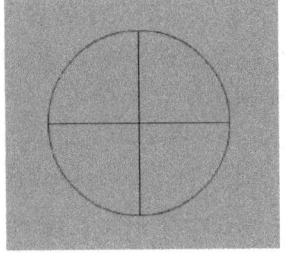

图 3-1-8(2)　水平的线与圆垂直居中　　　　图 3-1-9　被平分的圆

（4）选中赤道的一半，利用"任意变形工具"，如右边的一半，把旋转中心从线段中间移至圆心（线段左端），如图 3-1-10 所示。

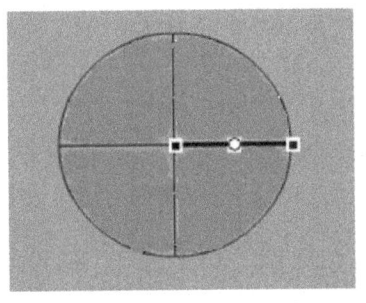 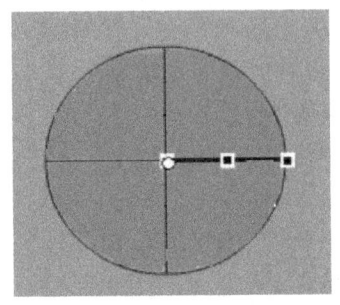

图 3-1-10(1)　被选中要旋转的线　　　　图 3-1-10(2)　将直线的旋转中心移至最左边

然后在舞台右边的面板"变形"输入需要旋转的度数，如图 3-1-11 所示，再选择"复制并应用变形"菜单，就可以使线段发生旋转。如果输入的角度为 23.5 度，则线段绕圆心顺时针旋转 23.5 度，其与圆（地球）的交点正是南回归线所在的点，如图 3-1-12 所示。

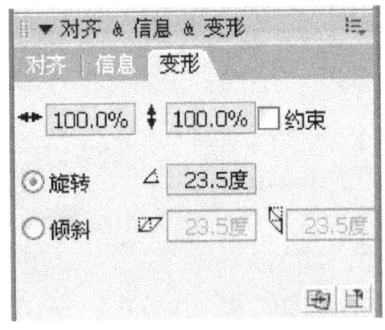 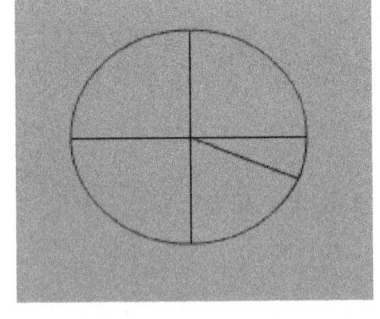

图 3-1-11　输入要旋转的度数　　　　图 3-1-12　旋转 23.5 度后的线段

 说明

如果只是选择"变形"→"旋转与缩放"，要旋转的对象围绕旋转中心而转，Flash 自认的旋转中心为所选择对象的中心，但这里我们要求的是绕着圆心旋转，因此要注意将旋转中心（如图 3-1-10(1)）中的白色小圆移至圆心，再进行"旋转"的操作。"旋转"的度数如果为正数，是顺时针旋转；如果为负数，则是逆时针旋转。

(5)在圆的顶部绘制一条直线,按住"Ctrl+Shift"键同时选中直线和旋转了的线段,再执行"修改"→"对齐"→"底对齐"命令,如图 3-1-13 所示。

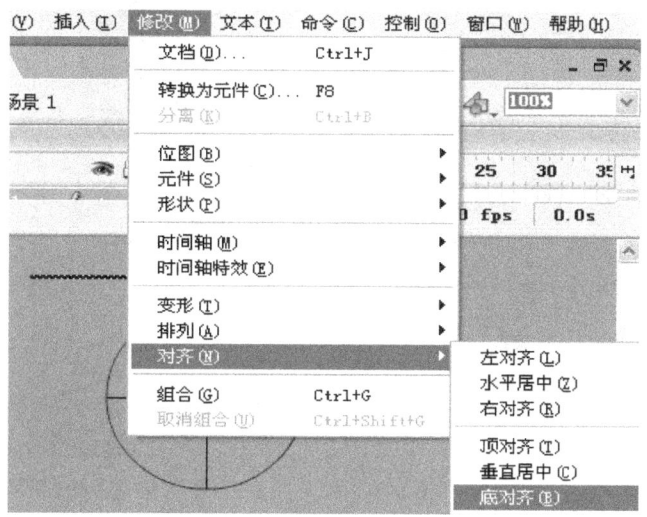

图 3-1-13 将选中的线段底对齐

然后把多余的线段删除,就可以得出南回归线,如图 3-1-14 所示。

(6)以此类推,可以运用旋转功能,输入-23.5 度,把线段逆时针旋转至北回归线所在的点上,再画一条水平线与该点对齐,就可以精确地绘制出北回归线。同理,北极圈、南极圈等可以通过旋转 66.5 度和-66.5 度绘制出来,最后将主要纬线圈绘制完成,如图 3-1-15 所示。

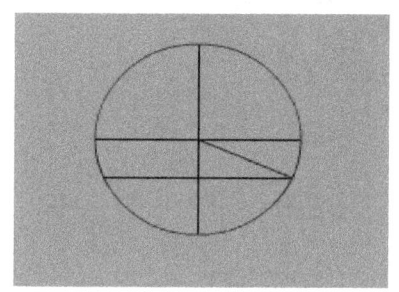

图 3-1-14 绘制出南回归线

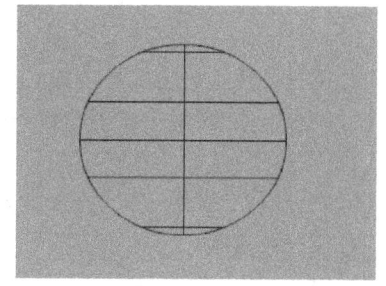

图 3-1-15 绘制出纬线圈

技巧点拨

有的读者可能为了方便,直接以回归线与地球的交点来绘制直线,以此作为回归线,这样绘制出来的地球,可能会出现较大的误差,精确度也不高,但如果运用"顶对齐"或"底对齐"的操作,能使直线准确地经过南、北回归线及极圈所在的点,精确地绘制出回归线、极圈线。

(7)加上文字。点击"文本工具",在舞台中适当的地方加入文字,并打开"属性"面板对其进行编辑,改变它的大小、颜色、格式等。

(8)最后就可绘出一个有精确回归线、极圈线的地球,如图 3-1-16 所示。

(9)填充颜色。利用"颜料桶工具",用不同的颜色将地球分为昼半球和夜半球两部分,从"填充色"中选取颜色,再点击"颜料桶工具",单击要填充颜色的区域,如夜半球,就可以绘制出昼夜分明的两个半球,如图 3-1-17 所示。

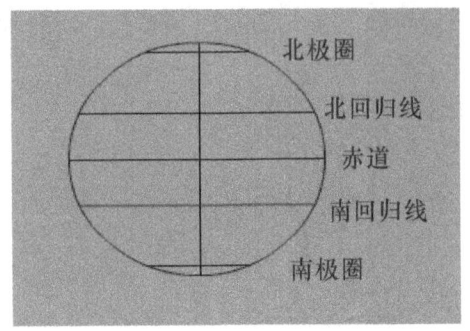
图 3-1-16　绘制出精确的地球

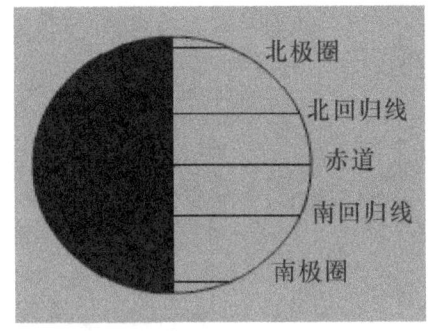
图 3-1-17　昼夜分明的地球

三、不同类型的帧及其用途

(一)什么是帧

Flash 动画制作中,每个场景都有一个独立的时间轴,而时间轴就是由帧组成的。也就是说,每一个 Flash 动画都是按时间顺序先后排列的一系列帧。帧是最小时间单位里出现的动画片段。

在 Flash 中,帧的概念可以理解为某个时刻的画面,可根据其意义和用法不同分为关键帧、普通帧、空白关键帧、空白普通帧和空帧。其中关键帧代表画面的关键点,而在关键帧之后的普通帧则起到延续关键点的作用,所以要调整一个动画的运动速度可以通过添加普通帧或减少普通帧来实现。空白关键帧是尚未存放对象的关键点,空白普通帧起到延续空白关键帧的作用。空帧是尚未启用的帧。各种帧的名称及相应位置如图 3-1-18 所示。

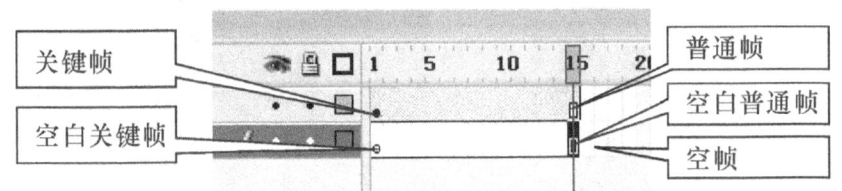
图 3-1-18　不同类型帧的名称及相应位置

(二)常见的帧操作

除了通过右键点击时间轴上的帧来延续或添加各种帧外,还有一些常用的快捷方式可以操作帧。

扩展普通帧:按"F5"键。

插入关键帧:按"F6"键。

插入空白关键帧:按"F7"键。

单帧移位:选中要移动的帧,按住鼠标左键拖动。

多帧移位:按住"Shift"键选中要移动的帧的起点和终点,按住鼠标左键拖动。

帧的复制、剪切与粘贴:选中需要复制的帧,右键选择"复制帧"或"剪切帧",在要粘贴的位置,按右键选择"粘贴帧"。

帧的翻转:选中多个帧,右键选择"翻转帧"。

帧的清除:选中多个帧,右键选择"清除帧"。

帧的删除:选中多个帧,右键选择"删除帧"。

四、图层及其管理

时间轴的左侧是图层,图层是 Flash 中一个重要的概念。通常使用不同的图层来存放不同的对象。例如,使用"太空"层来存放背景图,用"地球"层来设置地球运动的逐帧动画。在 Flash 中,图层就像堆叠在一起的多张幻灯胶片一样,在舞台上一层层地向上叠加。上一图层的内容可以把下面图层的内容覆盖,如果上面一个图层上没有内容,那么就可以透过它看到下面的图层。

五、元件

(一)元件的类型

元件是指在 Flash 中创建且保存在库中的图形、按钮或影片剪辑,可以自始至终在影片或其他影片中重复使用,是 Flash 动画中最基本的元素。元件主要有以下三种:

1. 影片剪辑元件

影片剪辑元件可以理解为电影中的小电影,它可以完全独立于主场景时间轴之外,并且可以重复播放。

2. 图形元件

图形元件是可以重复使用的静态图像,或连接到主影片时间轴上的可重复播放的动画片段。图形元件中的动画与主时间轴同步,即主时间轴只有 1 帧,则图形元件中的动画也只能播放 1 帧。

3. 按钮元件

按钮元件实际上是一个只有 4 帧的影片剪辑,但它的时间轴不能播放,只是根据鼠标指针的动作做出简单的响应,并转到相应的帧,即通过给舞台上的按钮实例添加动作语句而实现 Flash 影片强大的交互性。按钮会在后面的交互运动再详细讲解。

(二)不同元件的相同点

几种元件的相同点是均可以重复使用,当需要对重复使用的元素进行修改时,只需编辑元件,而不必对所有该元件的实例一一进行修改,Flash 会根据修改的内容对所有该元件的实例进行更新。

(三)不同元件的区别及应用中需注意的问题

(1)影片剪辑元件、按钮元件和图形元件最主要的差别在于:影片剪辑元件和按钮元件的实例上都可以加入动作语句,图形元件的实例上则不能。

(2)影片剪辑元件和按钮元件中都可以加入声音,图形元件则不能。

(3)影片剪辑元件的播放不受场景时间线长度的制约,它有元件自身独立的时间线;按钮元件独特的 4 帧时间线并不自动播放,而只是响应鼠标事件;图形元件的播放完全受制于场景时间线。

(4)影片剪辑元件在场景中按"Enter"键测试时看不到实际播放效果,只能在各自的编辑环境中观看效果,而图形元件在场景中可时时观看,可以实现所见即所得的效果。

(5)三种元件在舞台上的实例都可以在"属性"面板中相互改变其行为,也可以相互交换实例。

(6)影片剪辑元件中可以嵌套另一个影片剪辑元件,图形元件中也可以嵌套另一个图形元件,但是按钮元件中不能嵌套另一个按钮元件,三种元件可以相互嵌套使用。

实践探索

1. 利用 Flash 8.0 的各种基本绘图工具,根据要求绘制出不同的图形及进行相应的编辑,如绘制直线、圆、矩形,修改要素的颜色、线宽、线型等属性。

2. 绘制一个精确形象的地球,用不同的颜色表示不同的极圈线,标出相对应的文字及太阳光线,包括昼半球与夜半球,如图 3-1-19 所示。

3. 绘制一个简单的等高线地形图,如图 3-1-20 所示(用不同的绘图工具绘制,如"椭圆工具"和

"铅笔工具")。

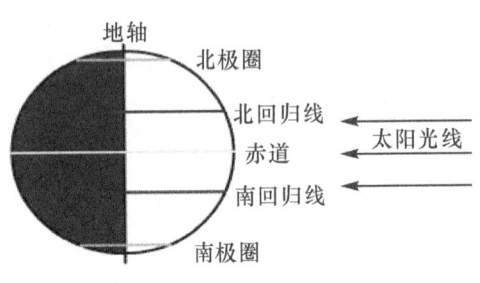

图 3-1-19　精确美观的地球

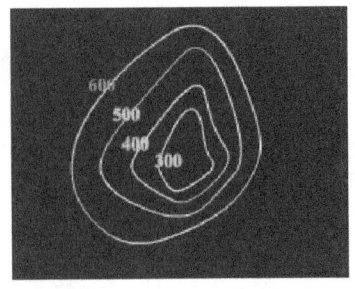

图 3-1-20　等高线图

第二节　Flash 运动动画在地理课件制作中的应用

学完本节，你将能够：

☆理解 Flash 影片组织的形式；
☆掌握运动补间动画的原理及制作；
☆实现各种不同类型的运动动画。

热身练习——地理课件首页效果的制作

(1)创建一个新文档，点击"属性"面板，或按快捷键"Ctrl+J"，打开"文档属性"对话框，将文档的宽度设置为 400 px，高度设置为 300 px，背景颜色设置为黑色。

(2)用鼠标双击时间轴"图层 1"的文字，把图层重命名为"制作者"，如图 3-2-1 所示，同时使用"文本工具"，在舞台上合适的位置输入制作者的名字"×××"，并在"属性"面板调整文字的大小、颜色等属性。

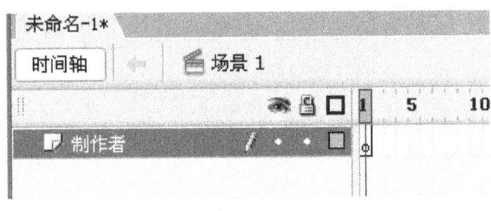

图 3-2-1　重命名图层

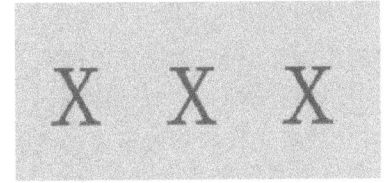

图 3-2-2　输入文字

(3)点击时间轴下栏的"添加图层"按钮，将新插入的图层命名为"课件名"，选择该图层的第 1 帧，在舞台的适当位置输入片名"地球的运动"，如图3-2-3所示。

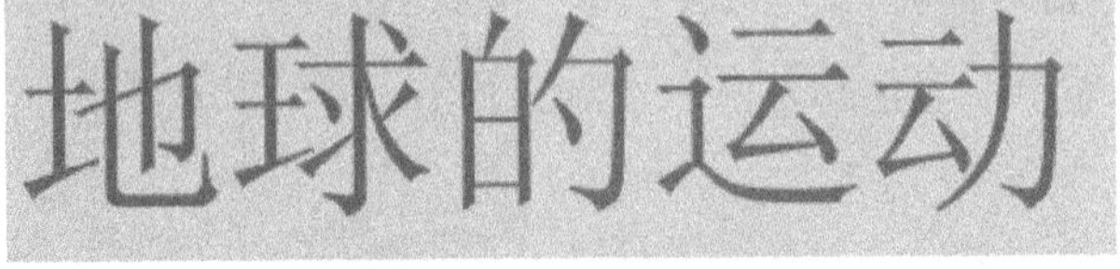

图 3-2-3　输入课件名

(4)单击"选择工具"，选中刚输入的课件名文本，单击鼠标右键，在弹出的菜单中选择"转换为元件"，在弹出的"转换为元件"对话框内，选择"图形"，将元件命名为"课件名"，如图 3-2-4 所示。

(5)单击"课件名"图层，在第 30 帧处单击鼠标右键，在弹出的菜单中选择"插入关键帧"，或使用快捷键 F6，在图层"制作人"的第 30 帧单击鼠标右键，在弹出的菜单中选择"插入帧"，或者使用

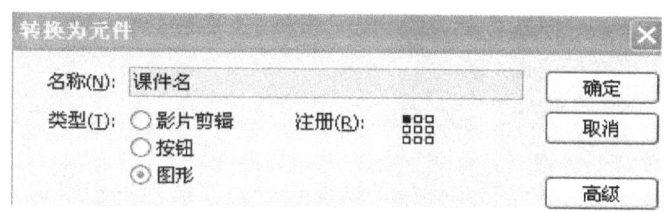

图 3-2-4　转换为图形元件

快捷键 F5 延续帧。

（6）鼠标右键点击"课件名"图层的第 1 帧到第 30 帧中的任何一帧，在弹出的菜单中选择"创建补间动画"，如图 3-2-5 所示。创建后如图 3-2-6 所示。

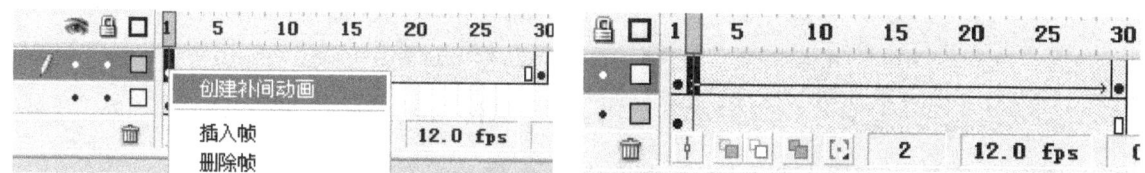

图 3-2-5　创建补间动画　　　　　　图 3-2-6　创建补间动画后的时间轴

（7）在"课件名"图层的第 1 帧上选中"课件名"元件，使用"缩放工具"，使图形缩小到原来大小的 10% 左右。打开"属性"面板，在"颜色" 下拉列表中选择"Alpha"来设置文本的透明度，设置为 0%，如图 3-2-7 所示。

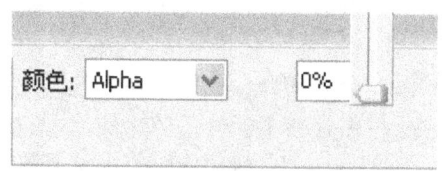

图 3-2-7　调整元件的透明度

（8）最后执行"控制"→"测试影片"，或是按快捷键"Ctrl＋Enter"，即可观看课件首页的效果。

理论天地

一、什么是运动补间动画

运动补间动画是 Flash 三种基本动画之一。其原理是在一个关键帧放置一个元件，在另外一个关键帧改变该元件的大小、形状或位置等属性，中间的帧由计算机进行内插得到。上例"课件名"的动画效果，正是用这个原理绘制出来的。

图 3-2-8 给出动作补间成功和失败的显示效果，带箭头的实线表示成功的补间动画，虚线表示失败的补间动画。

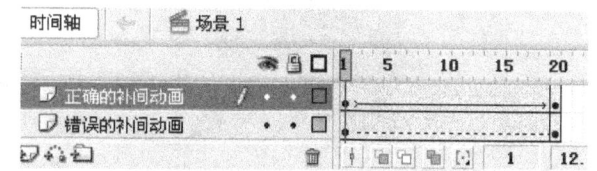

图 3-2-8　正确的动作补间和错误的动作补间

错误原因：操作对象不是元件（或群组）。

补间动画的操作对象必须是元件（也可以是群组），因此最好在做运动补间之前把对象转化为元件，尽量不用群组。如直接用群组，会在库中产生以"补间＋数字"命名的图形元件，在调用外部动画时可能会发生命名冲突，弹出是否替代的对话框。此外，补间动画的操作对图层也有一定的要求，在 Flash 中，不要将不同的动画放在同一个图层，因为 Flash 把每一图层的舞台当作一个整体。试想,一个图层中对象甲向左移动,对象乙向右移动,那它们就不再是一个整体,这显然是不能实现的,所以应该使用多个图层。

二、补间动画的属性

创建了补间动画后,可在舞台下方的"属性"面板中对其属性进行编辑。方法是:选择时间轴上的动作补间,再打开"属性"面板进行设置,如图3-2-9所示。

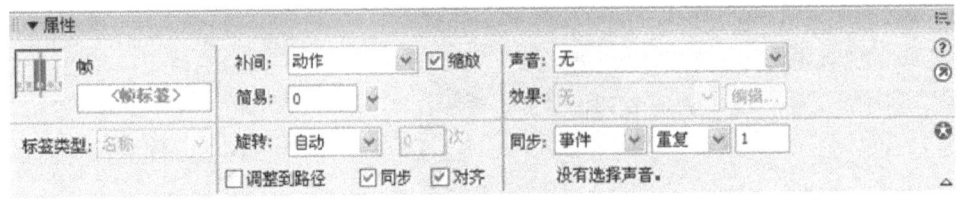

图 3-2-9 动作补间的"属性"面板

经典案例2——从南北极上空看地球的自转

(1)创建一个新Flash文档,设置文档的大小为400 px×400 px。

(2)将"图层1"重命名为"南极",执行"文件"→"导入"→"导入到舞台"命令,将素材库中的"南极"图片导入到舞台。如果导入的图片过大,可先选中图片,执行"修改"→"变形"→"缩放和旋转"命令,把图片缩小到合适的比例,并调整其位置,如图 3-2-10 所示。

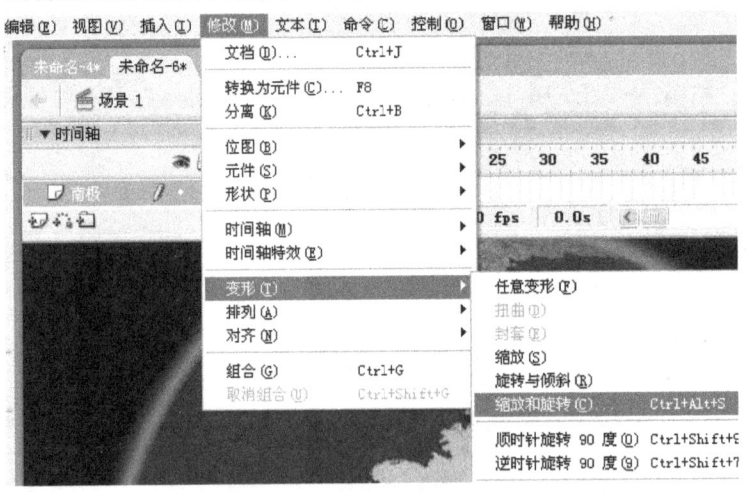

图 3-2-10 调整图片的大小

(3)舞台中的南极图片,周围有黑色边框,我们不需要它,先删除其边框。单击舞台中的"南极"图片,再单击鼠标右键,在弹出的菜单中选择"分离",将图片打散,如图 3-2-11 所示。

(4)选择工具栏中的"套索工具",再选择"功能选项栏"中的"魔术棒",单击"南极"图片的黑色边框,即可选中"南极"图片外面的黑色边框,如图 3-2-12 所示。单击"Delete"键把周围多余的部分删除,就可以留下中间的"南极"图片,如图 3-2-13 所示。

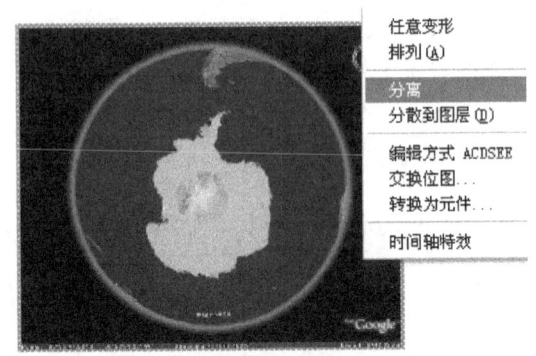

图 3-2-11 分离图像

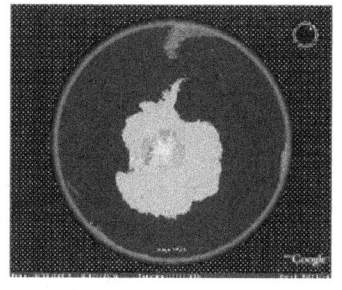

图 3-2-12　选中"南极"外的黑框

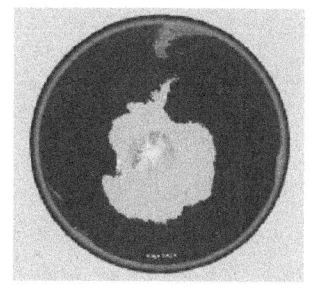

图 3-2-13　修改好的"南极"图片

(5)右键单击舞台中的图片,从弹出的菜单中选择"转换为元件",选择"图形",并将其命名为"南极1",如图 3-2-14 所示。

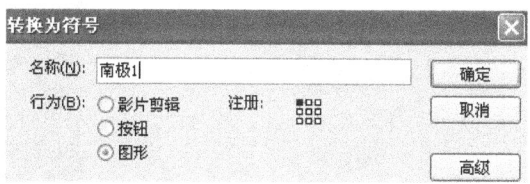

图 3-2-14　转换为图形元件

(6)在"南极"图层的时间轴 20 帧处,单击鼠标右键,在弹出的菜单中选择"插入关键帧",鼠标右键单击"南极"图层的第 1 帧到第 20 帧中的任何一帧,在弹出的菜单中选择"创建补间动画"。

(7)单击图层中的补间,再打开"属性"面板,选择"旋转"下拉列表中的"顺时针",如图 3-2-15 所示,即可实现从南极上空看地球的顺时针运动。

图 3-2-15　选择顺时针旋转

(8)添加一个新图层,将其重命名为"北极",如图 3-2-16 所示。

(9)执行"文件"→"导入"→"导入到舞台"命令,将素材库中的"北极"图片导入到舞台,并用上述方法将其缩小。调整它与"南极"图片的位置。

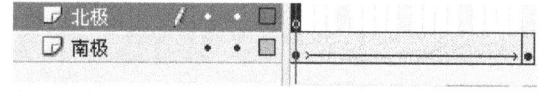

图 3-2-16　添加一个名为"北极"的图层

(10)用同样的处理"南极"图片的方法把"北极"图片外面的黑色边框去掉,再将其转换为元件,最后设置补间动画,修改"旋转"中的选项,使其为逆时针旋转。

技巧点拨

利用"套索工具"中的"魔术棒"功能,可以很容易地把图片周围的不同颜色(黑色)边框去掉,但去掉后把图片转换为元件时,原图片周围仍存留一些小点无法完全删除,元件的中心并不在"南极"或"北极"的中心位置,需要把图片转换成元件后,用"任意变形工具"调整元件的中心点,使元件的旋转更为美观。

(11)完成"北极"的逆时针旋转后,添加一个名为"星空"的图层。通过使用补间动画,改变圆的透明度。

(12) 在"星空"图层中执行"插入"→"新建元件"命令，新建一个名为"星星"的影片剪辑元件，如图 3-2-17 所示。

图 3-2-17　创建"星星"元件

(13) 将"星星"元件的舞台背景换成黑色，再在舞台上绘制一个圆，如图 3-2-18 所示。

(14) 执行"插入"→"新建元件"命令，新建一个名为"星星1"的影片剪辑元件。按住鼠标左键，将库面板里的"星星"元件拖到"星星1"的舞台中。

(15) 在时间轴的第 20 帧处单击右键，在弹出的菜单中选择"插入关键帧"，然后在 1～20 帧间创建补间动画。选择第 20 帧，再单击舞台中的圆，打开"属性"面板，在"颜色"的下拉菜单中选择"Alpha"，将圆的透明度调至 10%，使圆实现从亮到暗的效果，如图 3-2-19 所示。

图 3-2-18　舞台中的圆

图 3-2-19　调整圆的透明度

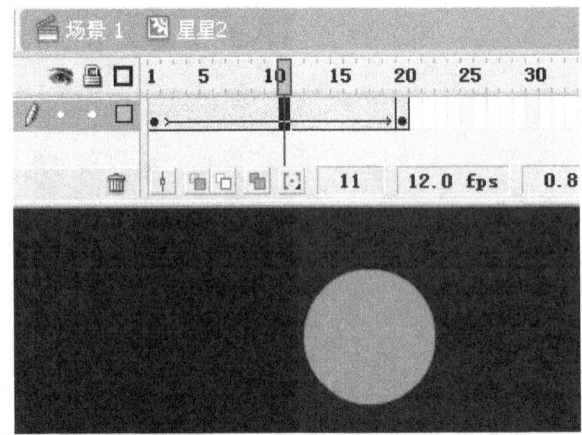

图 3-2-20　圆由暗变亮的效果

(16) 再次执行"插入"→"新建元件"命令，新建一个名为"星星2"的影片剪辑元件。将库面板中的"星星"元件拖入"星星2"的舞台中。

(17) 在时间轴的第 20 帧处单击右键，在弹出的菜单中选择"插入关键帧"，然后在 1～20 帧间创建补间动画。选择第 1 帧,再单击舞台中的圆,打开"属性"面板,在"颜色"的下拉菜单中选择"Alpha",将圆的透明度调至 10%,使圆实现从暗到亮的效果,如图 3-2-21 所示。

(18)回到"场景 1",将库面板中的"星星 1"和"星星 2"元件拖到舞台中,如果星星的比例与南北极的图片的大小不合适,可以双击"星星"元件,进入它的舞台改变其大小,进而改变"星星 1"和"星星 2"的大小,将它们调到合适的大小为止。

(19)测试影片,即可同时看到在闪烁的星空中,从南、北两极看到地球自转的运动状况,如图 3-2-21 所示。

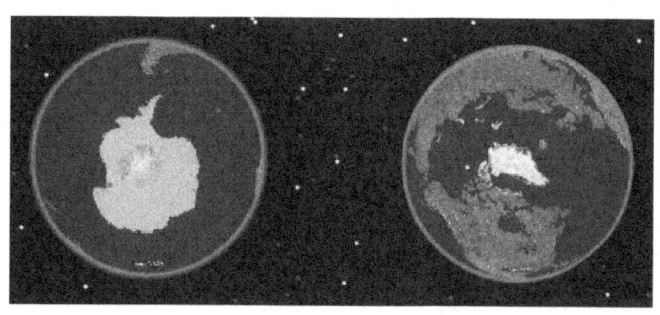

图 3-2-21　星空中从南、北两极看地球自转的运动

实践探索

1.绘制星空中从南、北两极看地球运动的动画。

2.利用动作补间绘制太阳直射点回归运动的动画。如图 3-2-22,图 3-2-23 和图 3-2-24 所示。(提示:将太阳光线与夜半球绘制于同一个元件中,再插入补间动画,使其实现同时运动)

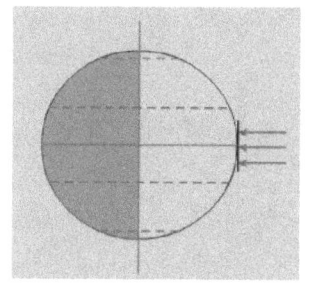 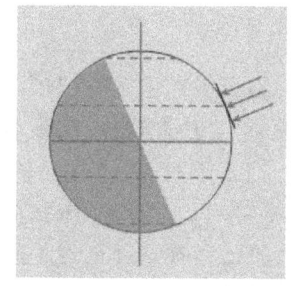 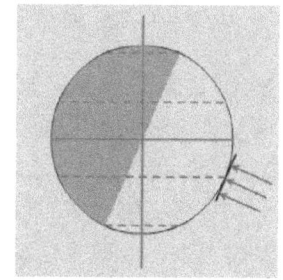

图 3-2-22　太阳直射赤道　　图 3-2-23　太阳直射北回归线　　图 3-2-24　太阳直射南回归线

3.在制作自转平面和公转平面相交产生黄赤交角元件的过程中,利用动作补间,实现黄道平面与赤道平面相交形成黄赤交角的动画。如图 3-2-25,图 3-2-26 所示。

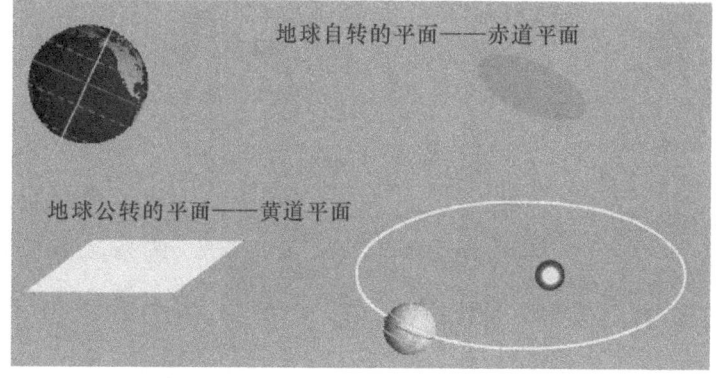

图 3-2-25　地球公转和自转的平面

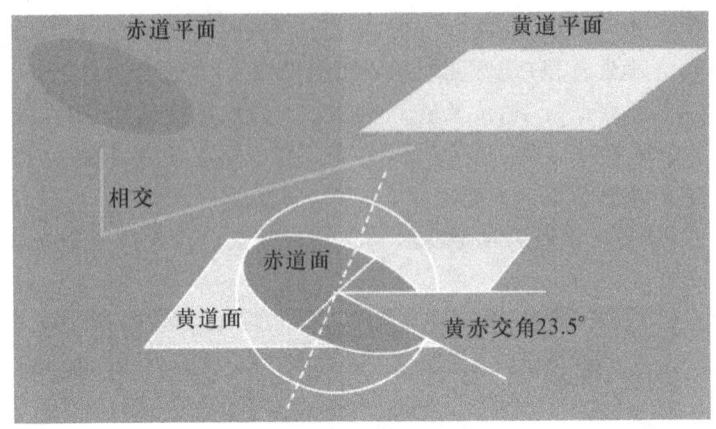

图 3-2-26　黄赤交角

第三节　Flash形变动画在地理课件制作中的应用

学完本节，你将能够：

☆理解 Flash 形变动画的基本原理；
☆学会 Flash 形变动画的基本操作；
☆能分析复杂的形变动画，并知道如何去实现它；
☆能制作月相的变化、雨带的推移等有地理学科特色的形变动画。

热身练习——数字1如何变成2

(1)使用"文本工具"，在第 1 帧创建文字对象，输入"1"。
(2)确定动画补间的时长，这里假定 15 帧为时长，在第 15 帧处按 F6 键创建关键帧，在第 15 帧处创建文字对象，输入"2"。
(3)分别在第 1 帧和第 15 帧处，将"1"和"2"分离(按快捷键"Ctrl+B")，直到完全分散。
(4)单击第 1～15 帧中任意一帧，单击右键选择创建补间动画。
(5)打开"属性"面板，设定补间动画的属性。

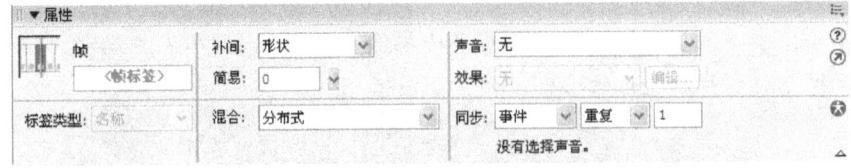

图 3-3-1　形状补间的"属性"面板

选择补间类型为：形状。
选择混合方式为：分布式。

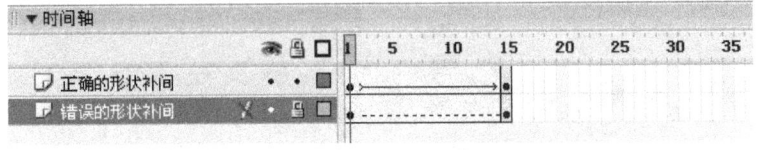

图 3-3-2　正确的形状补间与错误的形状补间

 **理论天地**

形变动画是 Flash 补间动画的一种形式,它可以使处于动画中的图形和文字进行形状和色彩的变化;形状补间动画是一个矢量图形的形状、大小、颜色或位置的改变,或者一个矢量图形变成另外一个矢量图形的过程。

形变动画的基本制作流程是:在开始的关键帧上设置动画的初始状态和形变动画模式,在结束的关键帧上设置动画的结束状态,开始的关键帧和结束的关键帧之间是延伸帧。必须注意的是,因为形状补间动画所改变的是一个矢量图形,所以元件、群组、文字、位图图像使用形状补间动画时必须分离。

 经典案例 3——用形变动画制作"月相变化"

在一个阴历月中,月相由新月——娥眉月——上弦月——凸月——满月——凸月——下弦月——娥眉月——新月的变化过程组成,用 Flash 动画,可以将这个过程在短时间内形象直观地表现出来。

制作过程:

(1)新建"图层 1",将笔触改为"禁止",绘制黄色的圆,作为底图。

(2)新建"图层 2",复制"图层 1"的第 1 帧到"图层 2"的第 1 帧,并把圆改为蓝色。

(3)在"图层 2"的第 20 帧处插入关键帧,在蓝色的圆的左边画一条垂线,选择"修改"→"水平居中"命令,把蓝色圆修改为左半圆。

(4)在"图层 1"的第 20 帧处插入帧,将"图层 2"的蓝色左半圆与"图层 1"的黄色圆在第 20 帧处左对齐。

(5)在"图层 2"的第 1 帧和第 20 帧之间创建补间形状动画,单击右键,在弹出的菜单中选择"分离",把图形打散。做出蓝色整圆转变为左半圆的效果。为防止变形紊乱要"添加形状提示",如图 3-3-3 所示。

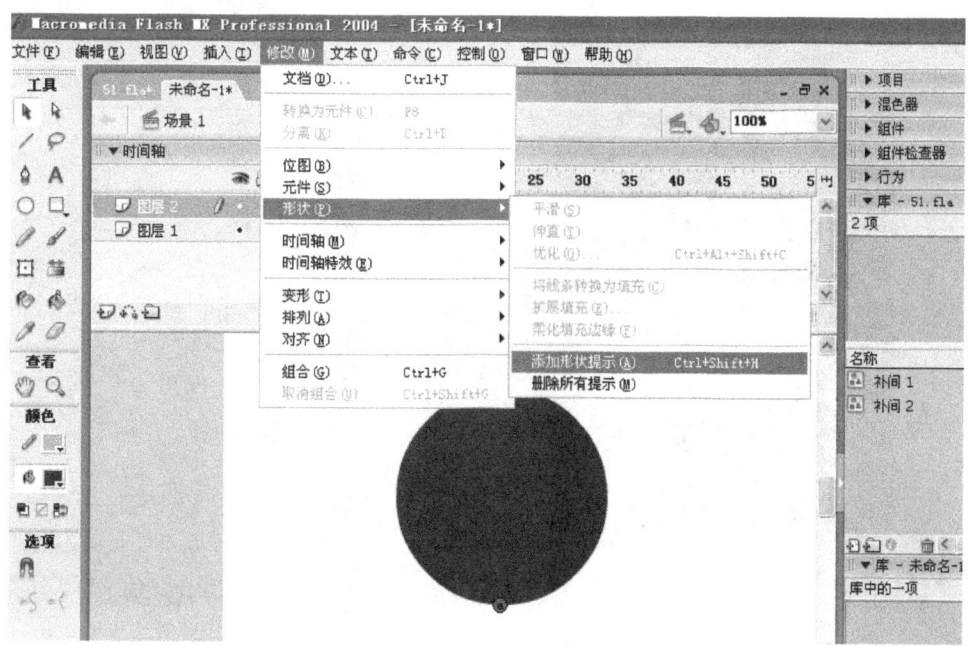

图 3-3-3 "添加形状提示"控制变形效果

(6)新建"图层3",将"图层1"的第1帧复制、粘贴到"图层3"的第40帧和第20帧,再将"图层3"的第20帧重复上述步骤,做出黄色整圆转变为右半圆的修改。在"图层3"的第20帧和第40帧之间创建补间形状动画,单击右键,在弹出的菜单中选择"分离",把图形打散。做出黄色右半圆转变为整圆的效果。注意"添加形状提示"控制变形效果。

(7)在"图层3"第60帧执行"粘贴帧"命令,将"图层1"的第1帧复制、粘贴到该帧,在第60帧处将黄色整圆修改为左半圆。在"图层3"第40帧和第60帧之间创建补间形状动画,单击右键,在弹出的菜单中选择"分离",把图形打散,做出黄色整圆变成左半圆的效果。注意"添加形状提示"规整变形效果。

(8)新建"图层4",在第60帧和第80帧之间重复上述步骤,做出蓝色右半圆变成整圆的效果。

(9)新建"图层5",双击命名为"星星",新建图形元件,命名为"星",新建图形元件,命名为"星一",从库面板中将"星"拖入"星一"第一层第1帧,在第15帧插入关键帧,创建运动补间动画。单击第15帧,选定图形,在"属性"面板中的"颜色"后,将Alpha设为0%,在后面的百分比中选择"12%"。

(10)新建图形元件,命名为"星二",从库面板中将"星"拖入"星二"第一层第1帧,在第15帧插入关键帧,创建运动补间动画。单击第1帧,选定图形,在"属性"面板中的"颜色"后,将Alpha设为0%,在后面的百分比中选择"12%"。

(11)将"星一"、"星二"拖入"图层5"第1帧,在库中用"任意变形工具"改变"星"元件的大小,直至场景中星星的大小适中,将"星一"、"星二"拖入图层五第1帧,零散地分布,改背景为蓝色。

(12)测试影片,课件完成。如图3-3-4所示。

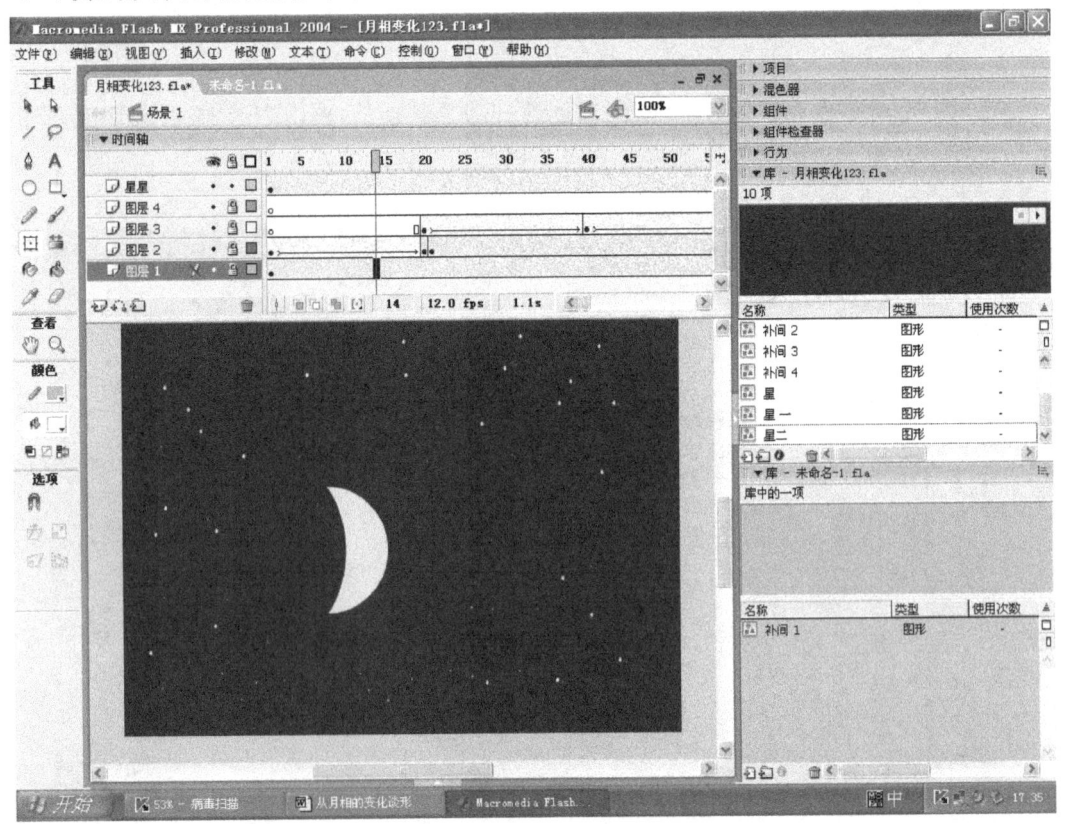

图3-3-4 完成后的"月相变化"效果图

技巧点拨

1. 在"月相变化"的制作过程中,为了保证黄色的圆和蓝色的圆的大小相同,通常只画一个黄色的圆作为标准,其余的图可通过复制、粘贴帧的形式,改变颜色来获得。
2. 将一个整圆切为一个标准的半圆在制作过程中很重要。
3. 绘制的多个圆要严格对齐。在黄色圆变形时注意底下衬着蓝色圆。蓝色圆变形时底下衬着黄色圆。
4. 在"月相变化"的制作过程中,只用了将圆变为半圆,将半圆变为圆的变形。当变形紊乱时用"添加形状提示"加以控制。

实践探索

1. 利用形变动画,将一个红色的圆形渐变为一个绿色的正方形。
2. 利用形变动画,将一个蓝色的圆渐变成半圆,再将蓝色的半圆渐变成圆。要求:变化的过程中圆的位置不发生改变。
3. 用形变动画制作雨带在我国大陆推移的规律,将制作的成果进行交流。

第四节　Flash 引导层动画在地理课件制作中的应用

学完本节,你将能够:

☆说出引导层动画的制作原理;
☆制作出预期的引导层动画效果;
☆综合运用动作补间或形状补间与引导层制作动画效果。

热身练习——沿指定路径运动的小球

(1)新建文档,在"图层1"中绘制一个正圆,删除边框,将正圆转换为图形元件。
(2)将"图层1"的层名改为"小球"。
(3)在"小球"图层的第1帧和第30帧之间创建动作补间动画。
(4)单击"时间轴"面板上的"添加运动引导层"按钮,创建引导层图层,命名为"运动路径"。
(5)选中"运动路径"的第1帧,选择"绘图"工具栏上的"铅笔工具"按钮,将鼠标指针移动到场景中拖动绘制一条曲线,那么引导层中的路径将自动延长到第30帧。
(6)选择"小球"图层第1帧,用鼠标按住该帧中"小球"的中心位置向曲线的起点拖动,当小球中心与曲线的起点重合时,小球移动起点设置完毕。按同样的方法确定小球运动的终点,如图3-4-1所示。
(7)选择"控制"→"测试影片"命令,即可看到小球沿"运动路径"图层中绘制的指定路径运动的状况。

理论天地

引导层是 Flash 中比较特殊的图层,分为普通引导层和运动引导层两种。其中,在 Flash 地理

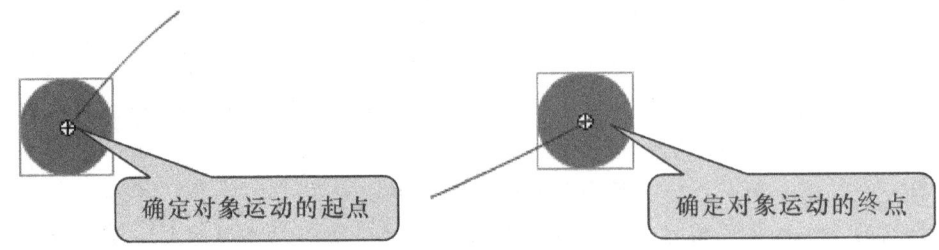

图 3-4-1　设置小球运动的起点和终点

课件制作中应用较多的是运动引导层,如制作地球的公转运动、月球的绕地运动、地形雨的形成过程、三圈环流等。

带引导层的动画叫引导层动画,它由引导层和被引导层组成,引导层用于放置用户自定义的运动路径,被引导层用于放置运动的对象。

被引导层中的对象在被引导运动时,可作更细致的设置。在被引导层的时间轴上单击鼠标,打开被引导层的"属性"面板,如图 3-4-2 所示。

在"属性"面板上,勾选"调整到路径"复选框后可使被引导层上的对象按照引导线的走势改变自己的角度。

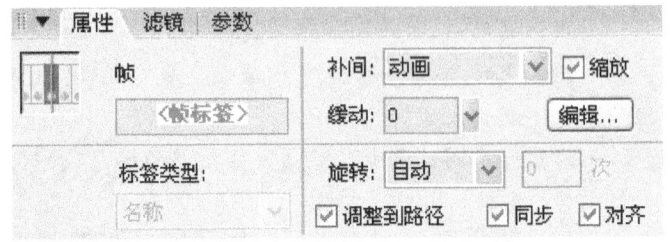

图 3-4-2　被引导层的"属性"面板

如,制作"蜜蜂飞舞"动画时,勾选此复选框,可以使蜜蜂的头部一直指向运动方向,如图 3-4-3 所示。

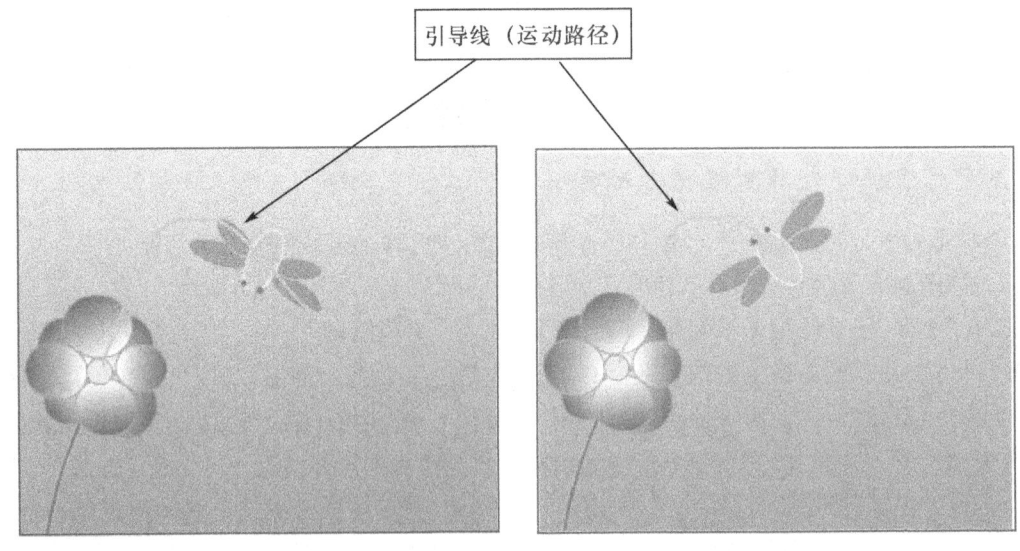

图 3-4-3(1)　未勾选"调整到路径"的效果　　图 3-4-3(2)　勾选了"调整到路径"的效果

选中"对齐"复选框,可以使被引导层上对象的变形中心自动吸附到引导线上。

 经典案例 4——地球的公转运动

(一)创建影片文档

新建一个影片文档,在"属性"面板中设置其大小为 640×480,背景颜色为蓝色。

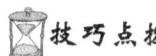

还可通过以下两种方式打开"文档属性"窗口：
1. 执行"修改"→"文档"命令。
2. 双击时间轴窗口最下方的"帧频率指示器" 12.0 fps 。

(二)创建元件

创建"地球"元件：

(1)新建一个名为"地球"的影片剪辑元件。

(2)执行"文件"→"导入"→"导入到库"命令，打开"导入到库"窗口，选择素材库中的"地球自转.GIF"动画文件，单击导入按钮，将文件导入到库中，如图 3-4-4 所示。

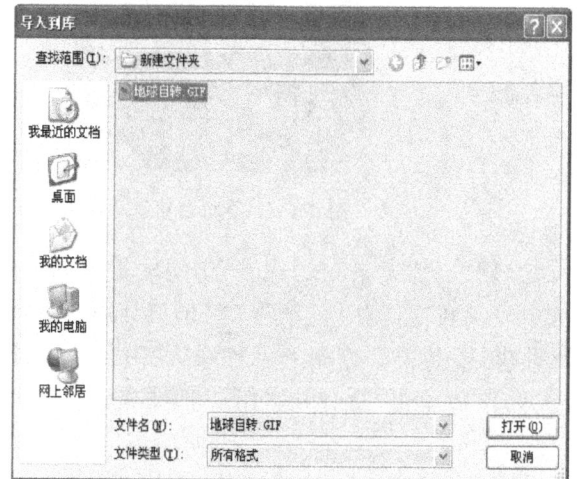

图 3-4-4　将"地球自转.GIF"动画导入到库

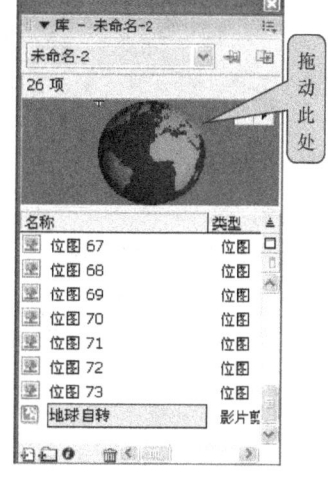

图 3-4-5　"库"面板

(3)执行"窗口"→"库"命令，打开"库"面板，双击"地球"影片剪辑元件，进入其符号编辑窗口。

 说明

GIF 动画是一种常见的动画格式，在网络及一些素材光盘上有大量的实例。在地理课件制作中直接利用这些实例既可以节省时间，若运用得当还能起到非常好的动画效果。

(4)双击"元件 2"影片剪辑，将其改名为"地球自转"，如图 3-4-5 所示，将"地球自转"影片剪辑元件拖入符号编辑窗口。

(5)选定符号编辑窗口中的地球，执行"窗口"→"信息"命令，打开"信息"面板，在"宽"、"高"框中分别输入 100、100 设置地球的大小。

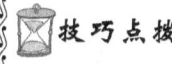

还可直接通过快捷键"Ctrl+L"打开"信息"面板。

(6)按照第三章第一节的方法制作一个有主要纬线和地轴的地球图画，将其沿着地轴方向旋转 23.5 度，如图 3-4-6 所示。

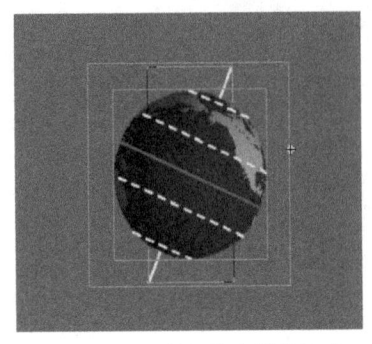

图 3-4-6　绘制好的自转的地球

创建"太阳"元件：

(1)新建一个名为"太阳"的影片剪辑元件。

(2)在绘图工具栏中选定"笔触颜色"的 图标,使笔触颜色不可见,将填充色设为橘红色。

(3)选择"椭圆工具",按住"Shift"键,拖动鼠标,绘制一个正圆。用"选择工具"选定该正圆,打开"信息"面板,在"宽"、"高"栏中都输入 35,在"X"、"Y"栏中分别输入-25、-25。

(4)将默认的"图层 1"改名为"太阳",并新建一个名为"光芒"的图层,如图 3-4-7 所示。

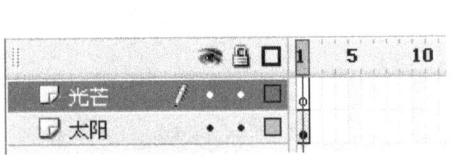

图 3-4-7　新建"光芒"图层

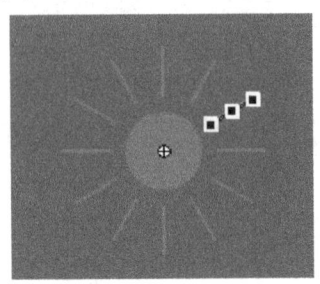

图 3-4-8　绘制太阳光芒线

(5)设置笔触颜色为与填充色相同的橘红色,用"直线工具"在"光芒"图层的符号编辑窗口中按住"Shift"键绘制一条短直线,在"信息"面板中设置其"宽"为 18,"X"、"Y"的值分别为 30、0。

(6)选中"任意变形工具"按钮 ,选中短直线,将其中心控制点调整到"太阳"中心,打开"变形"面板,选定"旋转"单选框,在"旋转"栏中输入 30 后单击"复制并应用变形"按钮 11 次,完成后效果如图 3-4-8 所示。

> **技巧点拨**
>
> 短直线的中心控制点不易定位到太阳中心。可先用"任意变形工具"选定短直线,然后将其中心控制点近似拖动到太阳中心进行粗调,再用"Ctrl"和"上"、"下"、"左"、"右"方向键配合的方式进行微调。

(7)按住"Ctrl+Shift"键,同时选中 12 条太阳光芒线后,按快捷键"Ctrl+G"进行组合。

(8)分别在"光芒"图层时间轴的第 10 帧和第 20 帧处按"F6"键插入关键帧,分别在第 1 帧到第 10 帧和第 10 帧到第 20 帧之间创建动作补间动画。

(9)选定第 10 帧,按住"Shift"键,用"任意变形工具"将其略微缩小；选定第 20 帧,按住"Shift"键,用"任意变形工具"将其略微放大。

(10)在太阳图层的第 20 帧处按"F5"键插入帧,如图 3-4-9 所示。

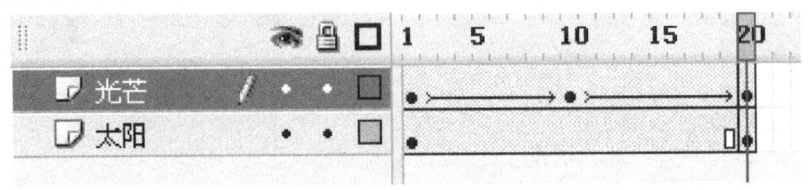

图 3-4-9　插入关键帧

（三）创建引导层动画

（1）单击时间轴窗口上方的 场景1 标识，进入场景编辑窗口。

（2）新建三个图层，将"图层1"、"图层2"、"图层3"和"图层4"分别命名为"公转轨道"、"太阳"、"地球"和"引导线"，如图3-4-10所示。

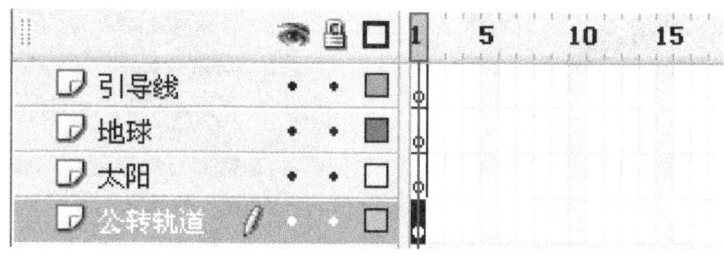

图3-4-10　新建图层并命名

（3）单击"公转轨道"图层第1帧，在编辑窗口中绘制一黄色椭圆。打开"信息"面板，将"元件位置"改为中心定位方式，在"宽"、"高"栏中分别输入420、220，在"X"、"Y"栏中分别输入320、240，如图3-4-11所示。

（4）选中该椭圆，单击鼠标右键选择"复制"选项，选定"引导线"图层时间轴的第1帧，单击符号编辑窗口，按快捷键"Shift＋Ctrl＋V"，将椭圆粘贴到当前位置。

（5）单击"太阳"图层时间轴的第1帧，从库中将"太阳"元件拖入到场景中，在"信息"面板中设置其"X"、"Y"值分别为375、240。

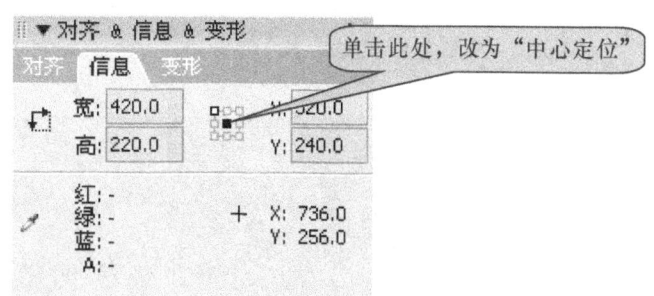

图3-4-11　修改椭圆"信息"面板属性

（6）单击"时间轴"面板上"公转轨道"图层的"显示/隐藏图层"标识●和"锁定/解除图层"标识●，使其变成✕和🔒，将该图层隐藏和锁定起来，以便于后面的操作。

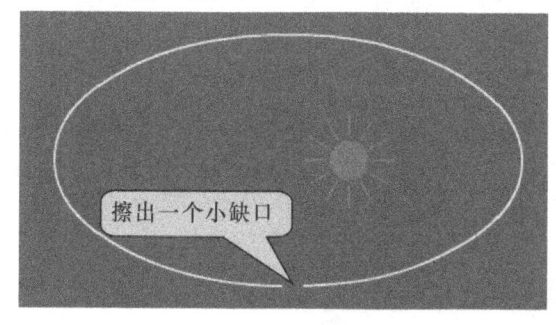

图3-4-12　擦出一个小缺口

（7）单击"引导线"图层的第1帧，选择"橡皮擦工具"按钮，在引导线图形的下部中央位置擦出一个小的缺口，如图3-4-12所示，以便在制作动画时确定对象运动的起点和终点。

（8）单击"地球"图层时间轴第1帧，从库中将"地球"影片剪辑元件拖入场景中。

（9）分别选择"引导线"、"太阳"图层的第100帧，按"F6"键插入关键帧。

（10）选择"地球"图层的第100帧，按"F6"键，插入关键帧。

（11）选择"地球"图层第1帧，用鼠标按住该帧中"地球"图像的中心位置，向"引导线"图层路径缺口的右侧点拖动，鼠标指针前面出现一个小的圆圈，当圆圈变大时，表示对象已吸附到起点上，松开鼠标，地球移动起点设置完毕，如图3-4-13(1)所示。

（12）选择"地球"图层第100帧，参照如图3-4-13(2)所示，将"引导线"层路径的另一端设置对象移动的终点。

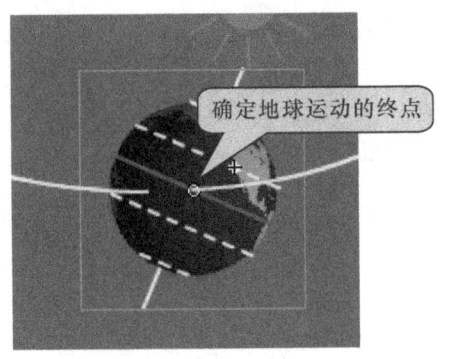

图 3-4-13(1)　设置起点　　　　　图 3-4-13(2)　设置终点

(13) 在"地球"图层的第 1 帧和第 100 帧之间创建动作补间动画。

(14) 右键单击"引导线"图层,选择"引导层"选项,则"引导线"标识变为 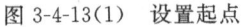,将"地球"图层标识向上方拖动使之靠近"引导线"图层,使"普通引导层"转变为"运动引导层" 。

(15) 单击"时间轴"面板上"公转轨道"图层的"显示/隐藏图层"按钮 和"锁定/解除图层"按钮 ,使公转轨道处于可视和可编辑状态,在其第 100 帧处按"F5"键插入帧。

(16) 执行"控制"→"测试影片"命令,可欣赏制成的地球绕日公转动画示意图。完成后的影片效果如图 3-4-14 所示。

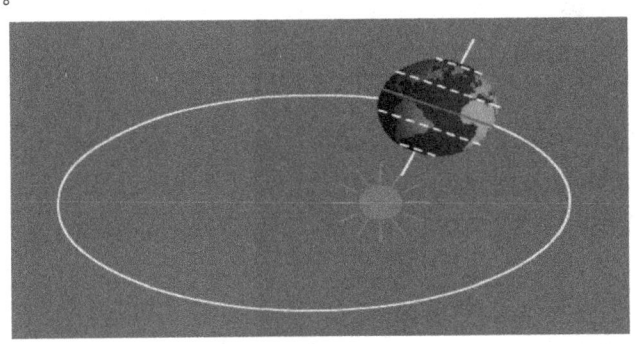

图 3-4-14　地球绕日公转动画效果图

实践探索

1. 在地形雨的形成过程中,富含水汽的大气沿迎风坡上升形成降水后,再沿背风坡做下沉运动,整个过程的运动路径是一条曲线。请参考图 3-4-15 所示,自行设计制作地形雨成因示意动画。

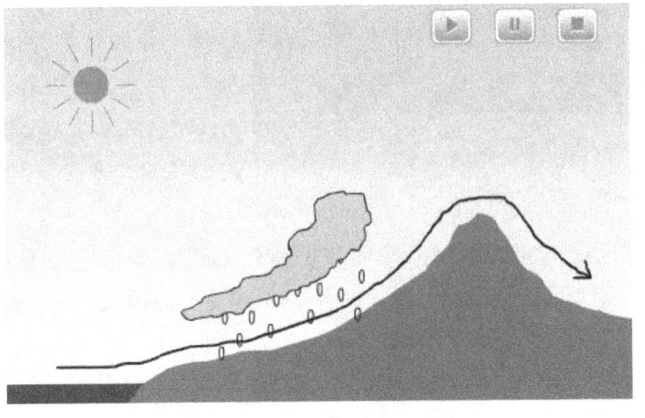

图 3-4-15　地形雨成因示意

2.请参照图3-4-16的效果,制作一个气压梯度力和地转偏向力共同作用的高空风向动画。

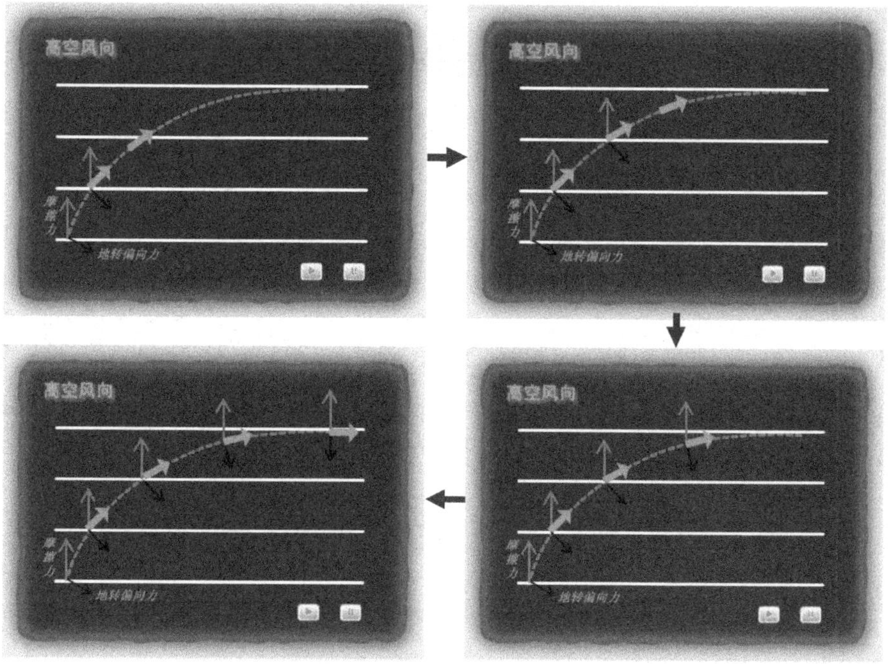

图 3-4-16 在气压梯度力与地转偏向力共同作用下的风(北半球)

第五节　Flash遮罩动画在地理课件制作中的应用

学完本节,你将能够:

☆了解遮罩动画制作原理;
☆用遮罩动画制作热力环流效果。

Flash具有遮罩效果。通过遮罩可以方便地确定显示哪一部分、不显示哪一部分,这种效果的实现是通过遮罩动画来实现的。

热身练习——探照灯效果

(1)新建一个Flash文档。
(2)新建两个图层,将"图层1"、"图层2"、"图层3"分别命名为"文字1"、"文字2"、"遮罩层"。
(3)选择"文本工具" ,在"属性"面板中设置其颜色为"红色","大小"为30,"加粗"。
(4)选定"文字2"的第1帧,在其编辑窗口中输入文字"地球运动的地理意义"。
(5)复制以上文字,单击"文字1"图层的第1帧,在编辑窗口中按快捷键"Shift+Ctrl+V",将文字颜色改为"蓝色"。
(6)单击"遮罩层"图层的第1帧,选择"椭圆工具" ,按住"Shift"键,在编辑窗口中绘制一个大小刚够遮住一个字的正圆。
(7)在"文字1"和"文字2"图层的第50帧插入关键帧。
(8)在"遮罩层"的第50帧插入关键帧,在第1帧和第50帧之间创建动作补间动画,并将正圆拖动到最后一个字"义"上加以覆盖。
(9)在"遮罩层"标识上单击鼠标右键,选择"遮罩层"选项,则"文字2"将自动缩进,为被遮罩层,"遮罩层"和"文字 2"图层将被自动锁定,如图 3-5-1 所示。

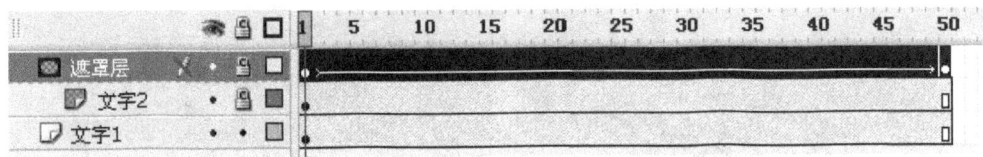

图 3-5-1 创建遮罩层和被遮罩层

(10)选择"控制"→"测试影片"命令,即可看到类似于探照灯的效果。

理论天地

"遮罩",顾名思义就是遮挡住下面的对象,而"遮罩动画"就是通过"遮罩层"来达到有选择地显示位于其下方的"被遮罩层"内容的目的。遮罩的对象可以是填充的形状、图形元件、影片剪辑或者文字对象等。一个最基本"遮罩动画"由遮罩层和被遮罩层两部分组成,其中,遮罩层中的对象必须由闭合曲线组成,它相当于一个"视窗",透过它可以看到位于该区域下方的被遮罩层中的对象。在地理课件制作中,像月相变化、太阳直射点的季节移动、三圈环流、立体地球等特殊动画效果均可通过遮罩动画来实现。

经典案例 5 —— 立体地球的制作

(1)新建一个影片文档,"属性"采用默认设置。

(2)新建三个图层,将"图层 1"、"图层 2"、"图层 3"、"图层 4"分别命名为"地图 2"、"地图 1"、"遮罩层"、"地球"。

(3)单击"地球"图层第 1 帧,将绘图工具栏中的"笔触颜色"改为状态,打开颜色面板,将"混色器"设置为如图 3-5-2 所示。

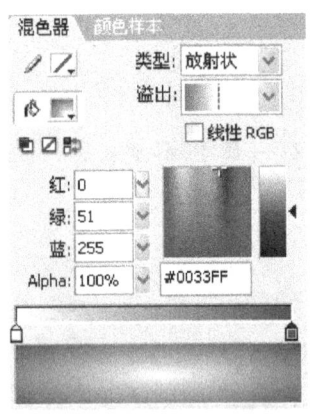
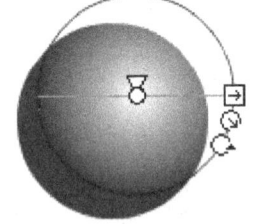

图 3-5-2 设置颜色属性　　　图 3-5-3 调整渐变色的填充样式

(4)单击"椭圆工具"按钮○,按住"Shift"键,在编辑窗口中拖动鼠标左键绘制一个正圆。选中正圆,打开"信息"面板,将其"宽"、"高"分别设置为 98、98。

技巧点拨

也可直接通过快捷键"Ctrl+L"打开"信息"面板。

(5)选择"渐变变形工具"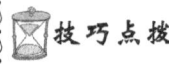,单击正圆,拖动中心点、焦点、大小、旋转、宽度等手柄进行调整,

使其立体效果更加逼真,如图 3-5-3 所示。

(6)选中"选择工具",在正圆上单击鼠标右键,选择"转换为元件"选项,将正圆改名为"地球"的影片剪辑元件。

(7)选中正圆,打开"属性"面板,将"Alpha"值设为 50%。

> **温馨提示**
>
> 普通图形只有转化为元件后才能对其透明度"Alpha"值进行设置。

(8)执行"文件"→"导入"→"导入到库"命令,将"世界地图"的图片导入到"库"中,再从"库"中将之拖入"地图 1"图层的编辑窗口中,调整其位置,如图3-5-4所示。

(9)单击"地图 2"图层的第 1 帧,将"世界地图"从库中导入到编辑窗口,在选中状态下执行"修改"→"变形"→"水平翻转"命令。

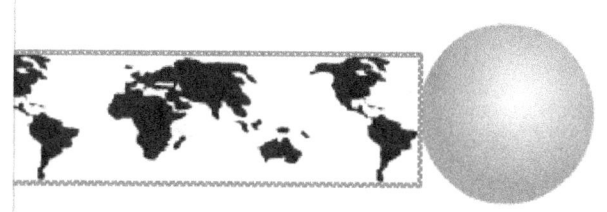

图 3-5-4 导入世界地图

(10)将"世界地图"调整到合适位置,在其上单击鼠标右键,选择"转换为元件"选项,将之转换成名为"世界地图"的影片剪辑元件,在"属性"面板中将"颜色"的"Alpha"值调整为 30%,调整后效果如图 3-5-5 所示。

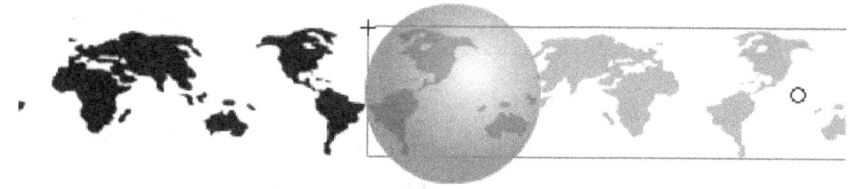

图 3-5-5 调整"世界地图"透明度

(11)选中"地球"图层中的图形,按快捷键"Ctrl+C",单击"遮罩层"图层的第 1 帧,按快捷键"Shift+Ctrl+V",将之粘贴到当前位置。

(12)在"遮罩层"和"地球"、"时间轴"面板的第 40 帧按"F5"键插入帧,在"地图 1"和"地图 2"、"时间轴"面板的第 40 帧按"F6"键插入关键帧。

(13)单击"地图 2"图层的"锁定/解除锁定图层"标志 和"显示/隐藏图层"标志 ,使该图层处于不可见和不可编辑状态。

(14)在"地图 1"图层的第 1 帧和第 40 帧之间创建动作补间动画,如图 3-5-8 所示,选定第 40 帧,调整地图到合适的位置,如图 3-5-6 所示。

图 3-5-6 调整地图在第 40 帧的位置

技巧点拨

为方便调整世界地图与地球的相对位置,可以单击"遮罩层"图层的"显示图层轮廓"按钮,使其只显示边框轮廓,标识由 ■ 变为 □ 。

(15) 单击"地图 1"图层的"锁定/解除图层"标志，使其处于不可编辑状态。

(16) 调整"地图 2"图层中世界地图的位置，使其和"图层 1"中的世界地图处于正确的相对位置,如图 3-5-7 所示。

图 3-5-7　调整图层 2 中世界地图的位置

(17) 在遮罩层的图层标识上单击鼠标右键,选择"遮罩层"选项,则"地图 1"将自动缩进,为被遮罩层,如图 3-5-8 所示。

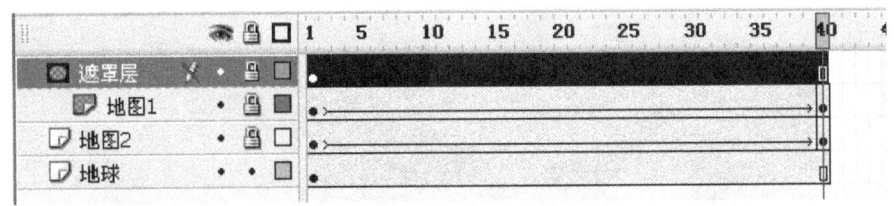

图 3-5-8　创建遮罩层和被遮罩层

(18) 鼠标选中"图层 2",将其向右上方拖动,则"图层 2"将转化为被遮罩层。

(19) 执行"控制"→"测试影片"命令,可欣赏制成的地球自转示意图,如图 3-5-9 所示。

图 3-5-9　地球自转效果图

说明

遮罩层中的对象在播放时不显示,因此无须在意其笔触和填充色的颜色设置。

实践探索

1. 我们通常用箭头来表示地理事物运动的方向和路径,如水循环中大气的运动、气旋中心气流的上升运动、洋流中海水的运动等。类似于霓虹灯的箭头就可以很好地达到以上的动态效果,如图 3-5-10、图 3-5-11 所示，其中的大气运动就是用连续闪烁的箭头实现的。

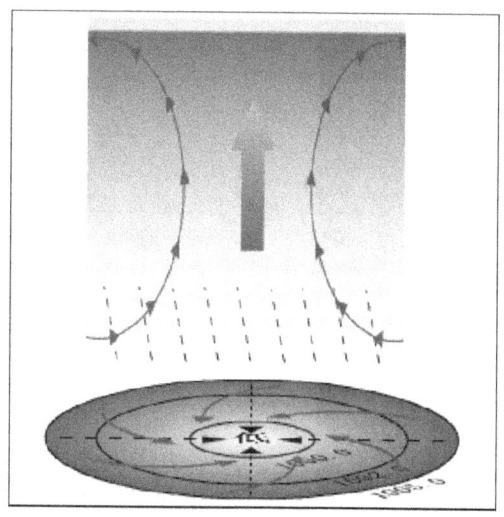

图 3-5-10　气旋中心气流的上升运动演示图

图 3-5-11　热力环流演示图

想一想：以上两个动画的效果是怎样实现的？你能模仿着再做一个吗？动手试试吧。

2. 图 3-5-12 中实线所示为太阳直射点随季节变化的移动情况，它的运动实际上就是一个实线区域逐渐出露的过程(1)→(2)→(3)→(4)，这是怎样实现的呢？请参照图示完成该动画制作。

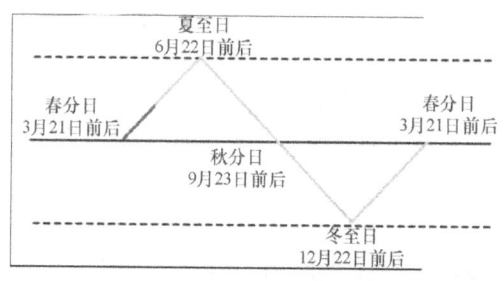

图 3-5-12(1)　太阳直射点从赤道向北回归线移动

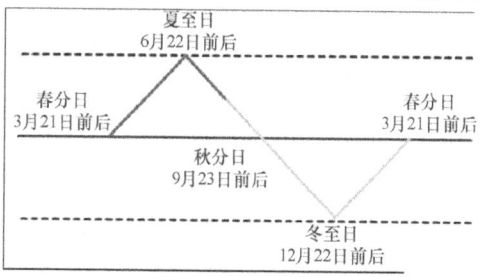

图 3-5-12(2)　太阳直射点从北回归线向赤道移动

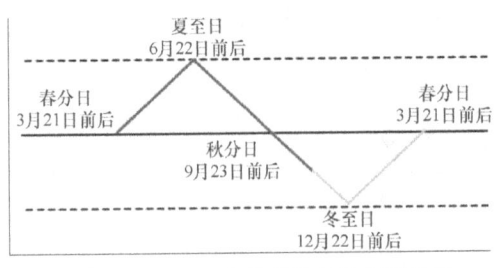
图 3-5-12(3)　太阳直射点从赤道向南
　　　　　　　回归线移动

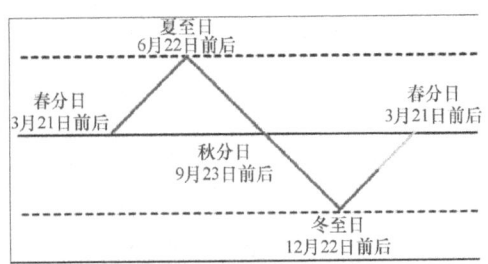
图 3-5-12(4)　太阳直射点从南回归线
　　　　　　　向赤道移动

3. 图 3-5-10 中垂直方向上带箭头的两个椭圆半环分别呈逆时针和顺时针方向转动,表示气旋中心的气流向上运动,这是通过遮罩效果实现的,想一想遮罩层是什么,被遮罩层又是什么,试着制作出如图 3-5-10 所示的效果。

第六节　Flash 动画中交互与控制的实现

学完本节,你将能够:

☆理解课件交互的基本概念;
☆能设计地理课件中合理的交互并实现之。

理论天地

Flash 动画中的交互性是指课件同使用者之间信息传递的双向性,就是课件可以接收使用者输入的命令,并做出相应的反应。交互性是课件的最基本特点,有利于教师掌握学生的学习情况、调整学习内容和安排学习计划,也利于学生的自学。

Flash 动画中交互功能的实现依靠的是功能强大的 ActionScript 脚本语言,在 Flash 8.0 中添加脚本一般有三种方式:一是添加在帧上;二是添加在影片剪辑对象(MovieClip)上;三是添加在按钮对象(Button)上。利用 Flash 制作课件,交互形式主要有以下三种:按钮控制类交互、游戏类交互和测试题类交互,最常用的是按钮控制类交互。

按钮控制类交互即利用 Flash 中制作的按钮,通过在其上添加不同的脚本代码,实现不同的按钮控制交互效果。在课件中,按钮的主要功能是要实现对影片的控制,即控制影片的播放、停止、跳转等。

按钮上加的脚本的基本格式为"on(鼠标事件){响应语句}"。鼠标事件主要有以下几种:

☆　press:当鼠标指针滑到按钮上时按下鼠标按钮。
☆　release:当鼠标指针滑到按钮上时释放鼠标按钮。
☆　releaseOutside:当鼠标指针滑到按钮上时按下鼠标按钮,然后在释放鼠标按钮前滑出此按钮区域。press 和 dragOut 事件始终在 releaseOutside 事件之前发生。
☆　rollOut:鼠标指针滑出按钮区域。
☆　rollOver:鼠标指针滑到按钮上。
☆　dragOut:当鼠标指针滑到按钮上时按下鼠标按钮,然后滑出此按钮区域。
☆　dragOver:当鼠标指针滑到按钮上时按下鼠标按钮,然后滑出该按钮区域,接着滑回到该按钮上。
☆　keyPress "〈key〉":按下指定的键盘键。例如语句"on (keyPress "〈Space〉"){nextFrame

( );}"的含义为当键盘按下空格键时动画跳到下一帧。

常用的控制语句有：

☆ "play( )":播放。
☆ "stop( )":停止。
☆ "gotoAndPlay(N)":跳转到第 N 帧并播放。
☆ "gotoAndStop(N)":跳转到第 N 帧并停止。
☆ "gotoAndStop("场景名"，N);":影片跳转到某场景的第 N 帧，并停止播放。
☆ "gotoAndPlay("场景名"，N);":影片跳转到某场景的第 N 帧，并开始播放。
☆ "nextFrame( )":跳转到下一帧。
☆ "nextScene( )":跳转到下一场景。
☆ "prevFrame( )":跳转到前一帧。
☆ "prevScene( )":跳转到前一场景。

按钮对动画的控制按层次关系又可以分为三种。第一种是控制本时间轴动画的播放。这种交互控制的响应语句不要带路径，例如"on (release) {gotoAndPlay(2);}"，含义是本时间轴动画跳转到第 2 帧处播放。第二种是本时间轴的按钮控制某影片剪辑内部的动画。这种交互控制需要加上影片剪辑的路径，例如"on (release) {this.donghua1.gotoAndPlay(2);}"，含义是本时间轴实例名为"donghua1"的元件其内部的动画跳转到第 2 帧播放。第三种是元件内部本时间轴的按钮控制其上层时间轴动画的播放。这种交互控制也需要带路径，例如"on(release) { _parent.gotoAndPlay(2);}"，含义是释放该按钮时，本时间轴上层的时间轴跳到第 2 帧播放。

按钮制作的方法主要有两种：一种是自己画图形转换为按钮元件，另一种是使用公共库中的按钮。

 经典案例 6——为地球公转动画加上交互控制按钮

(1)用前面学的引导层动画的知识制作一个地球公转动画，效果如图 3-6-1 所示。

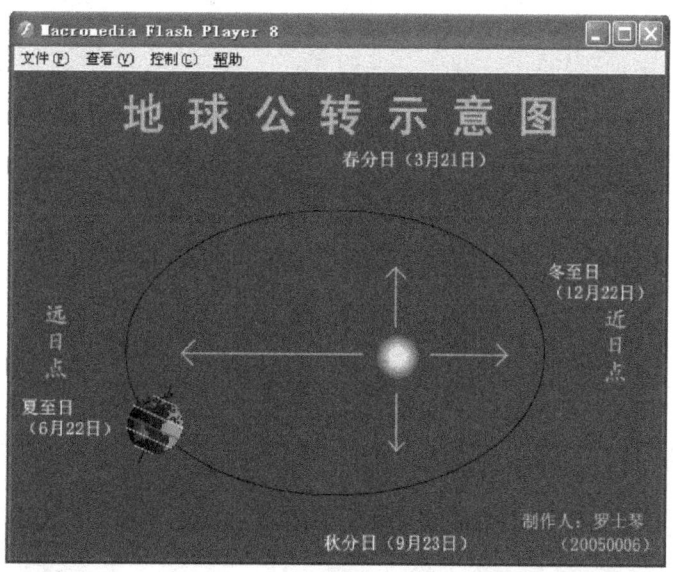

图 3-6-1　地球公转示意图

(2)新建一个按钮图层。在按钮图层中，将窗口菜单下的公用库中的"按钮"打开，挑选合适的按钮 4 个，分别将按钮中的"text"改为"春分日"、"秋分日"、"冬至日"、"夏至日"。将 4 个按钮均转换为元件,双击进入编辑状态,在"指针经过"和"按下"帧上单击右键"插入关键帧",并在"指针经过"帧上改变其"Alpha"值,然后将 4 个按钮移动到适当的位置上。

(3)将窗口菜单下的公用库中的"按钮"打开,挑选 2 个无须改变"text"就能表示"播放"和"暂停"的按钮,"播放"按钮加脚本为"on(press){play();}","暂停"按钮加脚本为"on(press){stop();}"。

(4)"春分日"的脚本为"on(release){gotoAndStop(41);}","夏至日"的脚本为"on(release){gotoAndStop(1);}","秋分日"的脚本为"on(release){gotoAndStop(20);}","冬至日"的脚本为"on(release){gotoAndStop(30);}"。

(5)测试影片并保存,效果如图 3-6-2 所示。

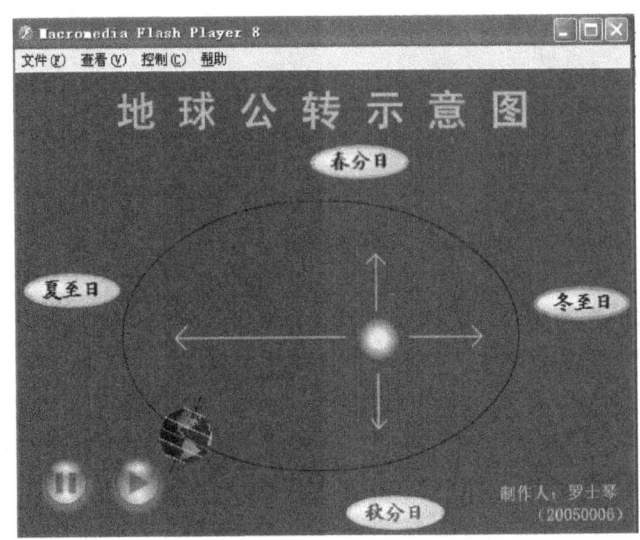

图 3-6-2　实现交互控制的课件

实践探索

1.一个动画是否能实现良好的交互是评价其实用性的一个重要的依据,分析如图 3-6-3 所示的"全球性大气环流"课件中交互的形式及其实现。

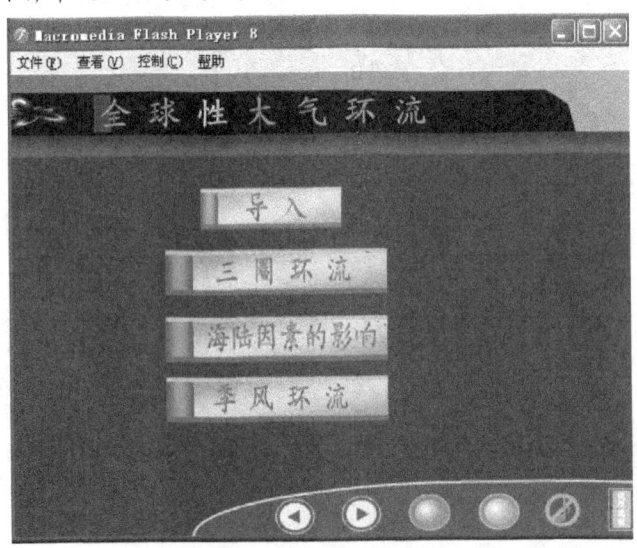

图 3-6-3　全球性大气环流动画界面中的交互

2. 查阅相关资料,探究如图 3-6-4 所示的"中国行政区划拼图游戏"动画中交互的实现过程。

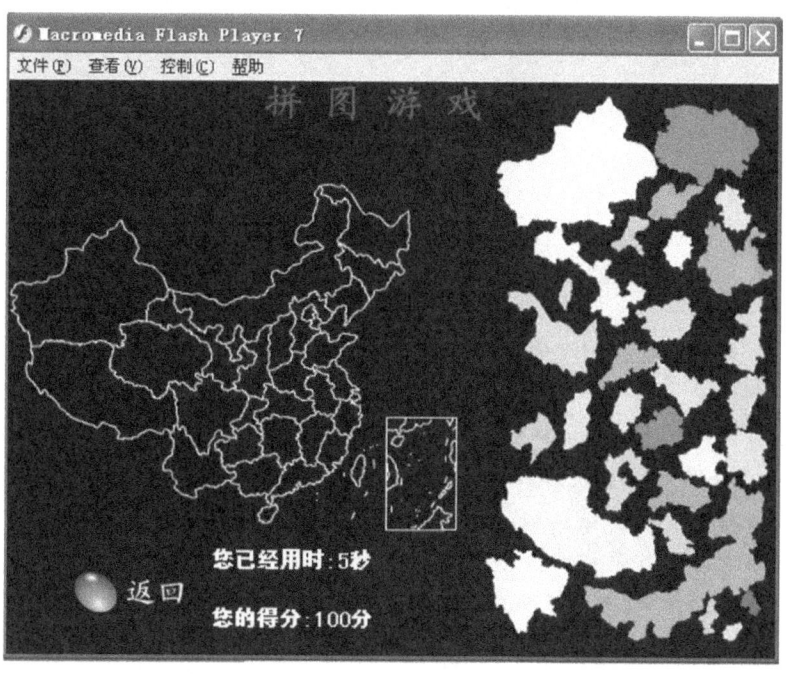

图 3-6-4 "中国行政区划拼图游戏"课件的交互界面

第四章　Google Earth 在辅助地理教学中的应用

本章导读：

前两章介绍的 CorelDRAW 12 和 Flash 8.0 两款软件，它们都是以二维的形式展现地理事物的，其局限性是表达事物不够直观，只是将三维真实世界进行了抽象，不能给人以身临其境的感觉。Google Earth 软件的出现，实现了地图由二维到三维的转变，给用户带来全新的体验。本章将结合地理教学案例，介绍如何应用 Google Earth 为教学服务。本章内容安排如下：第一节重点介绍 Google Earth 5.0 的基础知识；第二节介绍如何利用 Google Earth 5.0 充实地理教学素材；第三节介绍如何把 Google Earth 5.0 作为地理多媒体素材的展示平台。

第一节　Google Earth 的基础知识

学完本节，你将能够：

☆熟悉 Google Earth 5.0 的基本界面；
☆了解 Google Earth 5.0 的基本功能；
☆用 Google Earth 5.0 进行简单的地点搜索和地图浏览等基本操作。

Google Earth 是一款虚拟地球的软件，以三维的形式把大量的卫星照片、航拍照片和 3D 地形模拟图像组织在一起，实现从全新的角度来浏览地球。它就像一个可以缩放的立体地球仪，通过鼠标转动地球，缩放世界，大到海陆山川的分布，小到某个城市街道上的一辆车都可以尽收眼底。

Google Earth 的功能非常强大，与地理教学相关的功能有：第一，具有强大的地点搜索功能，能够检索并在 3D 视窗中切换到要查询的位置。第二，能显示三维地形，可以浏览许多重要山脉的 3D 模拟地形，如美国大峡谷和珠穆朗玛峰等。第三，可以显示全球的经纬网，从而使得经纬网的概念变得浅显易懂，有利于学生掌握经纬网的本质与规律。第四，能显示阳光的功能，可以用它观看昼夜交替、极昼、极夜现象以及虚拟的日落、日出现象。第五，能分层显示，可将地理信息分为各个层次，如国界、河流、道路等图层与地理教学密切关联，勾选图层，相关的信息就会显示出来。下面就让我们来揭开 Google Earth 神秘的面纱吧！

一、Google Earth 5.0 的界面介绍

Google Earth 从面世到现在有许多版本，其内容和外观基本相似，新版本只是在功能和设置上有了很多改进。本章以 Google Earth 5.0 为例来介绍 Google Earth 软件的各项功能。

Google Earth 5.0 主界面如图 4-1-1 所示。

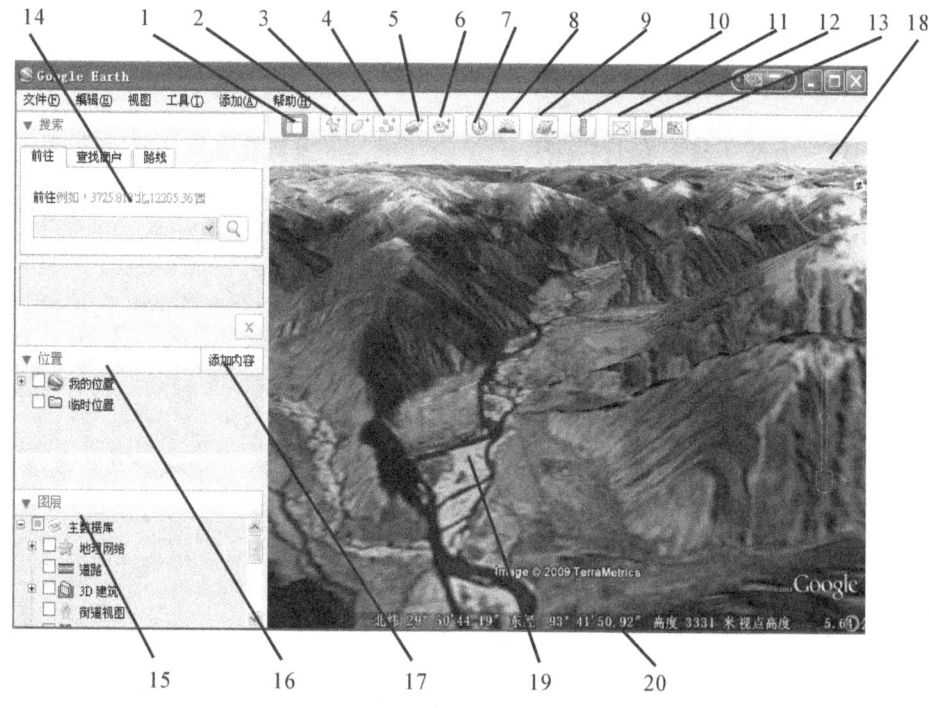

图 4-1-1　Google Earth 5.0 界面介绍

Google Earth 5.0 版的界面可以分为三个区域：工具栏(1～13)、面板区(14～17)和视窗区(18～20)。

(1)显示/隐藏侧边栏：单击这个图标可以显示或隐藏左侧边栏。

(2)添加地标：在当前视图中创建一个标记，方便下次快速浏览。

(3)添加多边形：绘制区域标记。

(4)添加路径：绘制路线标记。

(5)添加图像叠加层：将图像贴到 Google Earth 5.0 中，可以覆盖在原来位置的卫星图像。

(6)录制游览：可以用这个工具录制游览过程。

(7)显示历史图像(时间轴)：使用时间滑动条在不同时期图像之间切换。

(8)显示太阳：单击该图标可以显示太阳光，并可以使用时间轴设置当前时间。实际教学中可以用于演示昼夜交替。

(9)模式切换：在地球模式、星空模式、火星模式、月球模式之间切换。

(10)显示标尺：测量线段和路径的长度。

(11)电邮：将当前视图用电子邮件发送给朋友。

(12)打印：打印当前视图。

(13)在 Google Earth 地图中查看：单击这个图标会打开网页浏览器，将当前视图切换到 Google 地图中浏览。

(14)搜索面板：用它来查找位置、行车路线或商业网点以及管理找到的结果。

(15)图层面板：列出 Google Earth 5.0 预设的地标集，当你勾选其中的某个图层后，视图上就会显示该图层下的相关信息。

(16)位置面板：查找、保存、组织和重游地标。

(17)添加内容：可将 Google Earth 5.0 官方网站精选的地标添加到位置面板。

(18)导航面板：旋转、移动、缩放、倾斜视图。

(19)3D 视窗：浏览各种图像的区域。

(20)状态栏:从左到右分别显示经纬度坐标、高度和视点高度。

二、Google Earth 5.0 的主要功能

Google Earth 5.0 的功能非常丰富,本文只简要介绍几个与地理教学相关的功能。

(一)强大的地点搜索功能

点击搜索面板中的"前往"标签,在输入框中输入地名或邮政编码,然后单击"搜索"按钮,Google Earth 5.0 就会列出匹配的搜索结果,双击其中的某条结果,Google Earth 5.0 视窗就会切换到该位置。搜索时可以输入中英文地名进行搜索,也可以输入经纬度搜索。例如输入"河凤桥"(河凤桥乡是河南省信阳市商城县的一个小乡镇),可获得与"河凤桥"乡镇相关的具体信息,如"河凤桥乡第一初级中学"的具体位置,如图 4-1-2 所示。此时点击任意一个搜索结果,3D 视窗便可以切换到该地上空。具体搜索格式可以参考"帮助"菜单下的"用户指南"。

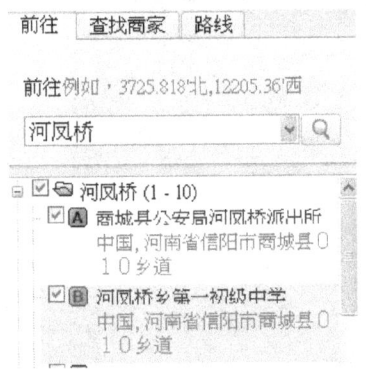 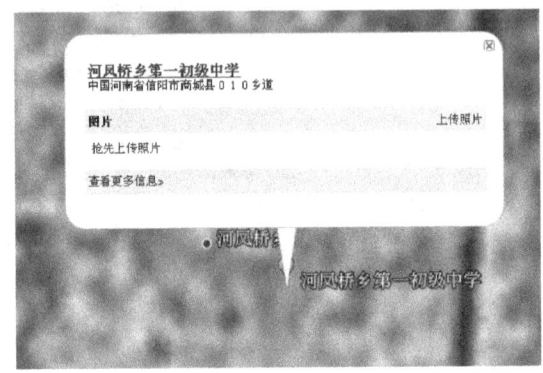

图 4-1-2　地点搜索结果

(二)显示三维地形

用 Google Earth 5.0 可以浏览许多重要山脉的模拟三维地形,例如美国大峡谷、珠穆朗玛峰等。勾选"图层"面板中的"地形"选项,找到要查看的位置,再调节视角,就可以看到三维地形了。例如,图 4-1-3 中显示的即为珠穆朗玛峰的模拟三维地形。

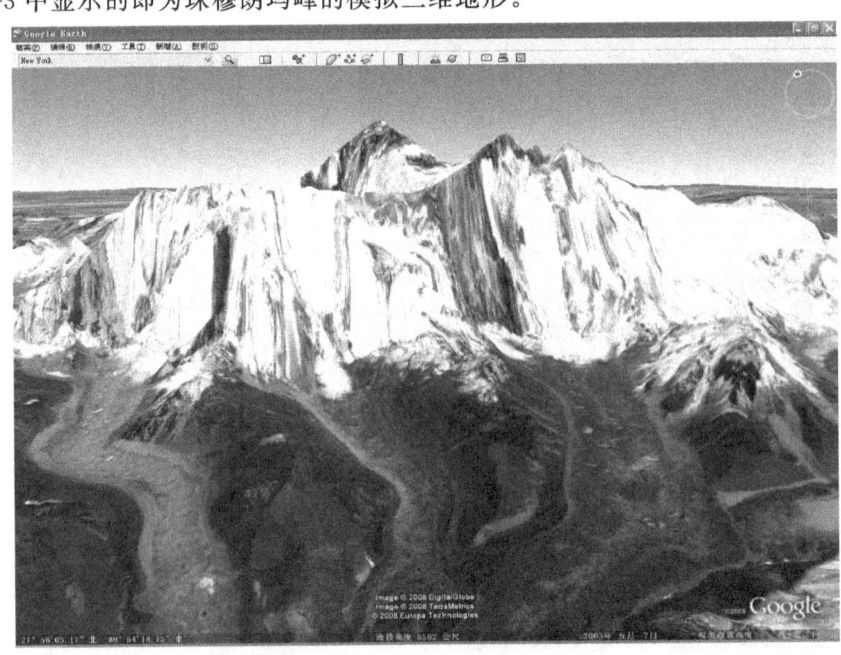

图 4-1-3　珠穆朗玛峰的 3D 地形

(三)显示经纬网

经纬网是地理教学的重要知识点,对于学生来说显得很抽象、难懂,在教学过程中教师往往要花费大量课时反复向学生讲授,而且效果不一定理想。利用 Google Earth 5.0 软件,能够在一定程度上解决此困难。点击 Google Earth 5.0"视图"菜单下的"网格"选项,或按快捷键"Ctrl+L"就可以为 Google Earth 5.0 添加或取消经纬网(其中本初子午线、南北回归线、北南极圈都是以加粗、加亮的方式突出显示的),并且在相应的经、纬线上显示出对应的经、纬度,这些数值会随着界面的变化而得到相应的调整,以保证经纬网与界面的匹配,具体效果如图 4-1-4 所示。这些直观而生动的变化使得经纬网的概念变得浅显易懂,有利于学生形象直观地掌握经纬网的概念。此外,在对虚拟地球添加点、线、面等标注时,打开经纬网可以帮助我们定位①。

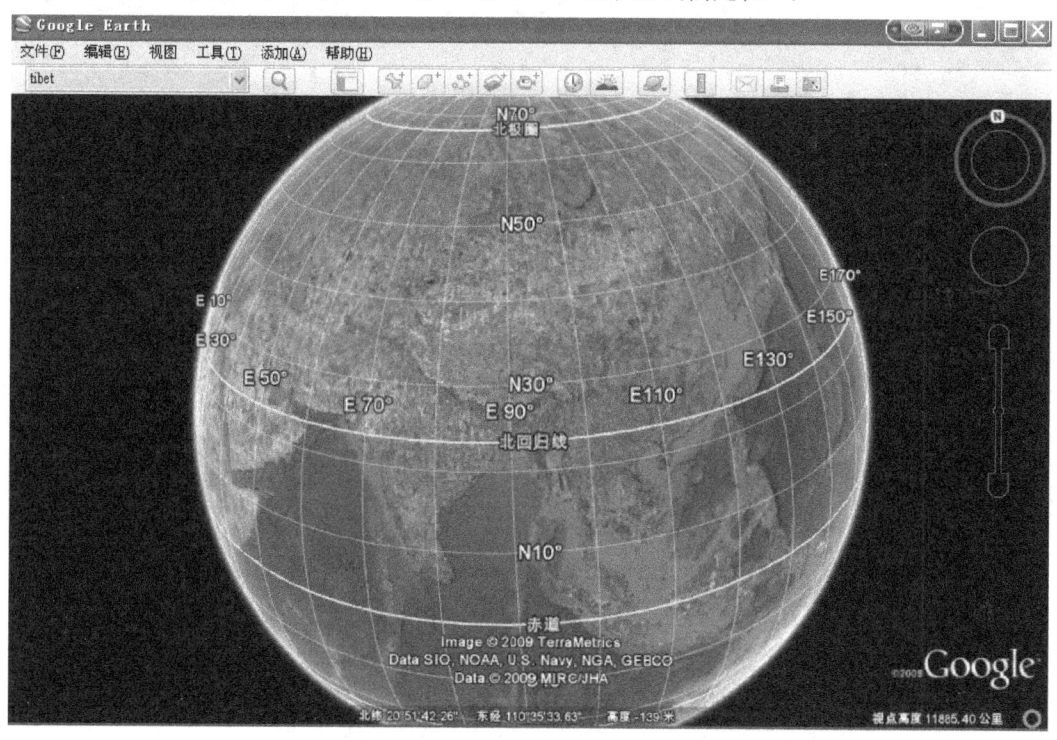

图 4-1-4　Google Earth 5.0 显示经纬网

(四)显示阳光功能

Google Earth 5.0 具有提供显示阳光的功能,可以用它观看昼夜交替、极昼、极夜现象以及日出日落现象。具体操作步骤如下:

(1)打开 Google Earth 5.0,在视窗上方的工具栏中单击"显示太阳"按钮☀,视窗中便会显示太阳光,并可以使用时间轴设置当前时间。

(2)如图 4-1-5 所示,单击时间轴的播放按钮或拖动时间轴的滑块便可以看到全球昼夜交替变化。

如果想控制变化的快慢可以单击时间轴的设置按钮,弹出界面如图 4-1-6 所示,拖动"动画播放速度"滑块到合适的位置,单击"确定"按钮结束设置。

---

① 荣先海、雷体南:《Google Earth 在中学地理教学中的应用》,《中国教育信息化》2007 年第 9 期,第 10~11 页。

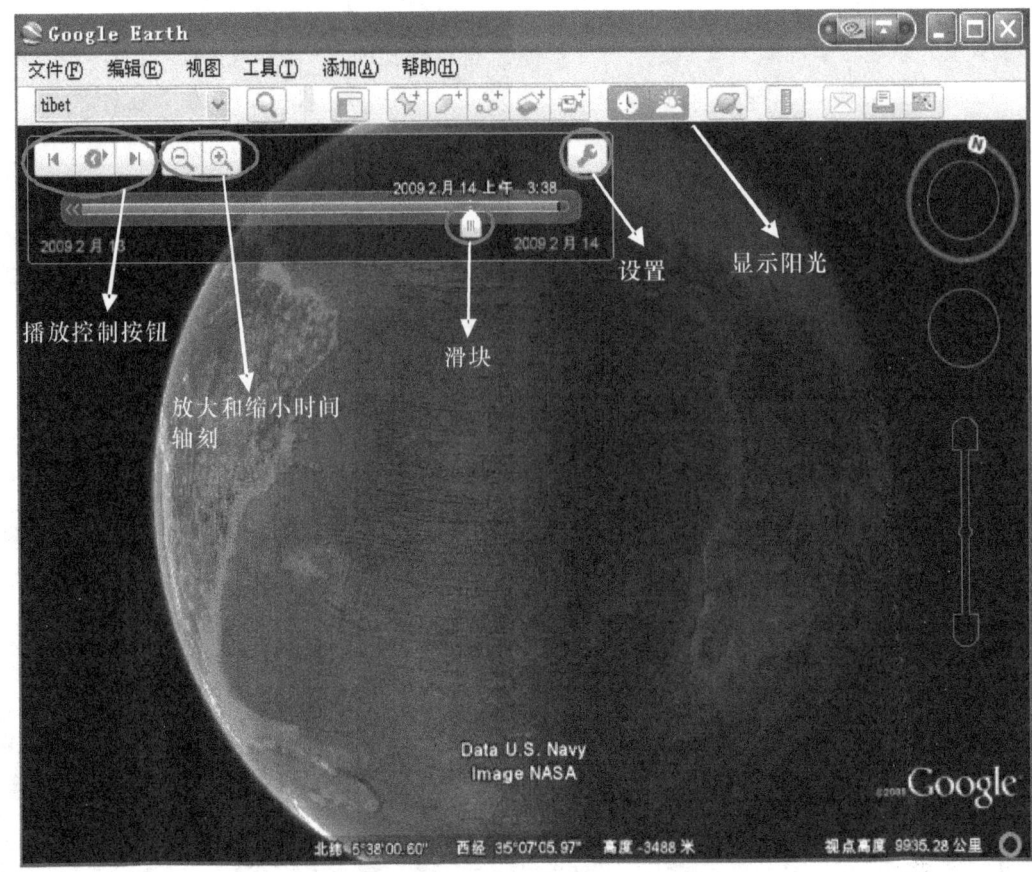

图 4-1-5　昼夜模式

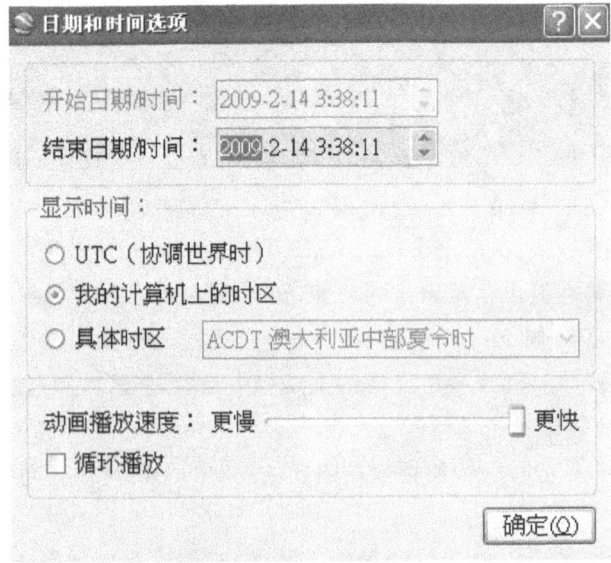

图 4-1-6　时间轴设置

（3）按快捷键"Ctrl+L"使经纬网显示，将虚拟地球转到南极或北极上空然后拖动时间轴，即可以看到南北极的极昼和极夜现象，如图 4-1-7 和图 4-1-8 所示。单击时间轴的播放按钮可以动态演示极昼和极夜现象。

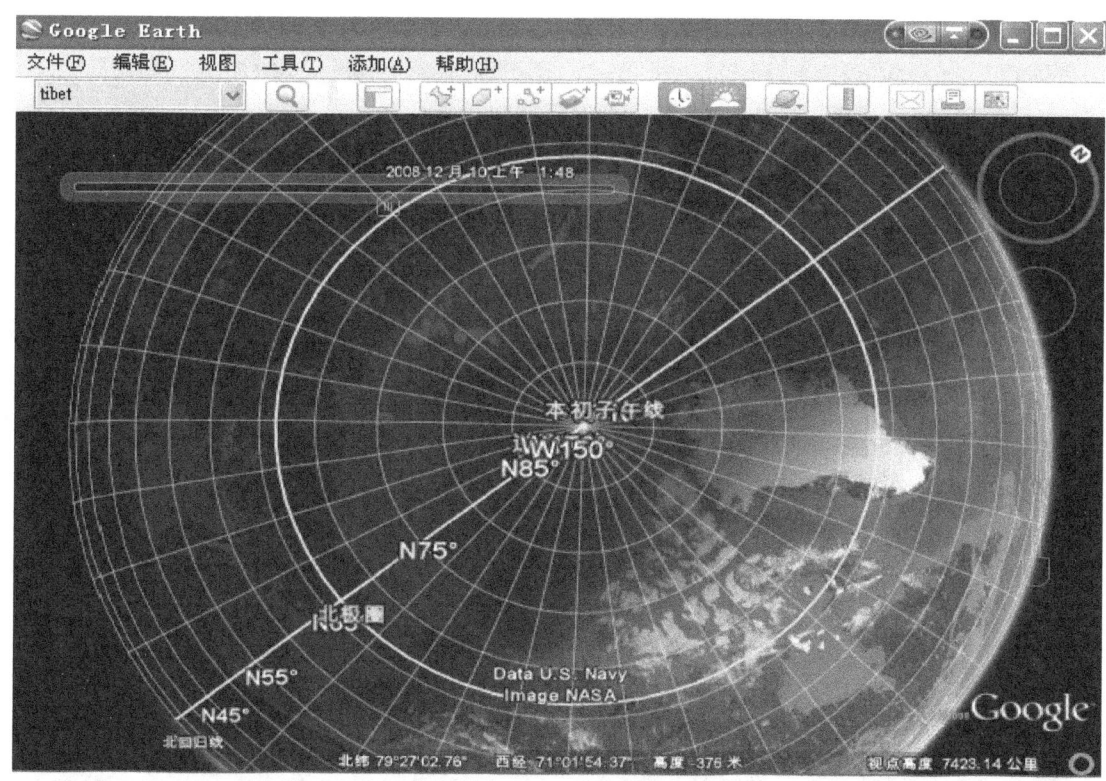

图 4-1-7 演示极夜现象

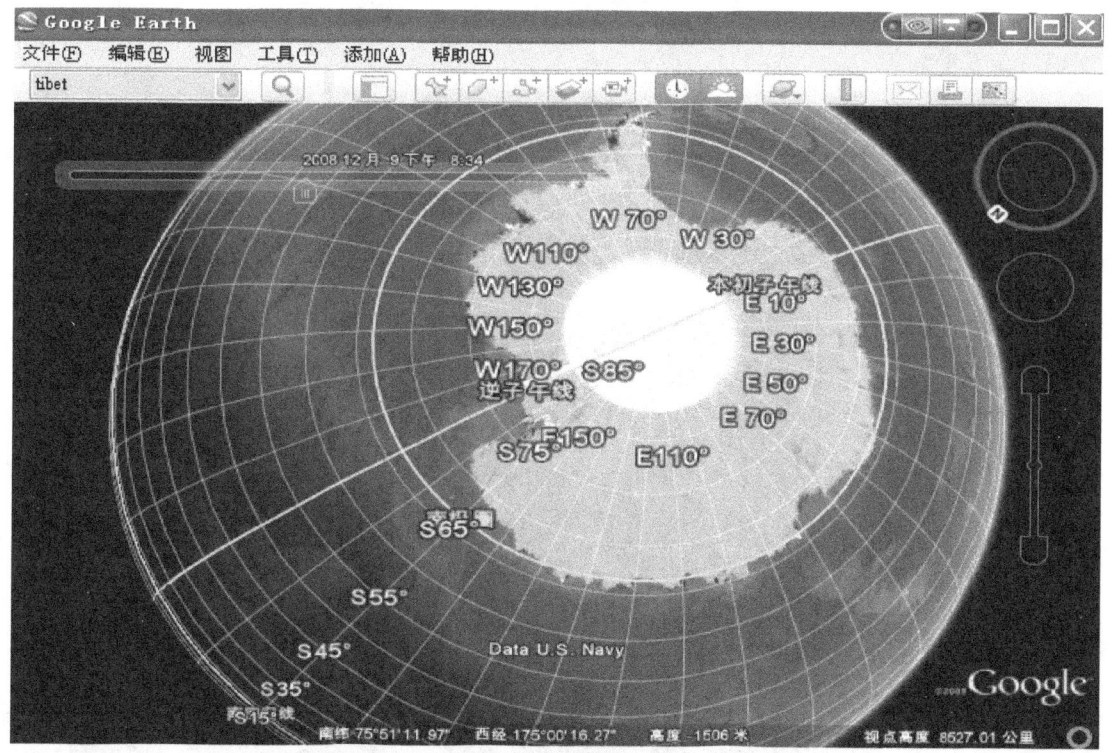

图 4-1-8 演示极昼现象

(4)放大地球,按住鼠标左键,并移动鼠标调节视角,让地平线显示出来,单击时间轴的播放按钮或用鼠标拖动时间轴的滑块就可以观看日出日落了。如图4-1-9所示为美国纽约的日出。

图 4-1-9　美国纽约的日出

(五)观看星空

(1)在 Google Earth 5.0 的地球模式中单击星空模式切换按钮 ⊘，Google Earth 5.0 即切换到星空模式。按快捷键"Ctrl+L"，调出天体坐标系的经纬网格，得到的界面如图 4-1-10 所示。在"搜索"面板中输入名称即可直接搜索某个星系。

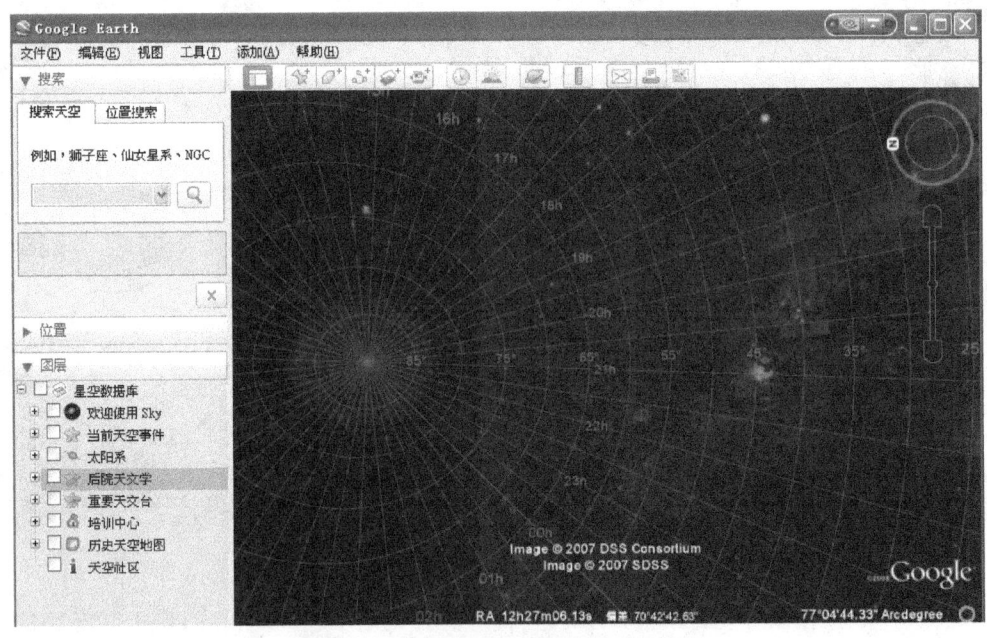

图 4-1-10　Google Earth 5.0 的星空模式

(2)要查看星空中的一些专题信息,如图 4-1-11 所示,选中"图层"面板(左下角)中的相应图层文件夹即可。

星空数据库的内容按主题分类:

"欢迎使用 Sky":使用和浏览 Sky 的介绍。

"当前天空事件":动态内容,显示天空中正在发生和即将发生的事件。

"太阳系":基于时间的内容,描述太阳系天体未来几个月的位置。

"后院天文学":显示肉眼可见或使用小望远镜可以看到的星座和天体。

"重要的天文台":来自天文学家在世界顶尖天文台拍摄的令人惊叹的照片。

"培训中心":天文学和天体物理学介绍。

"历史天空地图":来自天文学以往最好的艺术照片。

"天空社区":来自天空在线社区的用户拍摄内容①。

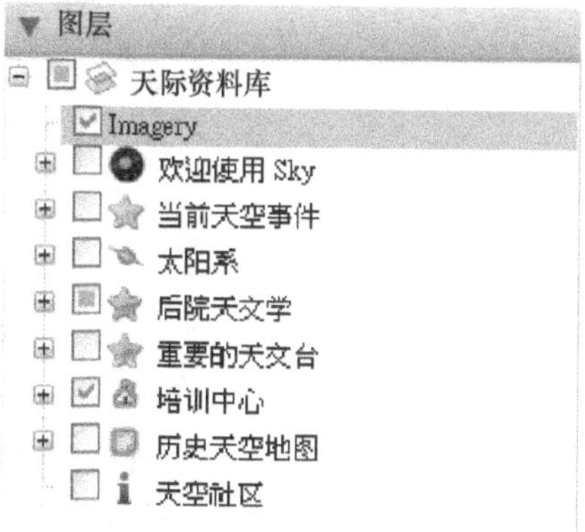

图 4-1-11　星际模式的"图层"面板

(3)认识太阳系。双击"太阳系"文件夹,视窗即切换到太阳系的星空图。如图 4-1-12 所示。

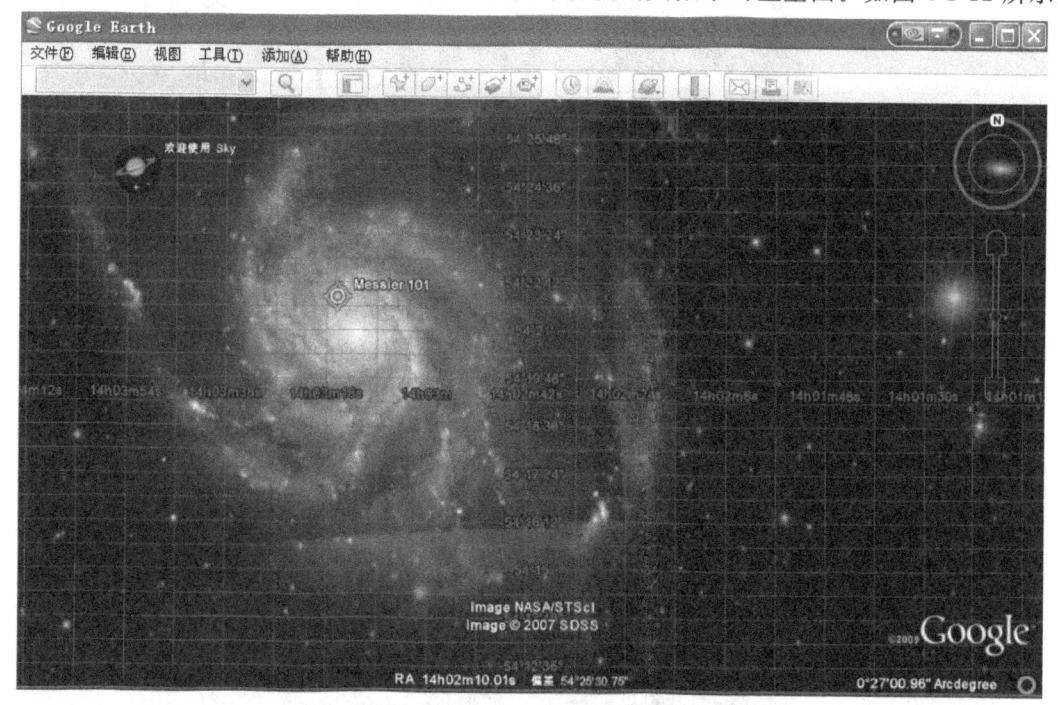

图 4-1-12　太阳系的星空图

在"图层"面板中"太阳系"文件夹下双击某个星体即可查看该星体的图像。例如,双击月球得到的图像如图 4-1-13 所示,通过放大该图可以观看月球的地貌。

"图层"面板中"月球"选项下面有两个选项,分别为"运动中的"和"位置",勾选"位置"选项看到的是当天的月相,勾选"运动中的"选项可以动态演示月相的变化,如图 4-1-14 所示。想要看到动态的月相变化过程,需要首先缩小视图,勾选"图层"面板中"后院天文学"下面的"星座"选项,使

---

① Google Earth 5.0 星空模式使用向导。

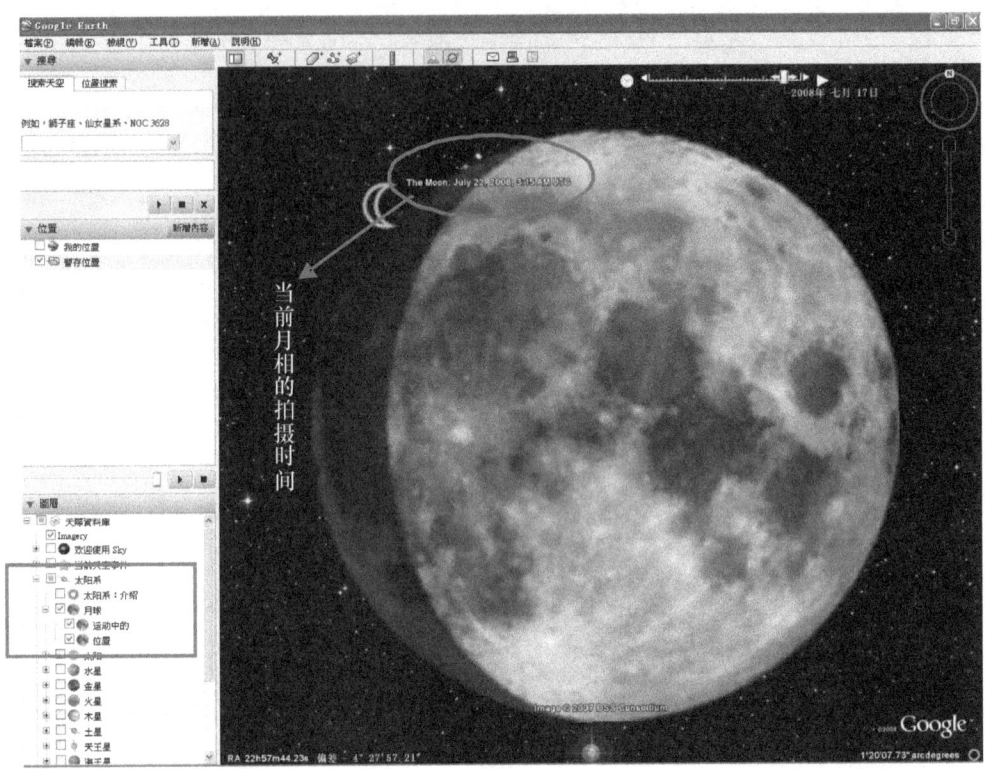

图 4-1-13　当前时间的月相

天空中显示出星座以便于定位。然后，单击时间轴的播放按钮，月相变化以及不同时间月亮在天空中的相对位置即可动态地显示出来。

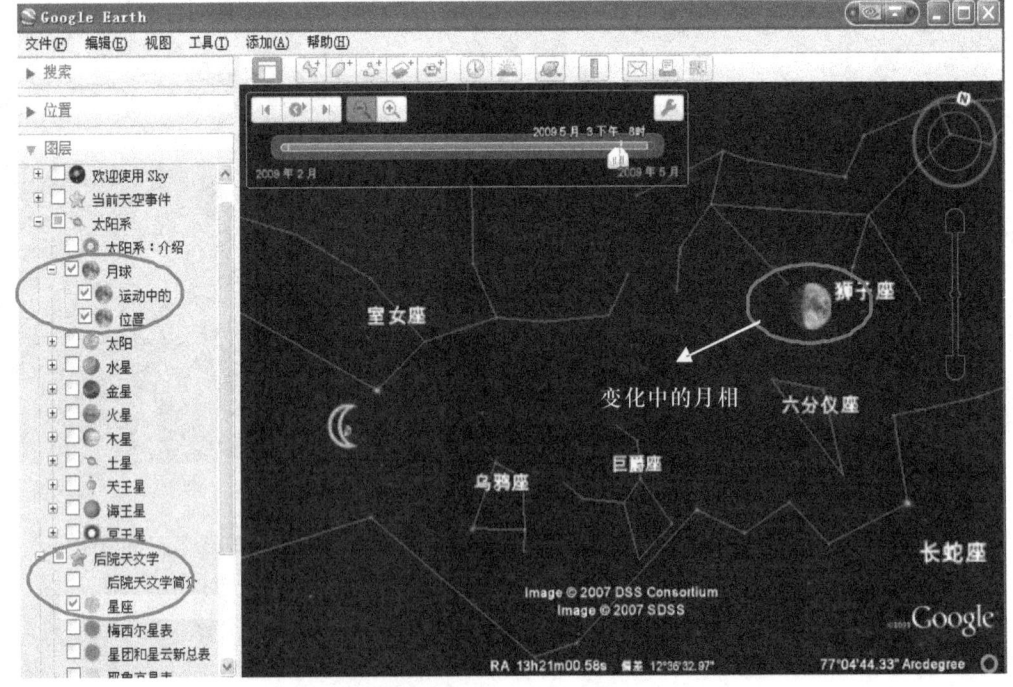

图 4-1-14　月相变化过程演示

(六) 录制游览旅程

录制游览是 Google Earth 5.0 提供的新功能，如图 4-1-15 所示，按"录制游览"按钮，窗口中会显示出两个按钮,单击这两个按钮,可以分别录制游览图像和背景声音,再单击一次录制图像按钮结束录制。应用此功能可以录制游览旅程并配上自己的解说或者背景音乐,制作出一个完整的游览视频。

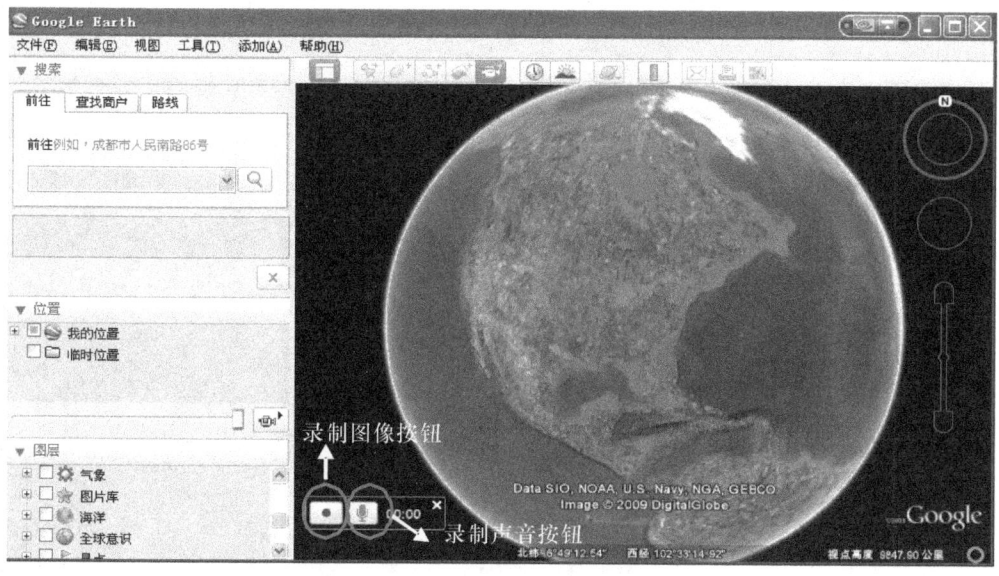

图 4-1-15　录制游览旅程

如图 4-1-16 所示,录制结束后可以立即观看录制效果,单击保存按钮可以生成一个视频文件,并自动保存到"位置"面板下面的"我的位置"文件夹中,单击这个视频文件即可观看录制的旅程。

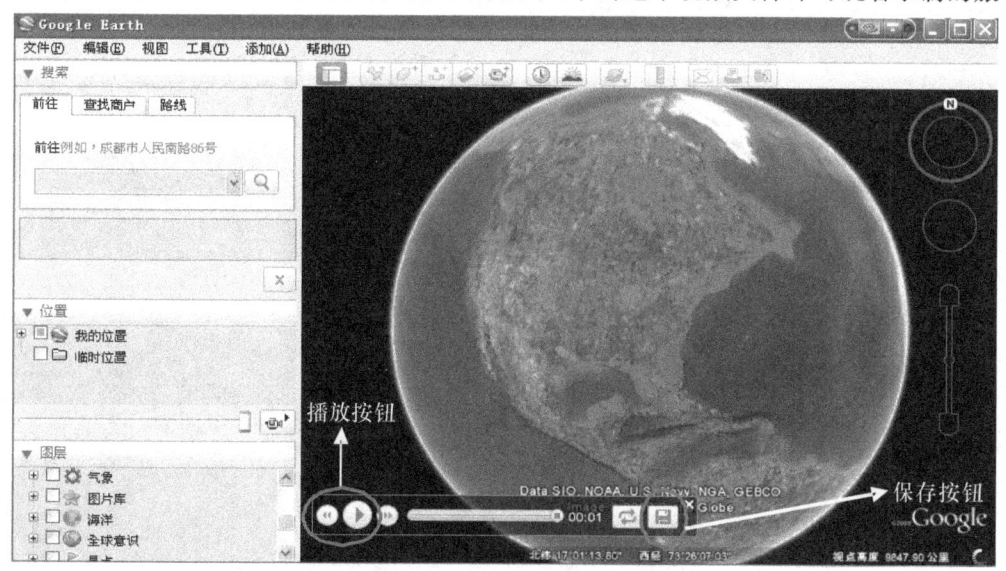

图 4-1-16　播放录制视频

经典案例 1——认识星座

如图 4-1-17 所示,勾选"图层"面板中的"后院天文学"下面的"星座"选项,可以看到星空中各个星座的分布。

如图 4-1-18 所示,再勾选"后院天文学"下面的"星座边界"选项,并按快捷键"Ctrl+L"打开天体坐标系的经纬网,可以精确定位各个星座的位置。

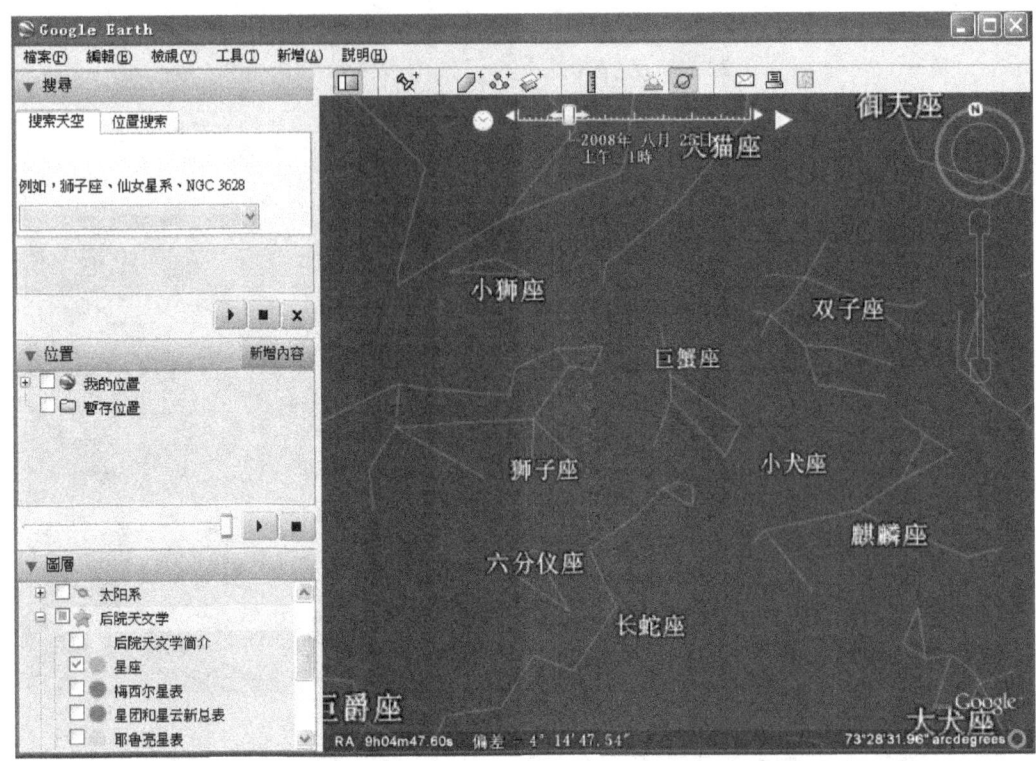

图 4-1-17　星座分布

图 4-1-18　带有定位的星座

可以直接放大观看每个星座的组成，也可以在"搜索"面板下的"搜索天空"面板输入星座的名字进行搜索。例如：输入"狮子座"进行搜索，得到的结果如图 4-1-19 所示。

此时勾选图层面板的"培训中心"，如图 4-1-20 所示，视窗中出现关于狮子座的视频地标，单击播放按钮即可观看视频。

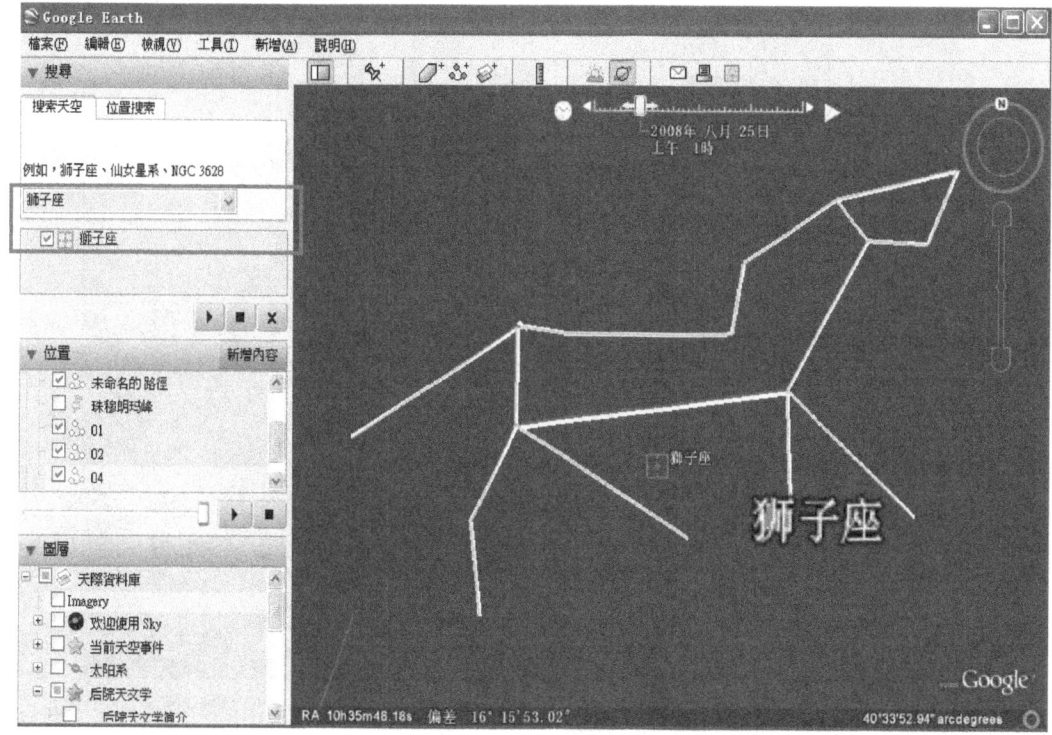

图 4-1-19　搜索星座

图 4-1-20　观看视频资源

如图 4-1-21 所示，勾选"图层"面板中的"历史天空图" ⊞ ☑ 历史天空地图，即可观看带有卡通图片的星座图。

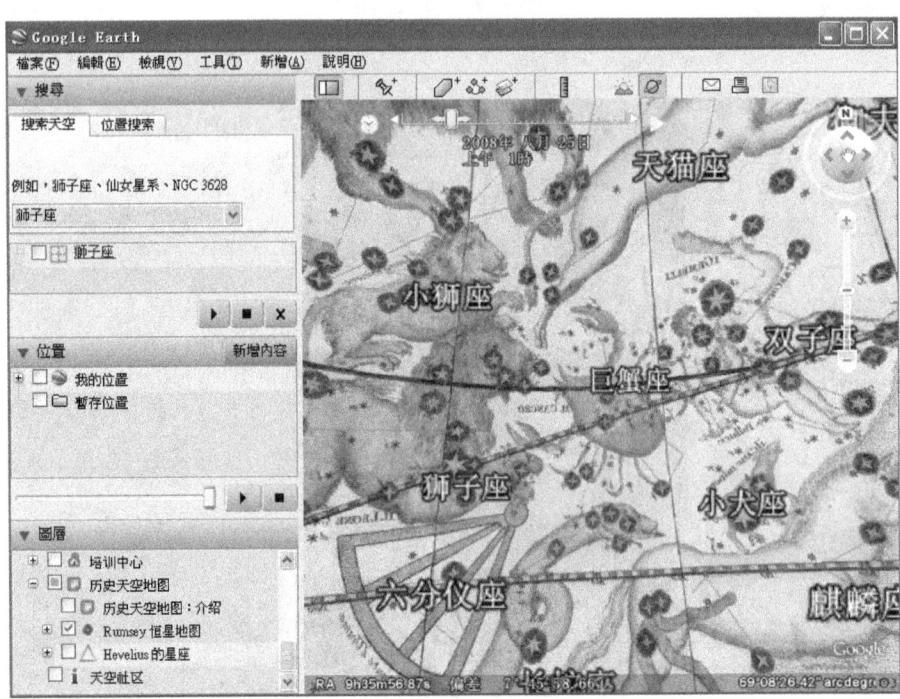

图 4-1-21　Rumsey 恒星地图

只勾选"历史天空图"下面的"Hevelius 的星座" ☑ △ Hevelius的星座，看到的效果如图 4-1-22 所示。

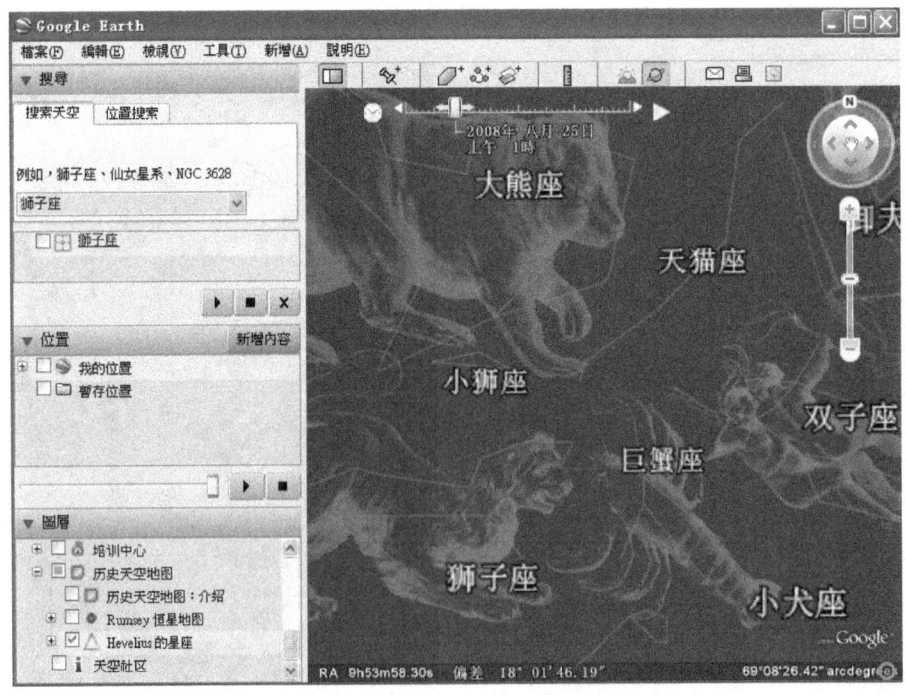

图 4-1-22　Hevelius 的星座

实践探索

1. 分别用 Google Earth 5.0 的"导航工具"和"地点搜索工具"两种方法在虚拟地球上找到美国

城市纽约。

2. 用 Google Earth 5.0 的相关功能演示极昼、极夜现象。

3. 使用录制游览旅程工具,录制一个配有自己解说的介绍武汉市主要景点的视频。

第二节　应用 Google Earth 建立地理教学素材库

Google Earth 5.0 包含着全球海量的地理信息,在实际的地理教学中可把它当作辅助地理教学的素材库,为其他地理多媒体教学平台的开发提供丰富的素材。

学完本节,你将能够:

☆掌握从 Google Earth 5.0 中获取浏览图像资源和获取方法;
☆有效使用"图层"面板获取丰富的专题地理信息;
☆利用 Google Earth 5.0 相关网站获取丰富的 KML 文件资源;
☆利用 Google Earth 5.0 获取丰富的视频资源。

热身练习——利用 Google Earth 5.0 浏览地图,获取一张中国政区图

(1)在"搜索"面板中输入"中国",单击"Enter"键,视窗立即"飞"到中国的上空,如图 4-2-1 所示。

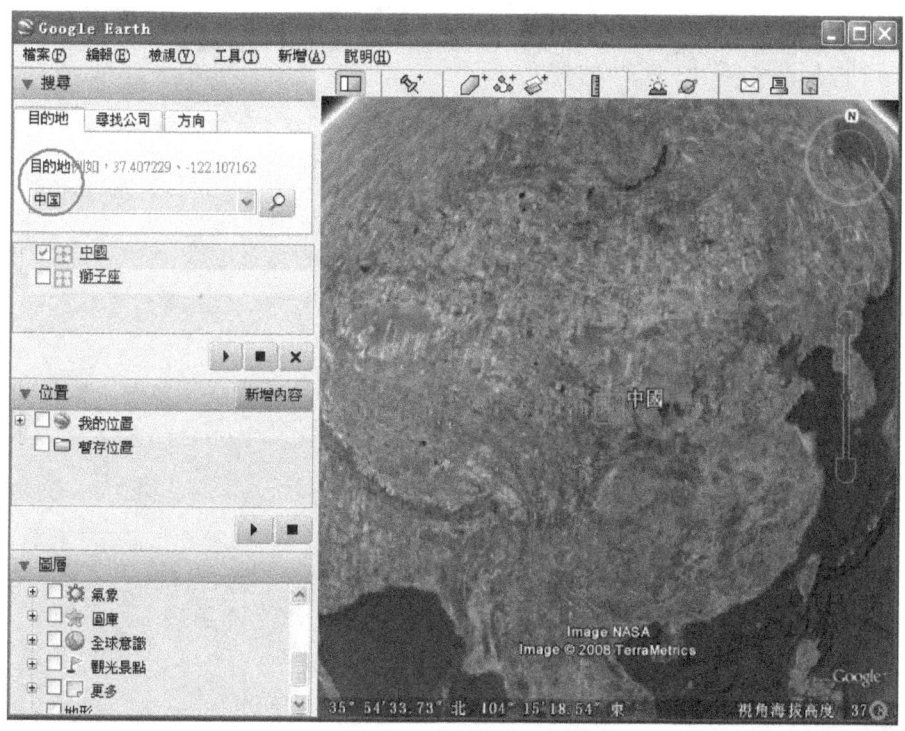

图 4-2-1　搜索目的地

(2)勾选"图层"面板中的"边界和地名"图层,如图 4-2-2 所示,此时中国的政区界限出现在虚拟地球上。

(3)点击"文件"菜单下"保存"选项中的"保存图像",弹出的对话框如图 4-2-3 所示。选择保存的目标路径,给图片命名后单击"保存"按钮便可以获取一张中国政区边界图。

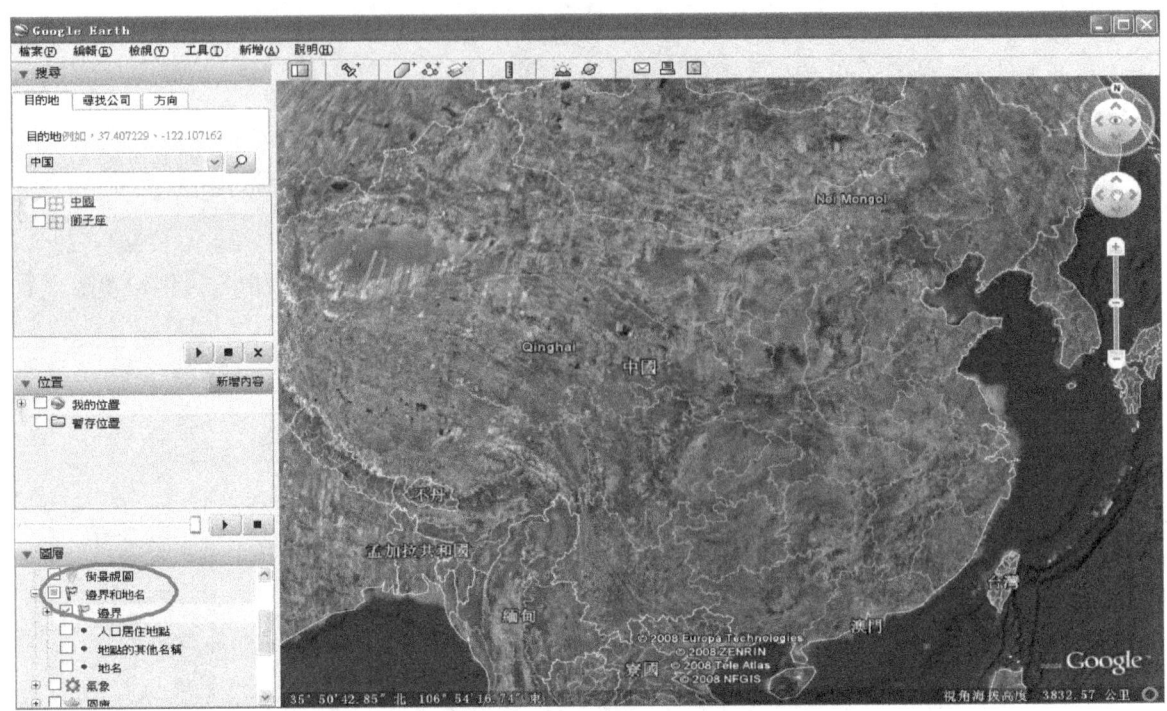

图 4-2-2 中国政区边界图

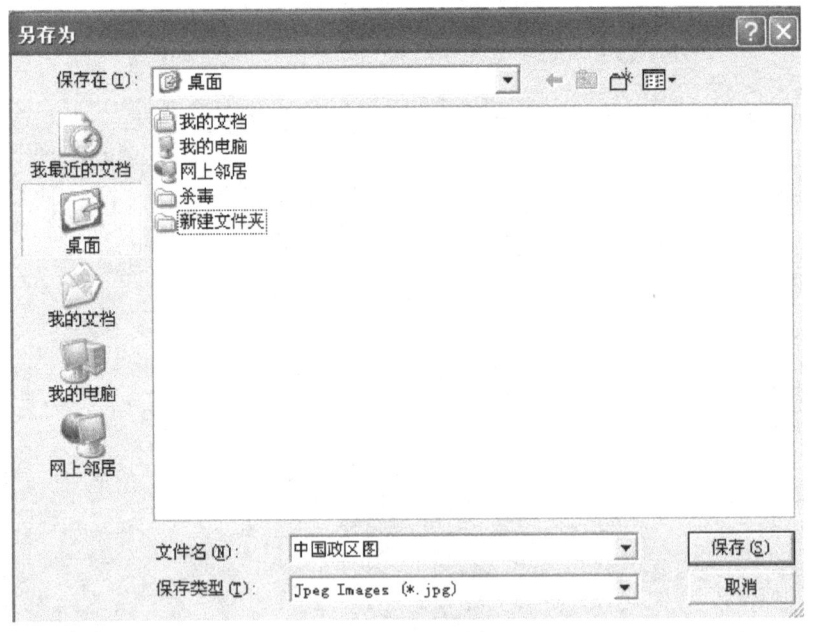

图 4-2-3 保存图像对话框

 理论天地

一、图像素材的浏览与获取

Google Earth 5.0 拥有大量的卫星照片、航拍照片和模拟 3D 图像,通过浏览地图,可以获得的信息主要有:地球整体自然环境的详细情况(各地的地形地貌、水陆分布等),各个国家地区的相关地理信息(行政区域划分、地物的位置和特征等),各大城市的详细地理环境(城市的地理位

置、自然环境、所有建筑等）。

浏览这些图像信息的方法主要有以下三种：

（1）直接使用鼠标拖动窗口改变位置。即滚动滚轴改变图像分辨率或用鼠标操作"导航工具"进行图像的浏览。

（2）使用"搜索"面板中的搜索工具。详见上文中 Google Earth 5.0 主要功能中关于地点搜索功能的介绍。

（3）使用地标文件浏览地图。地标在 Google Earth 5.0 中应用相当广泛，它是 Google Earth 5.0 的一种快捷标签。像 IE 浏览器的收藏夹能快速打开保存的网页一样，双击"位置"面板中的地标就可以快速浏览到其相应的目的地，同时还可以浏览叠加在地标上的说明信息。地标按来源可以分为三种：自己制作的地标、从网上下载导入 Google Earth 5.0 的地标以及 Google Earth 5.0 图层（Layers）中的共享地标。

Google Earth 5.0 有着丰富的地图影像资源，搜索浏览找到想要的图像素材后，可以通过以下两种方法获取这些地图资源：

第一种方法：找到自己需要的影像地图后，应用 Google Earth 5.0 的"截图工具"单击"文件"菜单下的"保存"选项下的"保存图像"，即可以把 Google Earth 5.0 三维视窗中的当前影像保存在本地电脑中。

第二种方法：在我们感兴趣的地点新建一个地标。通过搜索浏览找到想要的图像素材后，在"位置"面板中的地标文件夹上单击鼠标右键，选择"添加"菜单下的"地标"选项，即可以在当前位置新建一个地标。以后想要查看该处影像时，直接在"地标面板"中双击这个地标，即可切换到原来的视图。

二、利用"图层"面板获取丰富的专题地理信息

地球是一个包含着众多要素的复杂系统，如果让 GoogleEarth 5.0 中包含的所有地理信息同时显示肯定会很杂乱，然而 Google Earth 5.0 提供的"图层"面板则能有效地组织地理信息，快速获取我们想要的目标信息，让其他不需要的地理信息暂时隐藏起来。我们知道，Google Earth 图层中所展示的内容都是由 Google 和其合作伙伴提供的，Google 再将其汇总、整理并发布在"图层"面板里，其实和地标相似。"图层"面板（Layers）中，地理信息被分成众多类别，包括：国界、河流、湖泊、道路、火山、地震等大量与地理教学密切相关的内容，以及宾馆、银行、加油站、电影院、学校、超市、铁路、机场、警察局、医院、监狱等与日常生活相关的信息，只要选中这一层，相关的信息便会呈现在显示区[①]。图 4-2-4 所示为 Google Earth 5.0 免费版"图层"面板的主要选项。

Google Earth 5.0 还包含着丰富地理信息的共享地标，它们被分成各个类别放在"位置"面板的各个图层中，要想让

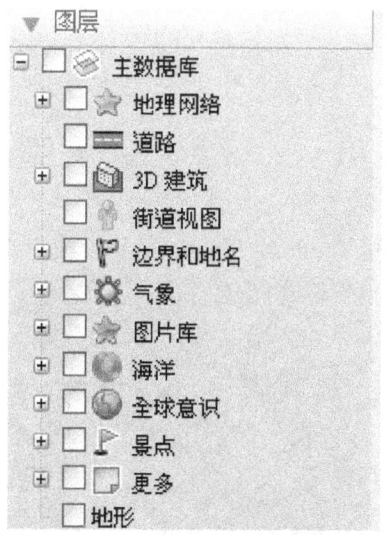

图 4-2-4　免费版"图层"面板

---

① 金永福、郭伟其：《Google Earth 在海域使用现状调查中的应用初探》，《海洋信息》2007 年第 1 期，第 10～12 页。

这些共享的地标显示在虚拟地球上就必须先勾选该层。例如,勾选"图片库"下面的"美国国家航空航天局"图层,即可以浏览美国国家航空航天局提供的世界许多地方的遥感影像图和文字说明。再如勾选"图片库"下面的"国家地理杂志"图层就可以浏览《国家地理杂志》在全球各地拍摄的照片。

在使用图层浏览共享地标的过程中,对于自己感兴趣的重要地标,可以在地标上单击鼠标右键,选择"保存到我的位置"选项,即可以将其添加到"位置"面板中"我的位置"文件夹中。

 经典案例 2 —— 观看全球夜色

使用 Google Earth 5.0 观看全球夜色,可以从灯光的分布中分析城市的大小以及城市带的分布特征。

(1)打开 Google Earth 5.0,在"图层面板"中勾选"图片库"下面的"美国国家航空航天局"下面的"地球城市夜景"选项。同时打开"边界和地名"图层,方便在夜空中分辨位置,如图 4-2-5 所示。

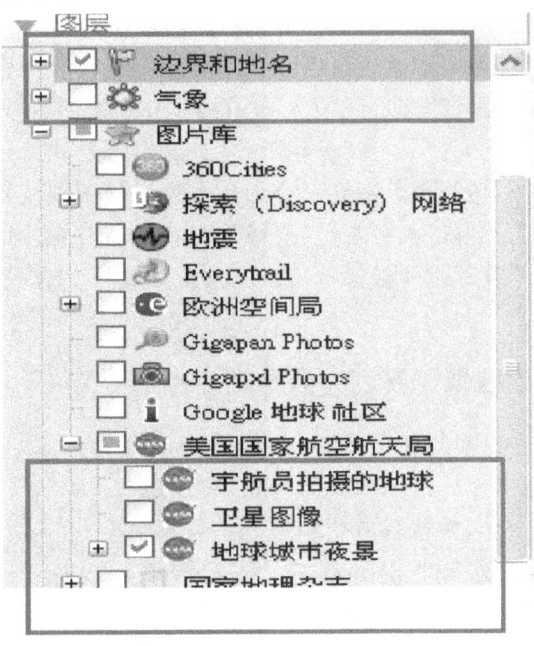

图 4-2-5　全球夜色的图层

(2)此时便可以在 3D 视窗里观看全球夜色了,效果如图 4-2-6 和图 4-2-7 所示。

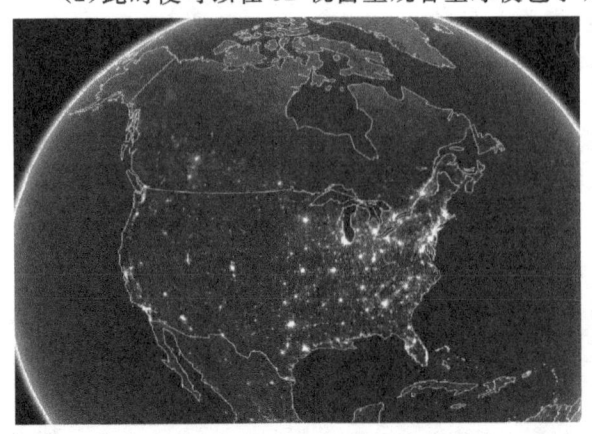 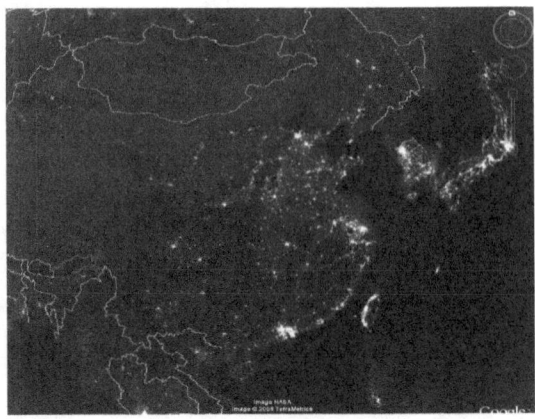

图 4-2-6　全球夜色效果(1)　　　　　　　图 4-2-7　全球夜色效果(2)

经典案例 3——观察全球云层分布

(1)打开 Google Earth 5.0,关闭其他图层,勾选"图层"面板中的"气象"图层下面的"云层"图层,如图 4-2-8 所示。

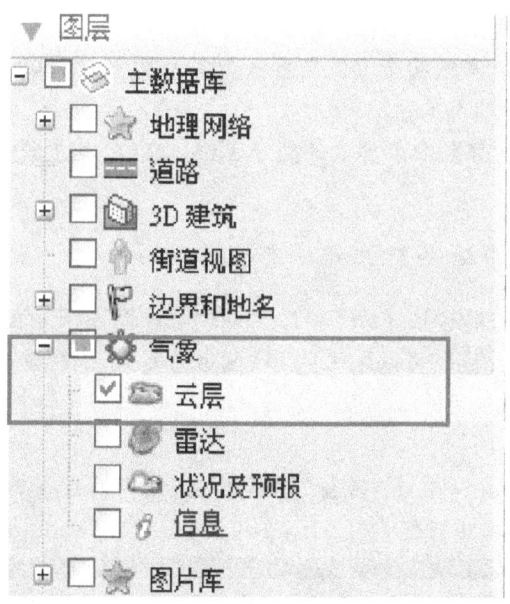

图 4-2-8　图层选项之气象

(2)此时在 3D 视窗中便可以看到全球的云层分布状况,效果如图 4-2-9 和图 4-2-10 所示。

图 4-2-9　全球的云层分布状况效果(1)　　　　图 4-2-10　全球的云层分布状况效果(2)

三、利用网络获取丰富的 KML 文件资源

KML(Keyhole Markup Language)是一种 XML 语法格式的语言,可用于保存诸如点、线、图像、多边形或 3D 模型等特定的地理信息,能被 Google Earth、Google Maps 或微软的 Virtual Earth 打开。用户可以使用 KML 文件与其他使用者一起分享 Google Earth 或 Google Maps 创建的对象;同时用户也可以从 Google Earth 官方社区网站及其他相关网站上找到包含各种有趣功能或地标的 KML 文件。KML 被 Google Earth Viewer 处理并显示的过程与 HTML 网页被浏览器处理的过程差不多,它使用一种基于标签(名称和属性)的语法格式来描述地理标注信息,因此可以把

Google Earth Viewer 当作一个 KML 文件的浏览器。

KML 2.0 版本提供的主要功能如下:(1)使用目录(folders)对标注进行树形结构的分类管理；(2)指定一个地点的图标和标注来区分每一个地点；(3)使用指定到屏幕或地理位置的图片标注；(4)为标注指定基于简单 HTML 语法的描述，支持超级链接和图片的显示；(5)为特定种类的标注定义显示样式；(6)从本地或远程的网络地址动态地加载 KML 文件；(7)当 Google Earth 客户端视图变化时,自动将视图信息发送给指定的源服务器并从服务器获取相关的标注信息；(8)基于时间戳记的标注可以用来进行动态的播放[①]。

许多 Google Earth 网站都提供了丰富的共享 KML 文件,其中许多 KML 文件内容可以很好地辅助地理教学。

经典案例 4——观看海平面上升的直观效果

Google Earth 官方社区网友"Bzoltan"制作了一款可以动态演示的 KML 文件,模拟了地球海平面从 1 米上升到 100 米的情形,可以以一些 3D 城市为背景,观察随着海平面的不断上升有多少土地和楼房被海水淹没的情景。

获取和演示的方法如下:

(1)打开 Google Earth 5.0,点击"位置"面板的"新增内容",如图 4-2-11 所示,输入"sea level"进行搜索,并下载以"Rising Sea Level Animation"命名的 KML 文件。

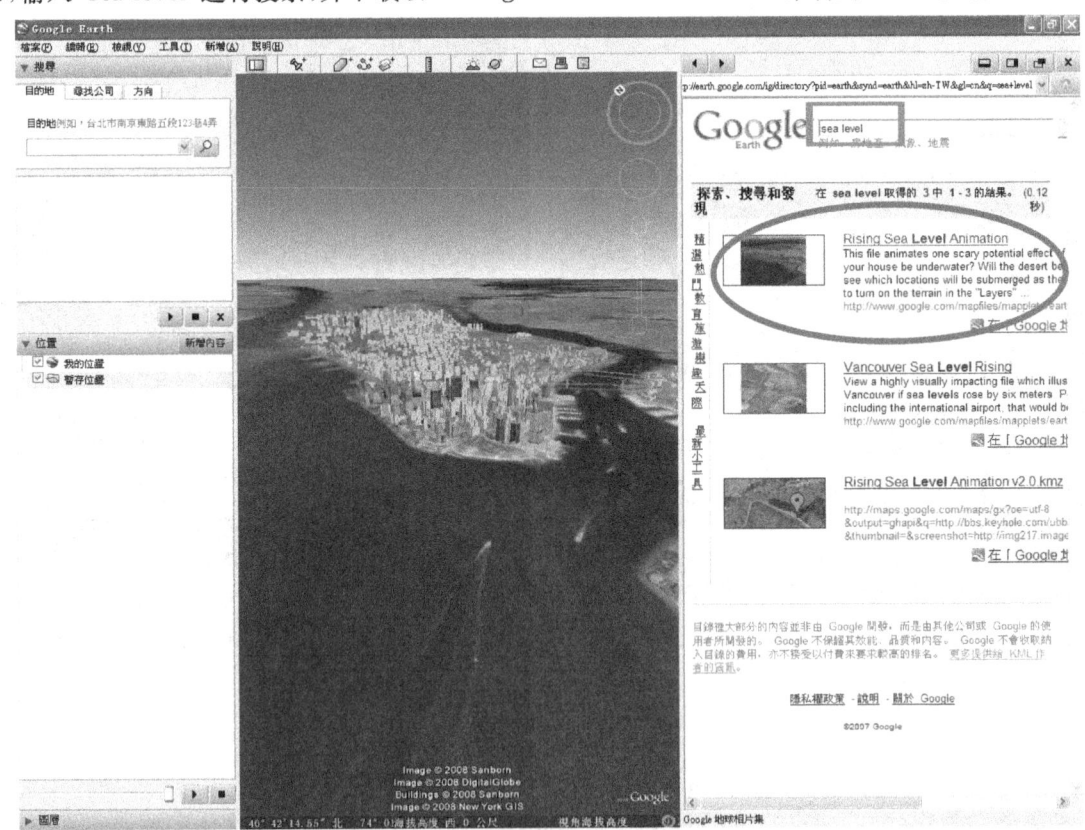

图 4-2-11 搜索 KML 文件

---

① Google Earth 英文官方网站:Google Earth User Guide.

(2)点击"文件"菜单下的"打开",如图 4-2-12 所示,找到下载的 KML 文件并打开。

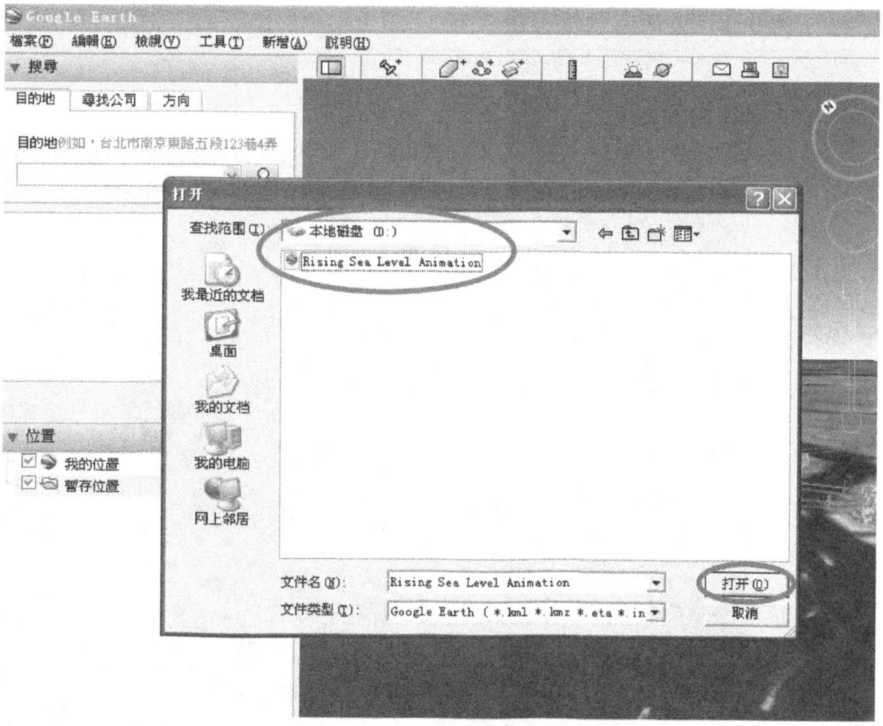

图 4-2-12　打开 KML 文件

(3)在"位置"面板的"暂存位置"文件夹下双击"Rising Sea Level Animation"文件夹下的"New York"地标,并勾选"图层面板"中的"3D 建筑"图层,调节视角显示纽约的三维建筑。勾选此 KML 文件树形结构的"+2m"层,水淹效果如图 4-2-13 所示。

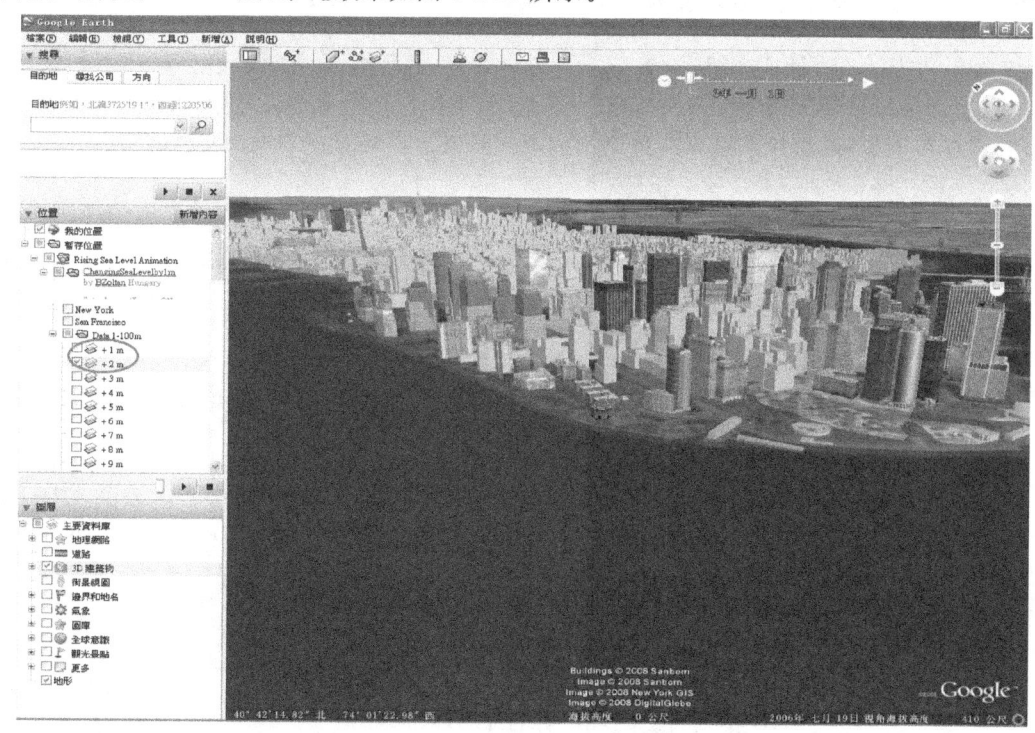

图 4-2-13　海平面上升 2 米的效果

(4)勾选"Date 1-100m"文件夹,把每个深度图层都选中,单击视窗右上方时间轴的播放按钮,如图 4-2-14 所示,即可观看水面上升的动态效果。

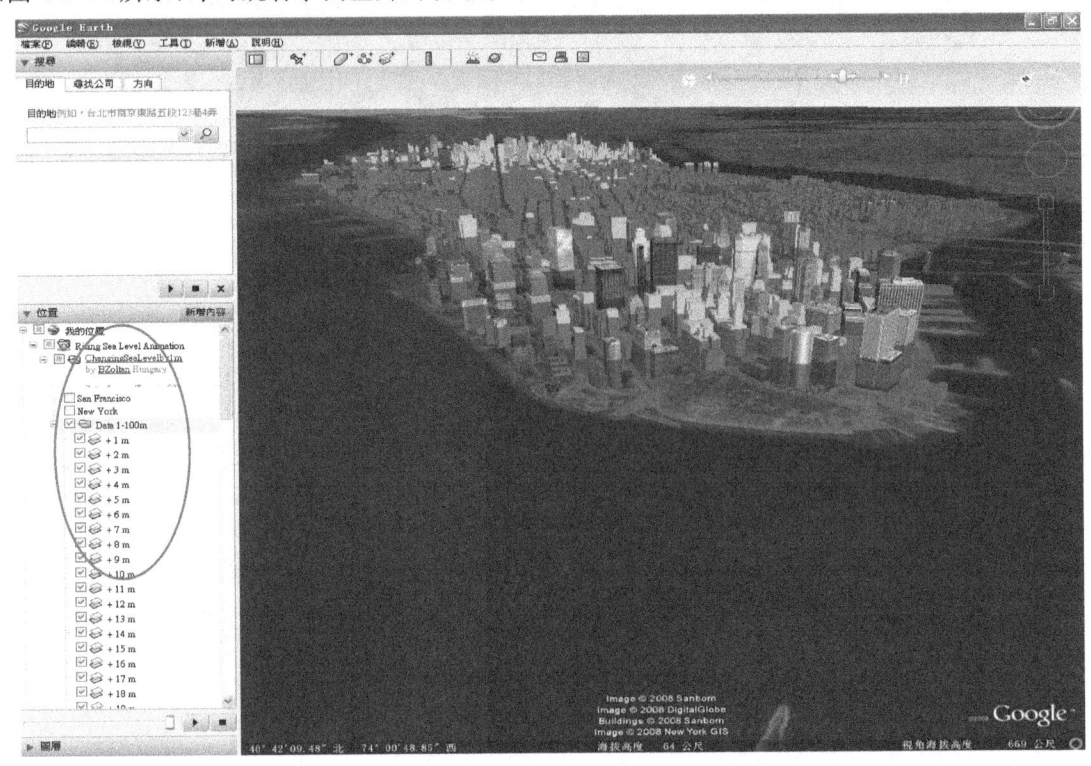

图 4-2-14　演示海平面上升的动态效果

四、利用网络获取丰富的视频资源

Google Earth 5.0 的图层中叠加了丰富的视频资源,其中有很多视频都可以作为辅助地理教学的材料。在电脑联网的情况下,可以在 Google Earth 5.0 中观看这些视频,并把视频地标的 KML 文件保存下来,以后如果需要再浏览这些视频只需点击保存的 KML 文件即可。

 经典案例 5 —— 在 Google Earth 5.0 中浏览 YouTube 网站的视频地标(以杭州西湖为例)

在中国地理中,讲到我国江南地区时,大多会提到杭州西湖,为了让课堂内容更加丰富多彩,教师可以在备课时找到关于杭州西湖风景的视频地标,讲课时向学生展示。具体步骤如下:

(1)打开 Google Earth 5.0,如图 4-2-15 所示勾选"图片库"图层下面的"YouTube"图层。

(2)在 Google Earth 5.0 中找到杭州西湖,所有的视频地标如图 4-2-16 所示,点击一个关于杭州西湖风景的视频地标即可在弹出的说明框中观看视频了。

(3)如图 4-2-17 所示,用鼠标右击西湖风景地标,选择"储存到我的位置",将此地标保存到"位置"面板的"我的位置"文件夹中,这类似于 IE 收藏夹的功能。保存后的效果如图 4-2-18 所示,点击该地标视窗便会"飞"到杭州西湖的上空,同时可以观看该视频。

图 4-2-15　图层设置

第四章　Google Earth 在辅助地理教学中的应用

图 4-2-16　点击视频地标观看视频

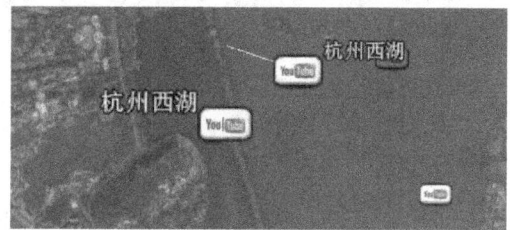

图 4-2-17　保存视频地标

图 4-2-18　保存后的效果

🔖 **实践探索**

1. 利用 Google Earth 5.0 相关功能,观看全球火山地震的分布情况。
2. 在 Google Earth 5.0 中借助 YouTube 网站制作出武汉东湖的视频地标。

第三节　基于 Google Earth 的地理多媒体教学平台的开发

🔍 **学完本节,你将能够:**

☆制作简单的 KML 文件;
☆把多媒体资源集成到 Google Earth 5.0 中;
☆制作基于 Google Earth 5.0 的地理多媒体教学平台。

🔍 **热身练习——制作一个关于中国的地标**

(1)打开 Google Earth 5.0,找到中国,在工具栏中点击"添加地标"图标 ,如图 4-3-1 所示。在"我的位置"文件夹处右击选择新增地标,为地标命名为"中国简介",如图 4-3-2 所示。

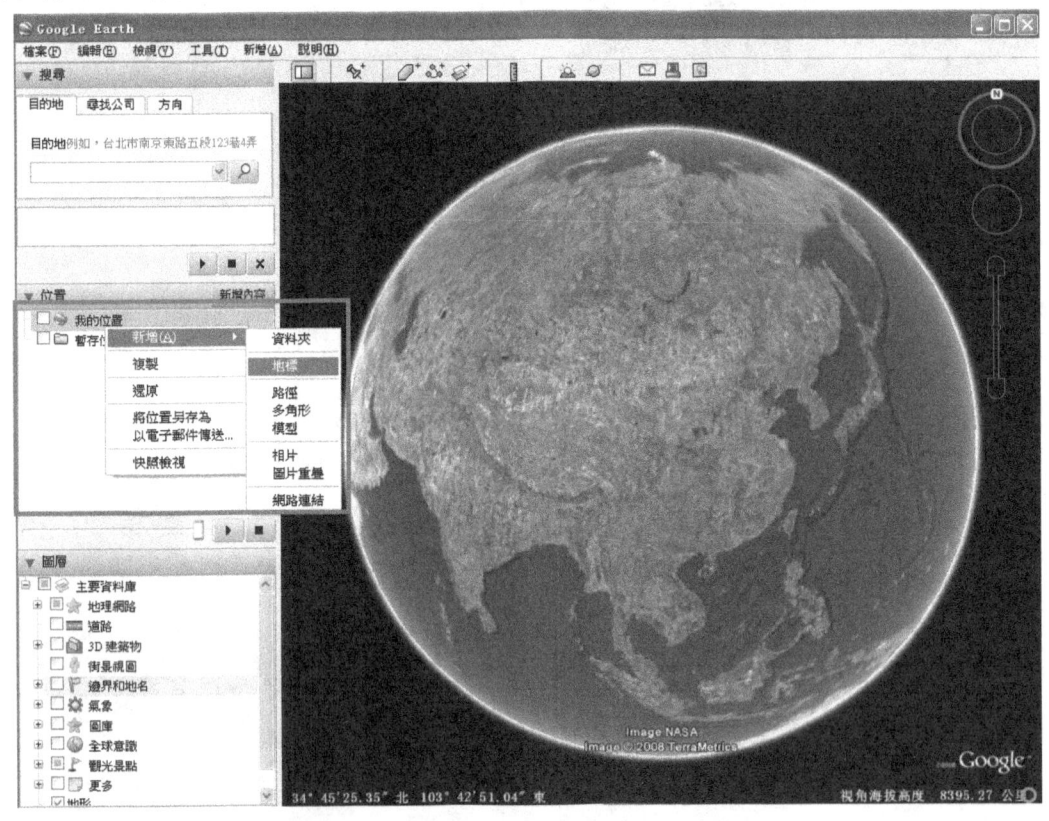

图 4-3-1　新建地标

(2)新建一个 Word 文档,把中国简介的文字和图片输入进去,编辑好以后保存为网页格式(HTML),打开该网页文件,将其保存替代原文件,并在"编码"一栏选择"Unicode(UTF-8)",用记事本打开该网页文件,复制代码到如图 4-3-2 所示的"说明"框中,得到的效果如图 4-3-3 所示。以 KMZ 格式保存该地标,这样一个关于中国的图文并茂的地标就做好了。

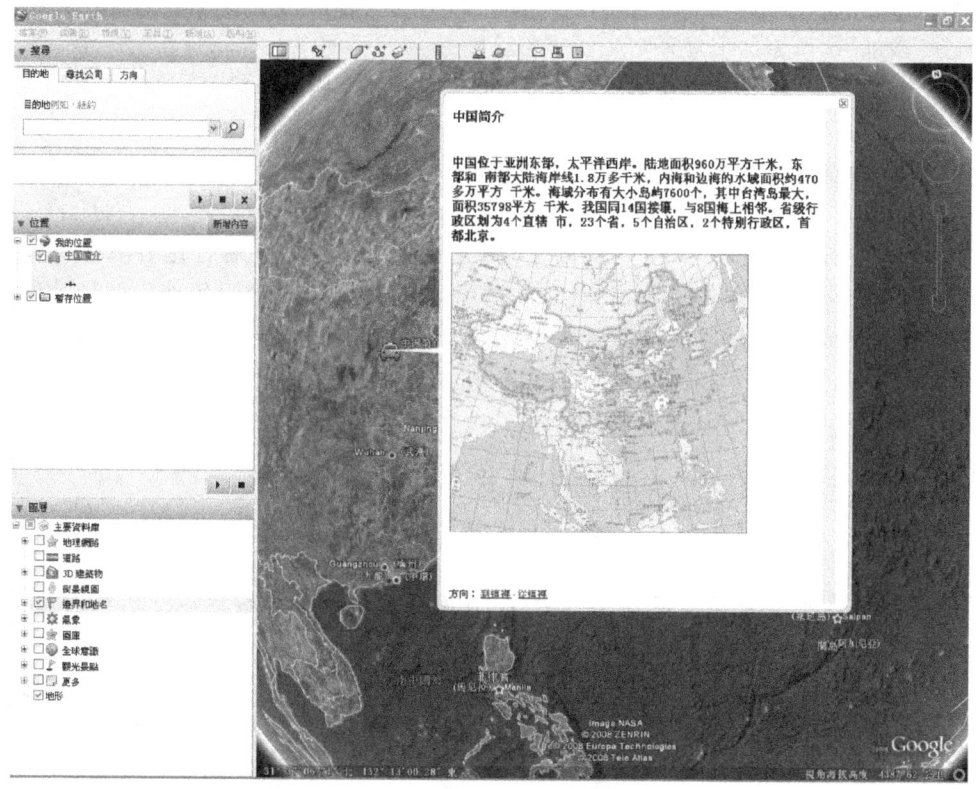

图 4-3-2　为地标命名

图 4-3-3　图文并茂的中国地标

理论天地

Google Earth 5.0 最大的特点是它是基于位置服务(LBS,即 Locating Based Service)的平台,具有显著的地理特色,利于学生建立地理空间概念,培养地理思维。Google Earth 5.0 的所有附加信息都以 KML 文件的格式存储,KMZ 是 KML 的压缩格式。下面将讲述如何在 Google Earth 5.0 软件中创建简单的 KML 文件。

一、在 Google Earth 环境中创建简单的 KML 文件

Google Earth 客户端就是一个很好的创建 KML 文件的工具,在客户端中用户按照自己的要

求组织需要的数据,并可保存成一个独立的文件。客户端能够创建和保存几乎所有的标签,而不需要了解具体的 KML 语言标签及 KML 语法。

用鼠标右键单击"位置"面板中的地标文件夹,"添加"下面的选项,如图 4-3-4 所示。各种地物标记做好后,就可以用 KML 或 KMZ 格式保存单个标记或整个文件夹,一个简单的 KML 文件就这样生成了。下面主要介绍"文件夹"、"地标"、"路径"、"多边形"、"照片"和"图像叠加层"这几个常用地物注记的创建。

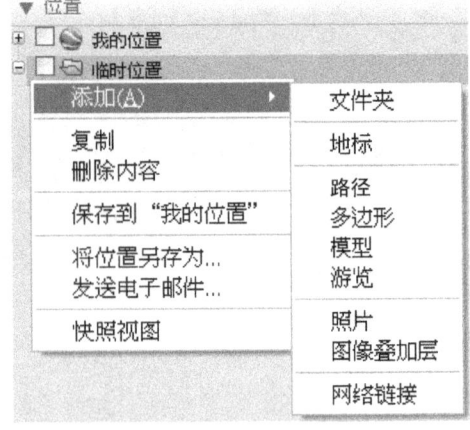

(一)制作文件夹

文件夹在地理多媒体教学平台中能发挥目录的作用,不同类别的地理信息通过多级目录(文件夹)能够有序合理地组织在一起,形成地理多媒体教学平台的内容框架。选择"添加"即可添加文件夹。文件夹属性标签

图 4-3-4 "添加"菜单下的选项

设置与地标的设置大同小异,可以参考地标的属性设置。具体实例可以参考下文的经典案例。

(二)制作地标

地标在地理多媒体教学平台中发挥着重要的作用,所有关于地点的地理信息都是以地标的形式呈现的。

将视图定位到你要标注的地方,并将视图缩放到最合适的大小。标注地标有以下两种方式:(1)选择菜单"添加"→;(2)单击工具栏中"添加地标"图标。然后再设置地标的相关属性,这样一个地标就制作完成了,具体实例可参考热身练习。如果需要修改地标的属性,可用鼠标右键单击该地标文件并点击"属性",在弹出编辑地标对话框中,对地标的各个属性标签进行修改。

说明

地标文件的属性标签

"纬度,经度":设置地标的经纬度,也可以用鼠标拖动地球上的标注框来改变地标的位置。

"名称":地标的名称,该名称将会显示在"位置"面板中。

"说明":地标描述,这部分内容可以用 HTML 语言书写。"说明"框可以容纳很长的文本,足够你写入非常详细的描述内容。点击"位置"面板中对象或 3D 视图中的图标时就会弹出一个气泡弹框显示描述内容,如果描述内容过长,还会自动出现滚动条。"说明"框支持绝大部分 HTML(网页制作语言)标签,如字体、图片和表格等。所以如果你熟悉 HTML,就可以发挥创意,编写一个风格漂亮的描述。如果你对 HTML 语言不是很熟悉,可以用 Word 编辑好图片、文字和表格,另存为 HTML 格式,注意保存的网页文件的编码必须为"Unicode"(UTF-8)。然后用记事本打开该网页文件,把代码复制到地标的说明框中即可。

"样式、色彩":为地标图标选择颜色、大小和透明度。

"视图":设置地标位置,要了解每个参数的作用,请将鼠标移到相应的输入区上面,查看提示。

"海拔高度":在视图里查看地形时,可以将地标图标显示在空中,这个选项就是用来设置显示的高度的。

(三)创建"路径"和"多边形"

"路径"和"多边形"主要用于表现地理多媒体教学平台中与路径和区域分布有关的信息。例如,在讲洋流时可以把洋流作为线元素添加到地球上,并为不同的洋流添加说明,点击"位置"面板中对象或 3D 视图中的洋流图标时就会弹出一个气泡弹框,显示该洋流的说明文字及图片。与此类似,在讲自然地理分区时,可以将每个区域做成一个多边形标记,并添加相应的说明信息。

在 Google Earth 5.0 的 3D 视窗里可以绘制各种形状的曲线和多边形,然后像保存地标一样将绘制的图形保存在"位置"面板里,这两种图形的属性与地标基本相同,曲线创建后还可以"漫游",也可以在创建后像编辑地标一样再进行编辑。

创建曲线或多边形的步骤如下:首先在 3D 视窗中找到你想创建图形的位置,然后选择菜单"添加"→"路径"或者"添加"→"多边形",也可以使用"Ctrl+Shift+T"或"Ctrl+Shift+G"快捷键,或直接点击工具栏里的相应图标。完成此操作后,创建曲线或多边形的对话框便会出现,同时鼠标指针会变成一个白色的十字方框,这时可拖动鼠标在地球上画出你想要的图形,完成后,在编辑框中填入适当的属性。

(四)添加"照片"和"图像叠加层"

在 Google Earth 5.0 里,添加"照片"和"图像叠加层"是地理多媒体教学平台利用外部图像资源的两种方式。

添加"图像叠加层"的具体方法是:使用自定义的图像或 Google SketchUp 3D 模型来覆盖地球视图,自定义图像往往可提供一些额外的信息。添加"照片"和添加"图像叠加层"有相似之处,二者最大区别是图像叠加层添加后需要经过投影变形覆盖在地球表面。

添加"图像叠加层"的操作如下:首先在 3D 视图上找到想要创建图像叠加层的位置,并且缩放至适当的高度。选择菜单"添加"→"图像叠加层",或者使用"Ctrl+Shift+O"快捷键,Google Earth 5.0 会弹出"图像叠加层"的编辑框。其中"说明"、"名称"、"视图"和"海拔高度"标签与地标的类似,它的几个新标签如下:

"链接":图像叠加层图片的存储路径或 URL,如果地址填写正确,所选的图片会立刻显示在视图上。

"透明度":设置图片透明度,拖动该标签下面的滑杆即可,视图中的图片透明度会实时地作出响应。

"刷新":设置图像叠加层的刷新类型和频率。

"位置":设置图像叠加层位置[①]。

添加"照片"与添加"图像叠加层"的操作类似,选择"添加"→"照片"即可,它的属性标签与图像叠加层相比,没有"海拔高度"、"刷新"和"位置"标签,但有一个独特的"照片"标签。"照片"标签包括如下设置:

"照相机的位置":设定默认的观察点。

"方位":照片相对于正北的方向。

"倾斜":相对于地表的倾斜度。

"滚动":用这个旋转照片的绝对定位。

"视野":设置照片显示时的尺寸比例,如果勾选"保持高宽比"选项,则保持照片原始尺寸[②]。

[①] Google Earth 英文官方网站:Google Earth User Guide. http://earth.google.com/intl/en/userguide/v4/,2008-04-27

[②] Google Earth 英文官方网站:Google Earth User Guide. http://earth.google.com/intl/en/userguide/v4/,2008-04-27

二、多媒体资源的集成

制作一个关于某个主题的基于 Google Earth 5.0 的地理多媒体教学平台,实际上就是开发一个关于这个主题的大型 KML 文件,即把各种地理多媒体资源合理有序地组织在一起,并通过 Google Earth 5.0 基于空间位置的 3D 的显示界面展示出来。地理多媒体资源主要包括文字、图片、表格、视频、音频以及 Flash 动画等,这些多媒体资源的导入及组织结构如图 4-3-5 所示①。

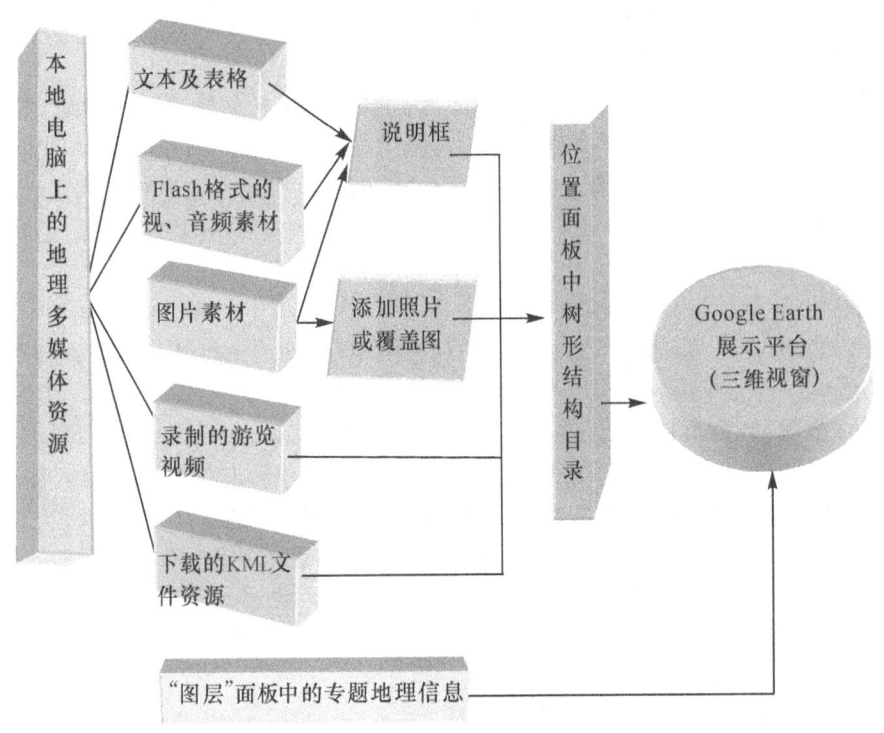

图 4-3-5　多媒体资源的组织结构图

(一)文本及表格信息的导入

Google Earth 5.0 标记的"说明"框支持绝大部分的 HTML 语言,如字体、图片和表格等。因此,可以把文字及表格信息转化成 HTML 代码放在标记的"说明"(Description)框中。获取 HTML 代码的方法主要有三种:(1)比较熟悉 HTML 语言的使用者可以直接在"说明"框中编写简单的 HTML 代码;(2)在 Word 中编辑好文字和表格,另存为 HTML 格式的文件,然后用记事本打开该文件,把代码复制到"说明"框中;(3)用 Dreamweaver 或 Frontpage 等软件编辑好文字表格,然后把 HTML 代码复制到"说明"框中。

(二)图像信息的导入

图像信息根据用途的不同可以选用不同的导入方法。用于浏览的高清照片,可以用添加"照片"标记导入,而对于需要通过投影变形贴在地球上的图像信息可以用添加"图像叠加层"导入。此外,对于说明地物性质的文字信息,我们可以选择把它放在各种标记的"说明"框中。

前两种方法前面已经描述过,用第三种方法浏览图像信息又可以分为嵌入式和超级链接两种。嵌入式的导入图像使用〈IMG〉语句。〈IMG〉最重要的属性是 src,用于指向图像的 URL,可以

---

① 张雪松、张继峰:《基于 Google Earth 的地理多媒体平台的设计与实现》,《中国教育信息化》2009 年第 4 期,第 79～82 页。

指向本地电脑上的图像文件,也可以指向远程服务器上的图像文件。例如⟨img src="D:\files/图1.jpg"/⟩嵌入的是本地电脑 d 盘 files 文件夹下的一张图片,而⟨img src="http://www.example.com/图 1.jpg"/⟩嵌入的是网上的一张图片[①]。嵌入的图片会在"说明"框中自动显示,而用链接的方式则不会,其只是打开一个链接。用超级链接浏览图像文件需要使用"⟨a⟩…⟨/a⟩"语句,其中用 href 属性指向图像文件的 URL,可以链接本地电脑或远程服务器上的图像文件。例如⟨a href="D:\files/图 1.jpg"⟩图 1⟨/a⟩语言表示链接本地电脑上的一张图片。

(三)视频、音频及 Flash 素材的集成

由于 KML 语言的"说明"标签只支持部分的 HTML 语言,我们不能把视频、音频素材像嵌入网页那样嵌入 Google Earth 5.0 的标注说明,只能通过超级链接的方式链接本地电脑或网上的视频、音频素材,实现对它们的调用。例如,我们在讲解一个重要火山时,点击该火山的地标可以看到该火山的静态影像,此时如果需要向学生展示火山喷发的视频,可以事先把该火山的视频放在跟该火山地标相同的路径下,然后在该地标的"说明"框中加入语句"⟨A href="火山.avi"⟩看火山喷发视频⟨/A⟩"即可。

Google Earth 5.0 支持 Mac 下的 Flash,可以把 Flash 格式的动画或视频嵌入 Google Earth 5.0 的标注说明中。嵌入主要通过使用 HTML 语言的"embed"标签方法实现,例如⟨embed src="http://www.example.com/中国拼图游戏.swf"⟩⟨/embed⟩,效果如图 4-3-6 所示。

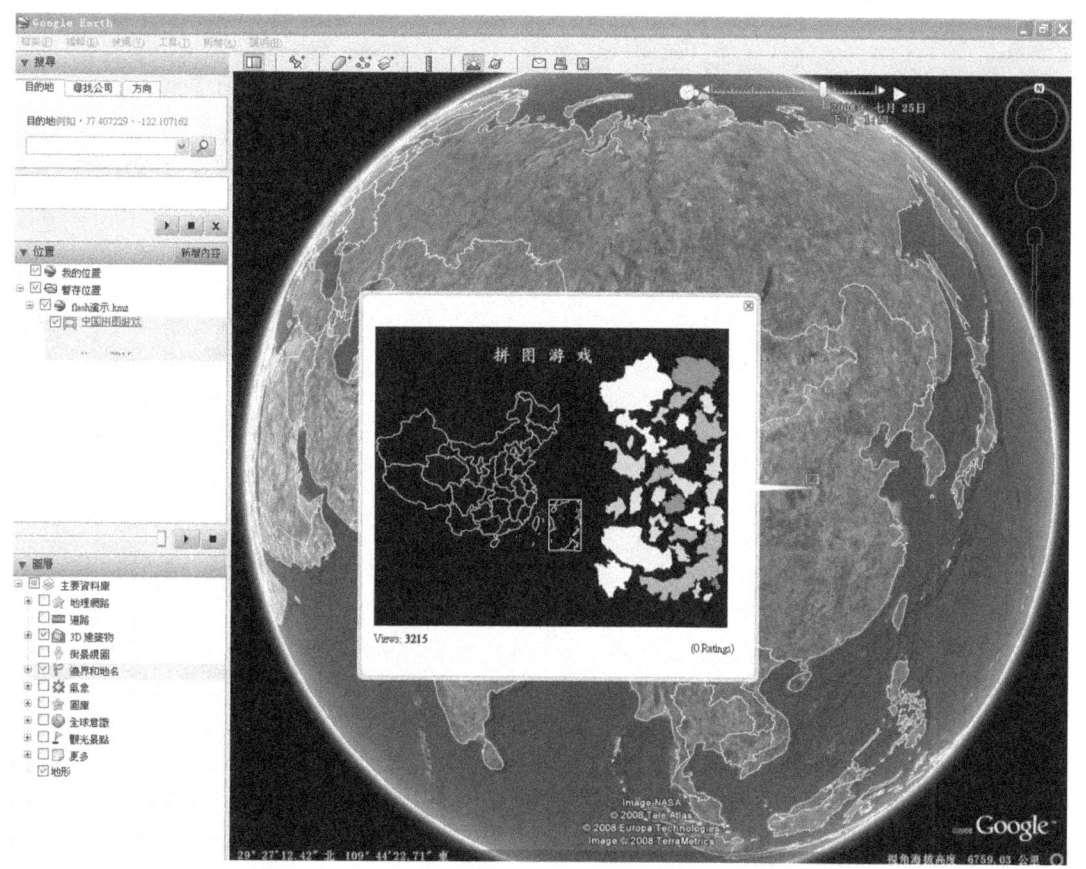

图 4-3-6 中国地图拼图游戏

---

① www.example.com 为虚构的网址,具体应用时,应添入真实网址。

经典案例 6——美国

本例以制作人民教育出版社初中《地理》中"美国"这一节的基于 Google Earth 5.0 的多媒体教学平台为例,探讨如何把 Google Earth 5.0 作为地理教学的多媒体平台①。

1. 制作目录

将本节的内容进行分类,创建不同等级和类别的文件夹,将同一类别的内容放在同一个文件夹中,建立本节知识的框架结构,即目录,效果如图 4-3-7 所示。

2. 创建地标

教学平台中的重要位置信息以地标的形式表现,例如本节目录中的"著名的城市"、"著名自然景观"及"著名人文景观"几个文件夹,如图 4-3-8 所示,其中的重要地点都是以地标呈现。实际教学中,直接在目录中双击某个地标,虚拟地球就会"飞"到该地的上空,并弹出描述框,显示相应的描述。

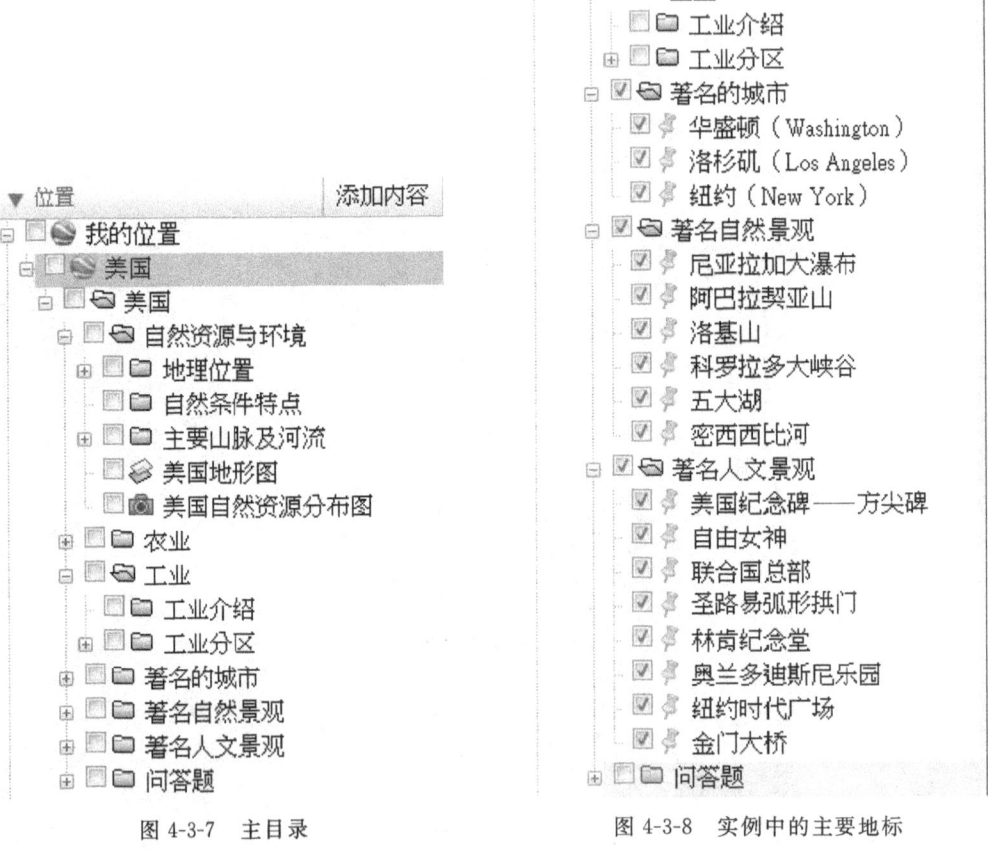

图 4-3-7　主目录　　　　　　　　图 4-3-8　实例中的主要地标

3. 创建"路径"和"多边形"

本实例中美国的主要山脉及河流用创建的"路径"标记表现,效果如图 4-3-9 所示。可以缩放地球观察山脉河流的整体走势和具体细节,还可以对这些山脉及河流加上文字描述。实例中美国的工业和农业的分区用创建"多边形"标记表现,也可以相应地加上文字描述,效果如图 4-3-10 所示。

---

① 张雪松、张继峰:《基于 Google Earth 的地理多媒体平台的设计与实现》,《中国教育信息化》2009 年第 4 期,第 79~82 页。

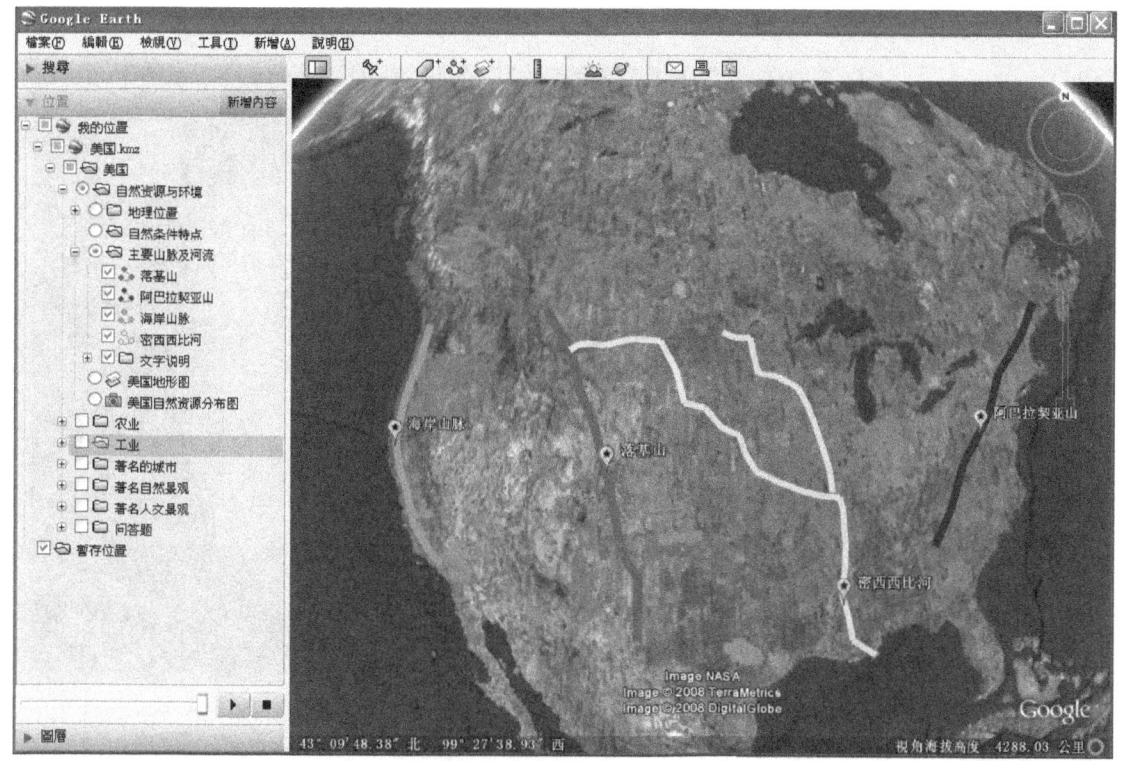

图 4-3-9　实例中的路径标记

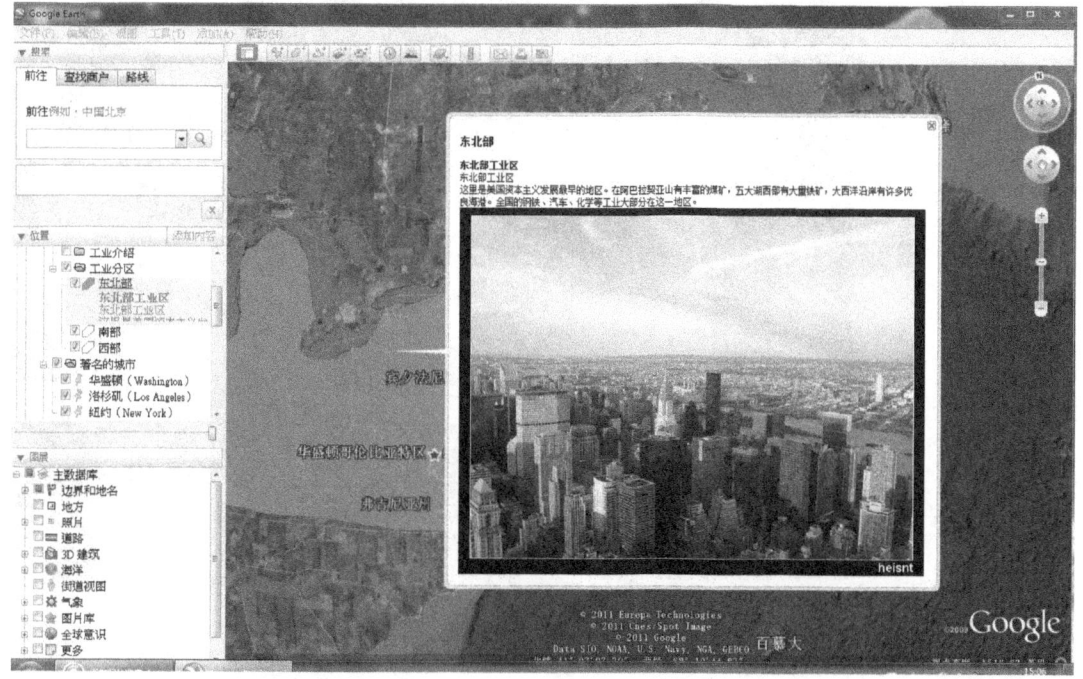

图 4-3-10　实例中的多边形标记

4. 添加"照片"和"图像叠加层"

本实例中美国的自然资源分布图和地形图分布分别用添加"照片"和"图像叠加层"的方法导入 Google Earth 5.0 中,可以用 Google Earth 5.0 的浏览工具对这些图像信息进行浏览,添加后的效果如图 4-3-11 及图 4-3-12 所示。

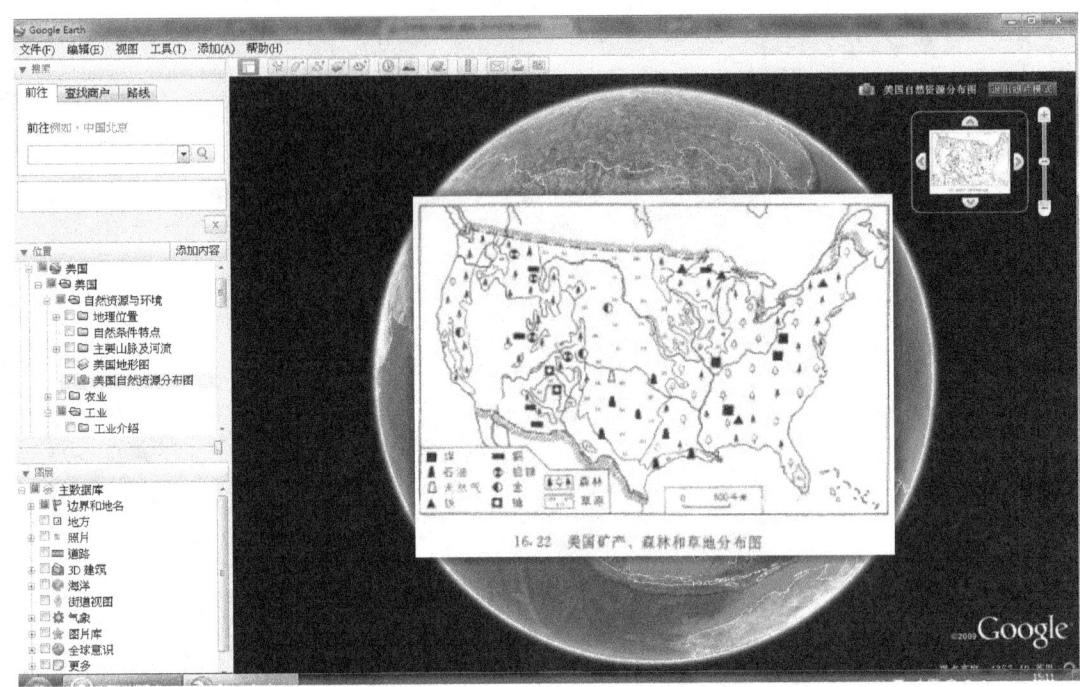

图 4-3-11　实例中用"添加照片"添加的图像

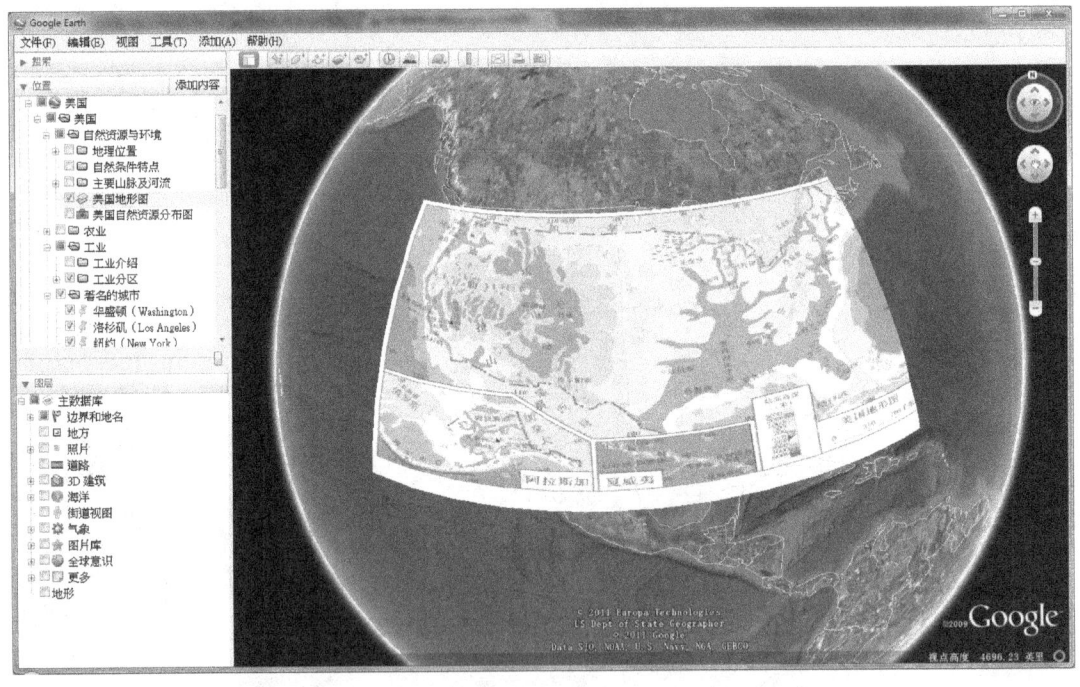

图 4-3-12　实例中用"添加覆盖图"添加的图像

5.添加 Flash 格式视频资源

首先从网上获取一个关于美国现代农业的视频,用"格式转换工具"转化为".swf"格式放在本地电脑的 D 盘中。如图 4-3-13 所示,新建一个地标,命名为"美国现代农业"并在"说明"框中输入嵌入视频的代码。单击确定按钮完成设置,点击地标,看到的效果如图 4-3-14 所示,单击视频的播放按钮即可观看此视频。

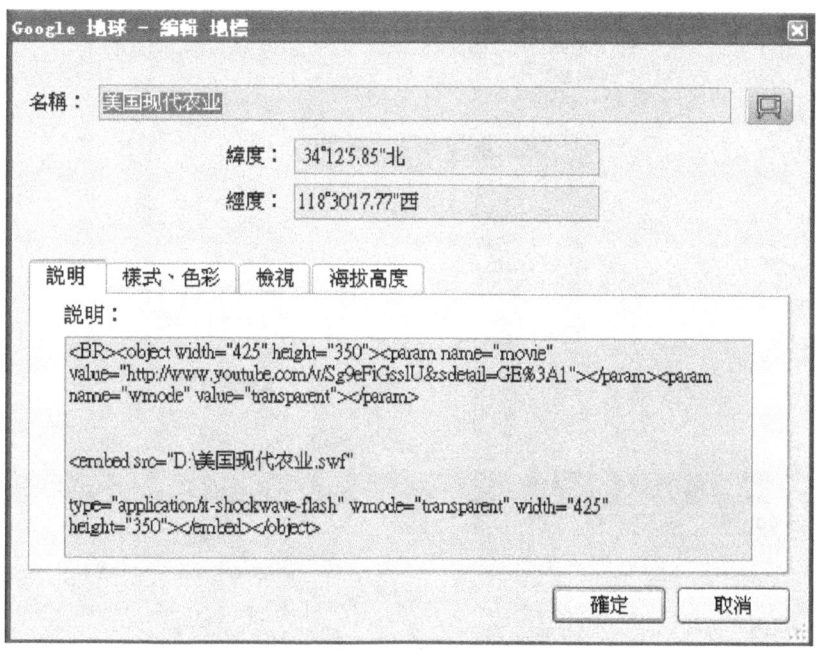

图 4-3-13　创建视频地标

图 4-3-14　观看美国现代农业视频

6. 添加"录制游览"视频

　　Google Earth 5.0 首次提供了便捷的"录制游览"工具,详见第一节的基本功能介绍。本实例中利用该工具制作了一个配有解说的美国概况介绍的视频,如图 4-3-15 所示。右键单击"美国"文件夹,选择添加"录制游览"或者直接点击工具栏中的"录制游览"工具。录制结束后保存结果,单击播放按钮即可观看录制效果,如图 4-3-16 所示。

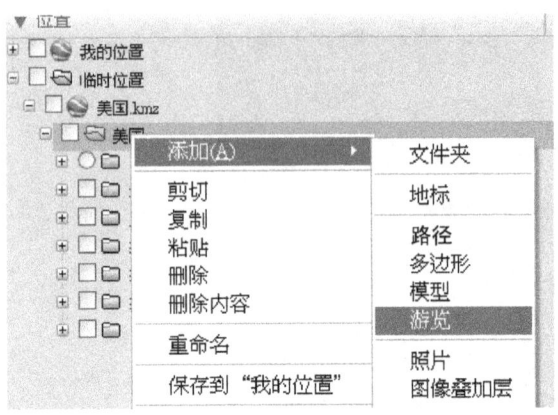

图 4-3-15　添加"游览"

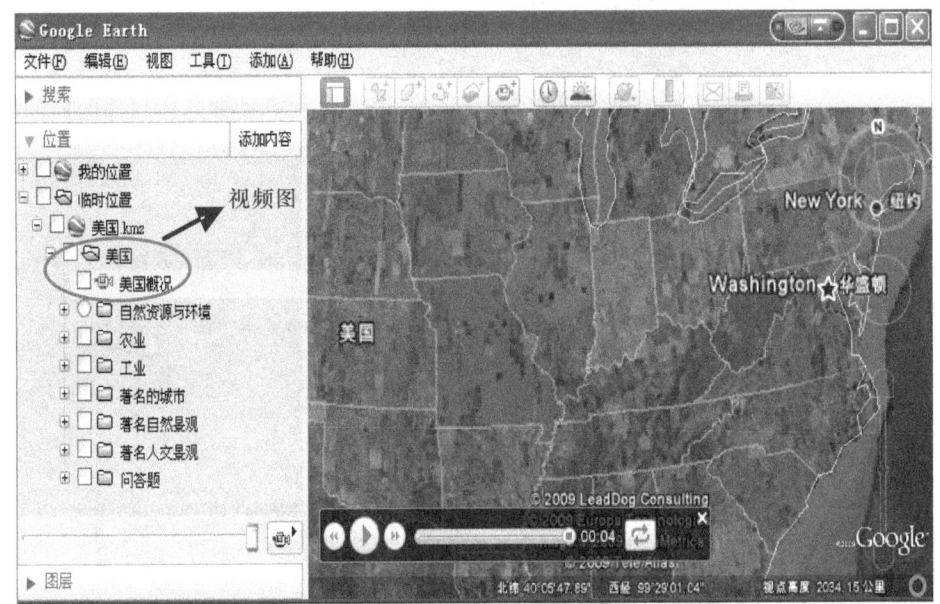

图 4-3-16　观看录制效果

实践探索

1. 尝试用三种不同的方法浏览地图,并用两种不同的方法获取一张美国政区图。
2. 使用"图层"面板观看全球的火山分布状况。
3. 利用 Google Earth 相关网站获取一个与地理知识相关的 KML 文件。
4. 利用 Google Earth 获取一个关于北京的视频。

第五章 Stellarium(虚拟星象仪)在辅助地理教学中的应用

本章导读:

　　Stellarium 是一款虚拟星象仪的计算机软件。由于其高质量的画质,故提供的星象信息既能为地理教学提供丰富的教学素材,也可以用作讲授星空知识的教具,同时 Stellarium 本身还可以作为地理多媒体的展示平台,这是对地理教学手段的一种创新。本章内容安排如下:第一节介绍 Stellarium 的基础知识;第二节重点介绍 Stellarium 在地理教学中的基本功能;第三节具体介绍如何使用 Stellarium 辅助地理教学。

第一节 Stellarium 的基础知识

学完本节,你将能够:

☆掌握 Stellarium 的安装方法;
☆熟悉 Stellarium 的基本界面;
☆会运用 Stellarium 的相关设置。

　　通过上一章 Google Earth 5.0 软件的学习,我们了解到 Google Earth 5.0 虽然也具有虚拟星空的功能,但在时空转换、使用的便捷性以及画质等方面不如专门的虚拟星空软件。为此,本章引入了 Stellarium(虚拟星象仪)这款软件,这款软件是专门模拟星空世界的软件,它可以将星座和各种天文现象很好地再现出来,是学习星空知识很好的工具。

　　Stellarium 是一款免费开源的 GPL(自由软件基金会 GNU 通用公共许可证)软件,它使用 OpenGL 技术对星空进行实时渲染。该软件可以真实地表现通过肉眼、双筒望远镜和小型天文望远镜所看到的天空,还被应用于天象馆中。Stellarium 的开发速度很快,目前最新的软件版本是 Stellarium0.10.6.1。

理论天地

一、Stellarium 的安装

(一)系统需求

操作系统需要 Linux/Unix、Windows95/98/2000/NT/XP/7000、Mac OS X10.3 或更高。支持 OpenGL 的 3D 显示卡。要显示流畅动画,建议使用 Voodoo3 或 TNT2 以上显卡。

(二)下载

进入 Stellarium 的官方网站 http://www.stellarium.org/或者在"百度"上搜索均可以找到下

载的网站。下载 Stellarium 软件之后,就可以开始安装了。

(三)安装和运行

Windows 下的安装和运行:双击下载的 exe 文件安装包(如 stellarium-0.10.6.1.exe),并按照程序的提示安装。安装程序会在"开始"菜单的"程序"中生成 Stellarium 程序目录,选择 Stellarium 项即可运行它。

Mac OS X 下的安装和运行:(1)首先在 finder 中找到安装文(stellarium-0.10.6.1.dmg)并双击它,或者用 disk copy 程序打开它;(2)先浏览 readme 文件以了解注意事项,然后将 Stellarium 拖到 Applications(或其他你指定的)文件夹。双击文件夹中的 Stellarium 即可运行它。

Linux 下的安装和运行:检查下载的发布文件中是否已经有 Stellarium 安装包,如果有,那么就使用这个包;如果没有,那么需要下载并编译源代码。编译和设置可以使用 automake 和 autoconf 完成,具体方法可以参考 wiki 的相关指南。

(四)语言设置

由于看本书的多为中文使用者,因此在软件运行后,可以在不太了解软件操作的情况下先直接按 F2 键将语言设置为中文。具体的语言设置方法将在后面的设置操作中讲解。

温馨提示

你的电脑系统若达不到系统要求,Stellarium 软件将无法打开。

二、Stellarium 的界面介绍

目前,Stellarium 的版本众多,本章主要介绍 Stellarium0.10.6.1 的界面和主要功能。

(一)Stellarium0.10.6.1 界面简介

当 Stellarium0.10.6.1 开始运行,你会看到以下的界面:

图 5-1-1　Stellarium0.10.6.1 的主界面

但是注意,这个界面的图像不是唯一的,当时间、观测点以及地景的设置变化后,图像也会跟着变化。

将鼠标移向屏幕最左侧下方,出现工具条,你将看到以下界面:

图 5-1-2　Stellarium0.10.6.1 的主界面介绍(1)

(1)所在地点。点击这个图标能够设置用户所希望的观测点的所在位置。
(2)日期/时间。点击这个图标能够设置用户所希望观测的时间。
(3)星空及显示。点击这个图标能够设置天空、标示、地景、星空术语。
(4)搜索。点击这个图标可以让用户找到想找的任意天体。
(5)设定。点击这个图标能够使用户设定画面、导航、工具、脚本、插件的功能。
(6)说明。点击这个图标能够看到软件介绍以及一些快捷键的使用对照表。

将鼠标移向屏幕最下方,出现工具条,你将看到以下界面:

图 5-1-3　Stellarium0.10.6.1 的主界面介绍(2)

(7)星座连线。点亮这个图标能够将一个星座上的星连成线。

(8)星座标示。点亮这个图标能够显示星座的名称。

(9)星座图绘。点亮这个图标能够显示星座的实物图。

(10)赤道坐标网格。点亮这个图标能够显示赤道坐标网格。

(11)地平坐标。点亮这个图标能够显示地平坐标网格。

(12)地面。点亮这个图标能够显示地面。

(13)基点。点亮这个图标能够显示方向(东南西北)。

(14)大气层。点亮这个图标能够显示大气层。

(15)星云。点亮这个图标能够显示星云。

(16)行星标签。点亮这个图标能够显示行星的名称。

(17)赤道仪/水平仪切换。点亮这个图标能够在赤道仪与水平仪之间切换。

(18)将已选物体置中(太空)。点亮这个图标后在太空中选中目标就能将此目标置于我们眼睛能够看到的太空中心。

(19)夜间模式。点亮这个图标能够显示夜间观测效果。

(20)全屏模式。点亮这个图标能够在全屏和非全屏之间切换。

(21)目镜视图。点亮这个图标后用鼠标选中目标就能够看到目标的放大图。

(22)人造卫星标记。点亮这个图标能够显示人造卫星。

(23)减慢时间速度。点亮这个图标能够减慢时间流逝,点击次数越多速度越慢。

(24)正常时间速度。点亮这个图标能够马上恢复正常速度。

(25)跳至当前时刻。点亮这个图标能够让时间马上恢复到系统的当前时刻。

(26)加快时间流逝。点亮这个图标能够加快时间流逝,点击次数越多速度越快。

(27)退出。点亮这个图标能够退出软件的使用。

(二)快捷键操作

表 5-1-1　快捷键列表[①]

日期及时间：		移动和选择：	
-	减少 1 太阳日	/	放大已选的物体
7	将时间流速设定为零	T	追随物体
8	跳至当前时刻	\	缩小
=	增加 1 太阳日	鼠标左键+空格	将已选物体置中
J	减慢时间速度	Ctrl+G	将选择的行星设为预设位置
K	正常时间速度	按鼠标左键	选取物体
L	加快时间流逝	按鼠标右键	消除选取
[	减少 1 太阳周	上翻页/下翻页键	放大/缩小
]	增加 1 太阳周	Ctrl+Up/Down 键	放大/缩小
Alt+-	减少 1 恒星日	方向键及鼠标左键拖曳	移动画面
Alt+=	增加 1 恒星日		
Alt+[	减少 1 恒星周	外接程序的按键设置：	
Alt+]	增加 1 恒星周	Alt+O	目镜设置窗口

---

① http://www.stellarium.org/wiki/index.php/,引用时作了适当修改。

续表

Ctrl+−	减少1太阳时	Alt+Z		人造卫星设置窗口
Ctrl+=	增加1太阳时	Ctrl+B		圈出观测范围
Shift+J	减慢时间流逝	Ctrl+O		目镜视图
Shift+L	加快时间流逝(小幅度)	Ctrl+Z		人造卫星标记
		Shift+Z		人造卫星标签
显示选项:				
.	赤道	当脚本执行时:		
;	子午线	J		减慢脚本执行速度
A	大气层	K		恢复正常脚本执行速度
B	星座边界	L		加快脚本执行速度
C	星座连线			
,	黄道	窗口:		
E	赤道坐标网格	F1		说明
F	雾	F2		设定
G	地面	F3, Ctrl+F		搜索
N	星云	F4		星空及显示
O	行星轨道	F5		日期/时间
P	行星标签	F6		所在地点
Q	基点	F12		脚本控制台窗口
R	星座图绘			
S	恒星	其他:		
V	星座标示	Ctrl+M		赤道仪/水平仪切换
Z	地平坐标	Ctrl+Q		退出
F11	全屏模式	Ctrl+S		储存画面快照
Shift+T	行星轨迹	Ctrl+T		显示/隐藏工具栏
Ctrl+Shift+H	水平翻转			
Ctrl+Shift+V	垂直翻转	Debug(调试):		
		Ctrl+R		Reload style

三、Stellarium 的相关设置

Stellarium 的相关设置主要通过主界面左侧的主工具条来完成。当把鼠标移至主界面的最左侧,则会显示出主工具条,若想保持主工具条一直可见,则可单击其左下角的小三角形,使之变成小正方形。下面主要介绍以下六个方面的设置。

(一)语言的设置

Stellarium 支持多种语言,安装成功后首次运行,一般默认为英语。如果想更改语言可通过如下操作完成:单击主界面左侧主工具条上"设置窗口"菜单项,即第五个图标,或者打开主界面后

直接按快捷键"F2"弹出"设置窗口(Configuration window)",设置窗口的上方有 5 个标签用来进行不同的设置,语言设置在"主设定画面"标签里,如图 5-1-4 所示。单击"主设定画面"窗口中"程序界面语言"下拉按钮,选择你想更改的语言,如选择"中文、汉语、漢語(China)"。

图 5-1-4　语言的设置

(二)观测点的设置

抬头所见的星空与观测者所处的位置紧密相关,打开 Stellarium 的主界面后看到的是默认地点的星空,若想以其他位置为观测点,则需重新设置。设置方式主要有两种,具体操作如下:

方式一:通过"地点设置窗口"设置。

单击左侧主工具条"所在地点"菜单项,即第一个图标 ![icon],或者打开主界面后直接按快捷键"F6"弹出"所在地点窗口(Location window)",如图 5-1-5 所示。

图 5-1-5　所在地点的设置

在该窗口中,如果只想设置大致的位置,则只需在左上角的地图上点击你所要选择的位置。这种方式虽然便捷,但并不很精确。如果要设置具体的城市作为观察点,可在城市列表中搜索。例如在右上方城市列表下的搜索栏中输入"china",再从列表中找到"wuhanchina"并单击"选择"即可。如果要设置更准确的地点,则需要在左下角的"目前位置资讯"中输入该地点的经纬度、海拔高度、地点/城市名称,国家/地区名称以及所在的行星。观察点设置好后,勾选"设成预设值"选项,则下次启动软件时自动以此为观察点。

方式二：通过"星空及显示窗口"中的"地景"标签设置。

在"地景"标签的窗口中，通过勾选"使用与此地景关联的位置与行星"可以设定新的观测点，此时观测点的位置与地景的位置一致。但是由于地景数量有限，所以该种设置可选的观测点设置也很有限。具体界面见后面"地景的设置"。

（三）日期与时间的设置

星空的观测不仅与观测地点有关，也与观测时间紧密相关。日期与时间的设置同样有两种方式可以实现，具体操作如下：

方式一：通过"日期/时间窗口"设置。

单击左侧主工具条"日期/时间"菜单项，即第二个图标 ⊙ ，或者打开 Stellarium 的主界面后直接按快捷键"F6"弹出"日期/时间窗口（date/time window）"，如图 5-1-6 所示，然后设置成预想的时间。

图 5-1-6 日期与时间的设置（1）

方式二：通过"设置窗口"设置。

打开"设置窗口"后，单击上面的第二个标签 ，出现如图 5-1-7 所示的界面。

在窗口中间的"启动时的日期及时间"模块中进行设置，勾选 ⊙ 系统日期及时间 ，则观测时间与 Stellarium 默认的系统时间一致，如果想用别的时间，就勾选"其他" ⊙ 其他 1999/12/1 18:00:00 使用现在的设定 ，设置成自己想要的时间，然后单击"使用现在的设定"按钮。

（四）地景图片的设置

Stellarium 含有几套地面景观图，被称为地景，即大地景观。通过"星空及显示窗口"中的"地景"标签可以进行更改。具体操作如下：

单击左侧主工具条"星空及显示"菜单项，即第三个图标 ，或者打开 Stellarium 的主界面后直接按快捷键"F4"弹出"星空及显示窗口（sky and viewing window）"，如图 5-1-8 所示。

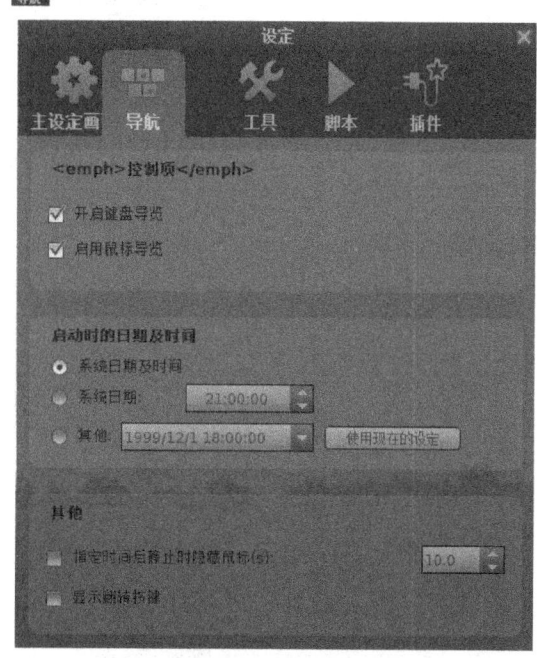

图 5-1-7 日期和时间的设置（2）

然后单击窗口上面的"地景"标签，出现如图 5-1-9 所示的窗口。

"地景"窗口的左侧是可供选择的地景列表，点击其中的一个，在右侧上半部分就会显示出该地景的信息，包括地景的作者、地景所在的位置以及所在的星球。在右侧的下半部分有一些选项，如果勾选第三项 使用与此地景关联的位置与行星 ，那么在更换地景之后，观测点也同时变更。如果选择的地景是其他行星上的，观测点也会转移到那个行星上。

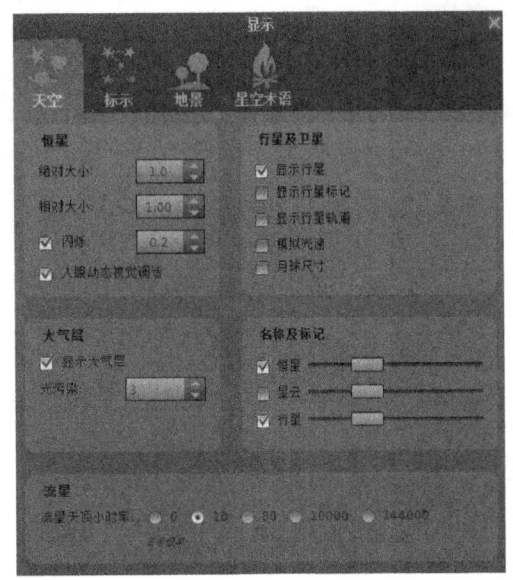
图 5-1-8　星空及显示窗口

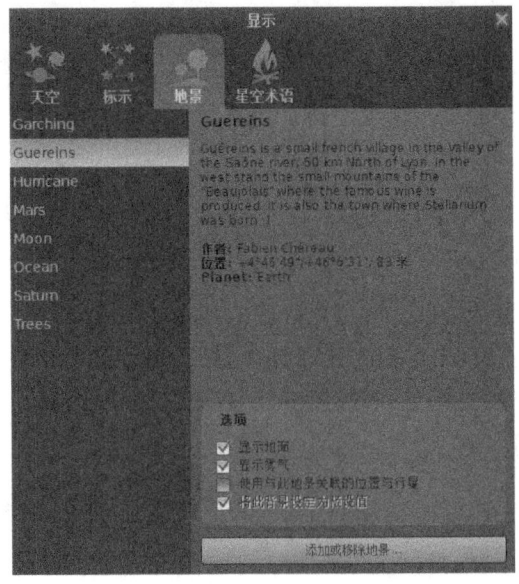
图 5-1-9　星空及显示窗口——地景标签

(五)图像模式的设置

图像模式主要包括投影、视野、屏幕分辨率以及各种显示等。下面主要介绍投影和视野以及各种显示的设置。

1.投影

设置投影就是选择 Stellarium 绘制天空的方式。具体操作如下：

打开"星空及显示"窗口后，单击窗口上面的第二个标签"标示"，如图 5-1-10 所示。

窗口的下半部分即投影方式的选择，点击左侧投影列表中的其中一种，右侧即可显示该投影方式的说明。

2.视野

打开"设定"窗口后，单击"工具"标签。在"工具"窗口中勾选"圆形视角"选项，如图 5-1-11 所示。

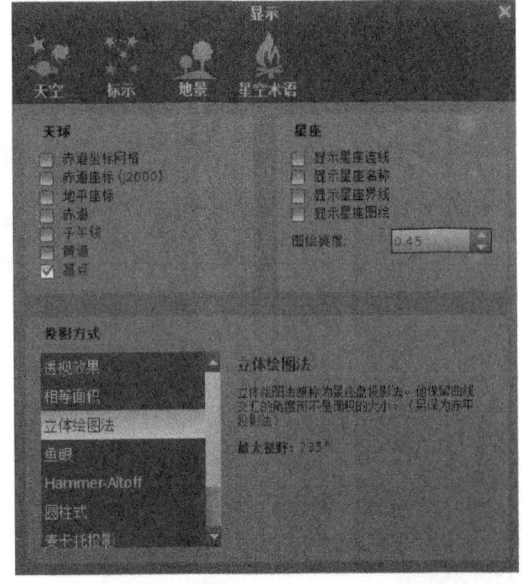
图 5-1-10　星空及显示窗口——标示标签

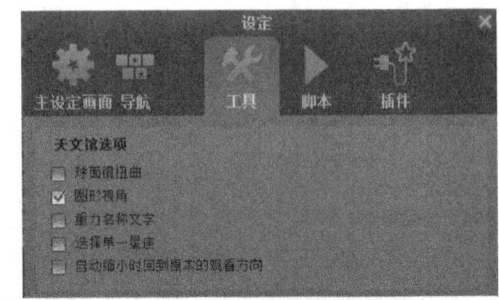
图 5-1-11　圆形视角设置

勾选"圆形视角"后,主显示视界周围出现一个圆形的边框,如图 5-1-12 所示,这就是模拟望远镜的观测效果。如果想取消该种效果,再次单击该复选框即可。

图 5-1-12　Stellarium 圆形视角图

3. 各种显示的设置

各种显示即主界面场景中的各种元素或效果。主要通过"星空及显示"窗口的"标示"标签和 Stellarium 的主界面最下面的主工具条来实现,包括天球和星座的一系列设置,其中有些主要的设置不仅可以在窗口中进行,同时在 Stellarium 的主界面最下面的主工具条里也可以直接点击设置。

实践探索

1. 根据自己的电脑系统安装、运行以及退出 Stellarium。
2. 熟悉主工具条的功能,并能熟练操作。
3. 将观测点改为你的家乡。

第二节　Stellarium 的基本功能

学完本节,你将能够:

☆ 了解如何缩放旋转天幕,遨游太空;
☆ 知道如何搜索天体;
☆ 掌握运用 Stellarium 观察天象的技能。

理论天地

一、缩放旋转天幕,遨游浩渺宇宙

Stellarium 可以让用户自由地浏览星空并缩放视野。在下表中列出了将星空天幕向上、下、左、右移动,将之放大、缩小以及将所选天体置于屏幕中央、选择天体的方法。

表 5-2-1　缩放旋转天幕的操作

功能：	实现方法：
上	鼠标向上移、向上箭头
下	鼠标向下移、向下箭头
左	鼠标向左移、向左箭头
右	鼠标向右移、向右箭头
放大	鼠标滚轮向前、Page Up、斜杠(/)
缩小	鼠标滚轮向后、Page Down、反斜杠(\)
将所选天体置于屏幕中央	空格键、主工具条中的"将已选物体置中"按钮、反斜杠(\)
选择天体	鼠标左键

> **技巧点拨**
>
> 在缩放天体的时候，如果被选天体是一个行星多卫星子系统（如土星）中的某颗卫星，那么第一次的自动放大操作将会调整缩放值为中等比例——显示整个子系统。第二次缩放时，缩放值将调整为大比例——放大为仅显示被选择天体。

二、让时间流动，模拟天体运动

启动 Stellarium 软件，此时软件的运行时间为软件的默认时间。但其后对 Stellarium 进行时间加快或减慢的操作，软件的时间则不再与软件默认的时间一致，并且时间的流逝速度也不相同。

我们可以通过"加快时间流逝"或"减慢时间速度"图标让时间的流速加快或减慢，从而模拟未来和追溯过去。在加快时间流逝的过程中，我们可以在很短的时间内看到昼夜更替、月相变化、日食、月食、八大行星绕日旋转等现象；在减慢时间流速的过程中，让时间倒流，我们可以看到曾经发生的日食或月食的回放。

在点击"加快时间流逝"或者"减慢时间速度"的按钮时要注意：点击一下对应的是秒的变化；点击两下对应的是分的变化；点击三下对应的是时的变化；点击四下对应的是日的变化；点击五下对应的是月的变化；点击六下对应的是年的变化。

经典案例 1——昼夜交替

点击"加快时间流逝"的按钮四次之后，可以发现时间飞速流逝，昼夜不断更替，如图 5-2-1，图 5-2-2，图 5-2-3 所示。

图 5-2-1　日出

图 5-2-2　日出后两小时

图 5-2-3 日落后的夜空

经典案例 2——日食与月食

日食：

首先上网搜索发生过日食的时间和地点。

然后点击"日期/时间"的图标，设置时间为发生日食的那一天，并点击所在地点的图标，将观测点设置在能够看到日食的地点。

最后观察日食的发生。（如果想日食发生的速度快一点，可以点击"加快时间流逝"的图标，让日食发生的速度加快）

以 2009 年 7 月 22 日 8：15 至 10：46 武汉观察到的日食为例，具体过程如图 5-2-4，图 5-2-5，图 5-2-6，图 5-2-7，图 5-2-8 所示。

图 5-2-4 初亏 8：15

图 5-2-5 食既 9：24

图 5-2-6　食甚 9:26

图 5-2-7　生光 9:29

图 5-2-8　复圆 10:46

月食：

月食和日食的操作类似。

首先上网搜索发生过月食的时间和地点。

然后点击"日期/时间"的图标，设置时间为发生月食的那一天，并点击所在地点的图标，将观测点设置在能够看到月食的地点。

最后观察月食的发生。（如果想月食发生的速度快一点，可以点击"加快时间流逝"的图标，让月食发生的速度加快。）

三、一键搜索，尽享美丽星空

利用 Stellarium 的搜索功能，能方便地查看你所知道的天体，比如恒星、行星、卫星、星云、星座等。

具体操作为：单击主界面左侧主工具条的"搜索"菜单项，即第四个图标，或者打开主界面后直接按快捷键"F3"弹出"搜索窗口(search window)"，如图5-2-9所示。

在输入框中输入需要查找的天体名称（如"大熊座"）或代码，点击 按钮或按

图 5-2-9　搜索窗口——寻找天体

"Enter"键进行搜索，Stellarium 将立即在星空中指出该天体的位置。接下来可以通过缩放等操作进一步了解所查找的天体。下面通过具体的案例来体验 Stellarium 提供的美丽星空。

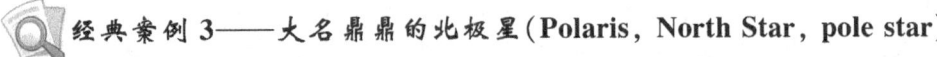 **经典案例3——大名鼎鼎的北极星**(Polaris, North Star, pole star)

北极星属于小熊星座的一部分，位于小熊的尾巴尖端处，距地球约 400 光年，质量约为太阳的 4 倍，是夜空能看到的亮度和位置较稳定的恒星。由于北极星靠近北天极，每天的角度差还不到 1 度，近乎是正北的方位，千百年来地球上的人们靠它的星光来指引方向。那么如何寻找北极星？在现实生活中，有人根据丰富的天文知识可以直接确定北极星的位置，大多数人则根据北极星与

容易辨认的星座的关系来确定它的所在。下面用两种方式在 Stellarium 中实现北极星的定位。

方式一：直接搜索北极星。

在"搜索窗口"中输入"Polaris"，点击 按钮，则 Stellarium 在主界面中标记出北极星，如图 5-2-10 所示。

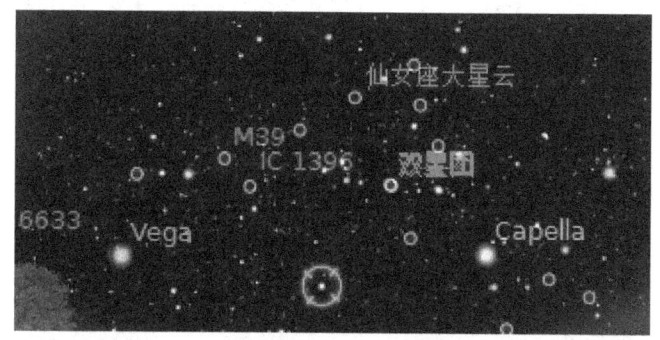

图 5-2-10　白色的圆圈所在的位置即为北极星

然后再放大，如图 5-2-11 和图 5-2-12 所示。

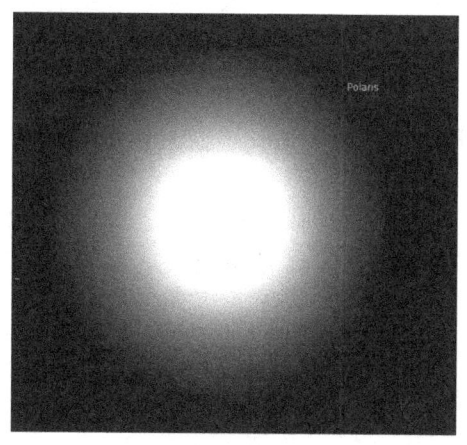

图 5-2-11　北极星的放大图(1)　　图 5-2-12　北极星的放大图(2)

找到北极星后，显示出"赤道坐标网络"（蓝色线）和"地平坐标"（黄色线），这时就可以看到北极星的确切位置。

迁移思考

如何用该图证明"仰极高度＝天顶赤纬＝当地的纬度"？你能否利用该基本规律在实际生活中寻找到北极星？

方式二：根据星座寻找北极星。

如果知道北极星与一些容易辨认星座的位置关系，根据星座来寻找北极星会更容易，如根据北斗七星和仙后座来寻找北极星。下面以北斗七星为例来寻找北极星。

首先利用"搜索窗口"输入"大熊星座"找到北斗七星，调整到合适大小。北斗七星属大熊星座的一部分，它与北极星总是保持着一定的位置关系不停地旋转。当找到北斗七星后，沿着勺边 A、B 两星的连线，向勺口方向延伸，在约为 A、B 两星间隔距离的 5 倍处，有一颗较明亮的星，这就是北极星，如图 5-2-13 所示。

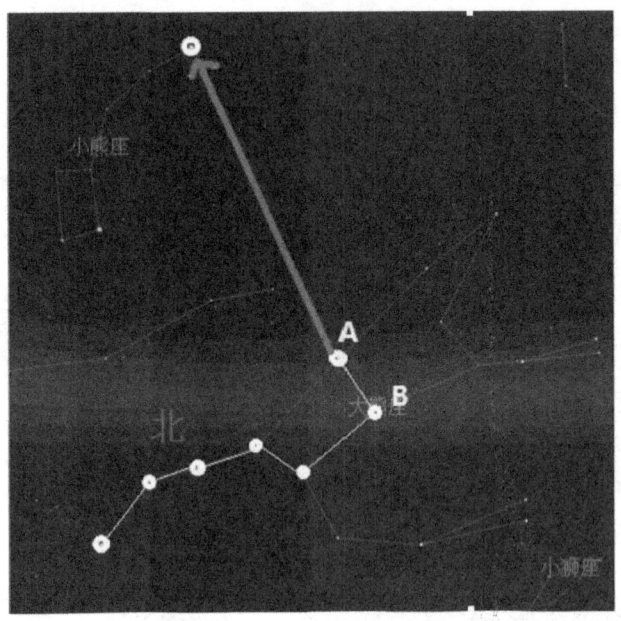

图 5-2-13 利用北斗找北极星示意图

迁移思考

能否利用"仙后座"与"北极星"的位置关系，在 Stellarium 中找到北极星？在现实生活中，利用"北斗"和"仙后"寻找北极星分别适合于哪些季节？

经典案例 4——戴着美丽光环的土星

土星是太阳系八大行星中非常耀眼的一颗行星，它的美丽光环常常能将人引入美丽而遥远的宇宙遐思。那么如何在 Stellarium 中展现动态的土星，并借助于位置和角度的调整从不同的角度去观赏土星的神奇光环呢？具体操作步骤如下：

图 5-2-14 戴着美丽光环的土星

首先单击主界面左侧主工具条的"搜索"菜单项,即第四个图标,或者打开主界面后直接按快捷键 F3 弹出"搜索窗口",输入"土星",然后将界面放大,利用鼠标的移动和通过更改观测时间和地点,就可以从不同的角度来观看土星的美丽光环了。

经典案例 5——炫目的蟹状星云

蟹状星云(M1,或 NGC 1952)位于金牛座ζ星东北面,距地球约 6500 光年。它是个超新星残骸,源于一次超新星(天关客星,SN 1054)爆炸。气体总质量约为太阳的十分之一,直径六光年,现正以每秒 1 千公里速度膨胀。星云中心有一颗直径约 10 千米的脉冲星。这颗超新星爆发后剩下的中子星是在 1969 年被发现的,其自转周期为 33 毫秒(即每秒自转 30 次)[①]。

下面就在 Stellarium 的美丽天幕中尽情欣赏蟹状星云的炫目光彩。

首先在"搜索窗口"中输入"M1"或"NGC 1952",点击 按钮或按"Enter"键,即出现在电脑的屏幕上所标示的天幕,四边形闪烁的光标处即为蟹状星云所在。用快捷键"Ctrl+Up"或鼠标滚轮将其放大,即可看到它不同远近的形态,如图 5-2-15 所示。

图 5-2-15 放大的蟹状星云

经典案例 6——辨认四季星空

地球的自转和公转,形成了星空的季节性变化,不同季节晚上的同一时刻星空中的星座是不同的,这也是人们常说的"斗转星移"。因此,人们常常按春、夏、秋、冬四季把星空区分为四季星空。但必须指出,所谓"四季星空",是指每个季节黄昏时候的星空。其实,任何一个季节,如果你愿意彻夜不眠,一夜之间几乎可以见到全天的星座。下面就在 Stellarium 中介绍每个季节最容易辨认的一个星座。

春夜星空——北斗七星

---

① http://baike.baidu.com/view/59809.htm,http://baike.baidu.com/view/59809.htm

春夜星空最容易辨认的是"大熊星座"的"北斗七星"。北斗七星是大熊星座的一部分,由5颗明亮的2等星和2颗3等星组成一个勺子形状,就像古人盛酒的用具"斗",至于叫它北斗,还为了有别于低垂于夏季夜空的人马座上的同样排列成斗形的南斗六星。具体操作如下:

首先将观测点设置在武汉地区(可以通过网络查找武汉市的经纬度,将查阅的数据输入"目前位置咨询"),然后单击主工具条的"日期/时间"图标,将日期和时间改为"2011/3/21 19:00:00",单击"搜索窗口"搜索"大熊星座",得到在武汉地区看到的春夜星空。进行缩放操作就可以看到更清晰的北斗七星图,操作如前所述。

夏夜星空——天蝎座

夏季南方地平线附近发光的天蝎座是最容易辨认的。天蝎座是由1颗火红的1等星、3颗2等星、10颗3等星组成的实力庞大的星座,是黄道上最壮丽的一个星座。傍晚当你在南方的夜空看到明亮的天蝎座时,就说明,漫长的夏季已经来临了。下面让我们在Stellarium中来领略一下夏夜天蝎的风采吧!

首先用如前所述同样的方法将观测点设置在武汉市,点击"时期/时间"图标,将日期和时间改为"2011/6/22 20:30:00",然后利用"搜索窗口"搜索"天蝎座",出现武汉地区看到的夏夜星空,缩放操作后,就可以更清晰地观赏雄踞在南方夜空的天蝎座了,如图5-2-16所示。

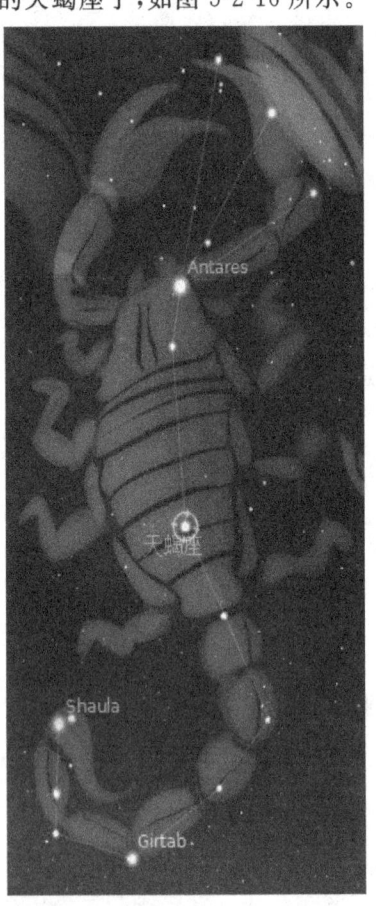

图 5-2-16 夏夜壮丽的天蝎座

秋夜星空——仙后座

学习辨认秋夜的星座,先从东北方的银河中闪焰生辉的仙后座开始是明智的选择。仙后座由3颗2等星与2颗3等星组成一个W字形状,由于其形状别致,很容易辨认。

首先用如前所述同样的方法将观测点设置在武汉市,将时间改为"2011/9/23 19:00:00",然后搜索"仙后座",出现武汉地区看到的秋夜星空。进行缩放操作后,可观看更清晰的仙后座,如图 5-2-17 所示。

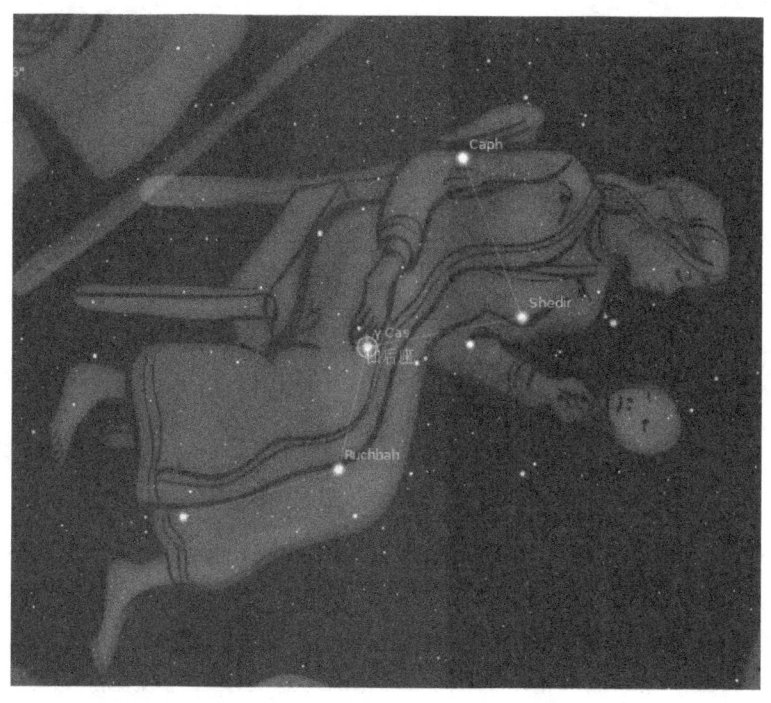

图 5-2-17 秋夜闪焰生辉的仙后座

冬夜星空——猎户座

雄伟壮丽的猎户座以位于其中央的呈一字排开的三颗亮星而自古闻名。古今中外,人们赞美和重视它,把它作为胜利和光荣的象征。由于三星如此触目,因此辨认猎户座十分容易。

首先用如前所述同样的方法将观测点设置在武汉市,将时间改为"2011/12/22 18:40:00",然后搜索"猎户座",则出现武汉地区看到的冬夜星空。进行缩放操作后,可观看更清晰的猎户,如图 5-2-18 所示,以及美丽壮观的猎户大星云,如图 5-2-19 所示。

图 5-2-18 冬夜雄伟的猎户座

图 5-2-19　猎户大星云

综上所述,Stellarium拥有便捷地更改观测点和观测时间的功能,能让我们的视角位于地球上任何一个地方,能让我们的视线在时间上无限延伸,在空间上大幅拓展。通过缩放功能,我们可以近距离欣赏平常遥不可及或者用肉眼根本看不到的天体。比如,通过放大功能我们可以看到月球上凹凸不平的表面、太阳光球层的稍暗的黑子,还可以通过更改时间和地点尽情欣赏流星雨。

实践探索

1.熟练操作天幕的旋转与缩放,能用常用的一些快捷键进行简易操作。

2.利用时间快进和快退功能,模拟月相变化以及月食。

3.利用Stellarium的搜索功能,搜索出一组自己感兴趣的行星、恒星、卫星、星云、星座,并截图保存。

4.通过定时、定位,观看狮子座流星雨,并截图保存。(提示:观看流星雨需要先更改"星空与显示"窗口中的流星天顶小时率。)

第三节　Stellarium在地理教学中的应用

学完本节,你将能够:

☆了解Stellarium可以应用于地理教学中的哪些内容;
☆知道Stellarium辅助地理教学的优势;
☆结合Stellarium的功能和地理教学内容进行地理教学设计。

理论天地

一、Stellarium在高中地理教学中的应用范围分析

Stellarium软件在天文观测中有着重要的作用。在高中地理教学中,天文知识不仅是高中地

理必修Ⅰ重要的入门基础知识,同时也是地理选修Ⅰ《宇宙与地球》的主体知识,在整个高中地理教学中有着重要地位。现将高中地理课程标准中的部分内容摘录如下:

> 必修Ⅰ:
>   1.宇宙中的地球
> ● 描述地球所处宇宙环境,运用资料说明地球是太阳系中一颗既普通又特殊的行星。
> ● 阐述太阳对地球的影响。
> ● 分析地球运动的地理意义。
> 选修Ⅰ:
>   1.宇宙
> ● 运用天球坐标系简图,确定主要恒星的位置。
> ● 运用星图进行星空观察,说出星空季节变化的基本规律。
> 活动建议:
> ● 阅读星图,观察四季星空,辨认银河以及大熊座、小熊座、仙后座、天鹰座、天琴座、金牛座、猎户座、狮子座等星座和北极星、织女星、牛郎星、天狼星等恒星。
> ● 用天文望远镜观察水星、金星、火星、木星、土星以及太阳活动和月球面貌。
> ● 连续观测半个月以上的月相,记录并总结月相的变化规律,分析月相变化的原因。

从以上内容可以看出,地理与宇宙部分的地理内容涉及大量的宇宙事物的观察与辨认,主要包括认识地球的宇宙环境、观测天象、观察天体、辨认星座四大类。课标中建议用天球坐标系、星图、天文望远镜来进行这些内容的教学。总体来说,这些工具的准备不仅耗费时间、人力、财力,而且时空灵活性差,在实际地理教学中运用起来比较困难。而在Stellarium这款虚拟星象仪软件中,则可以尽情遨游宇宙空间,充分认识地球在太阳系中的位置关系;可以通过控制时间流动,模拟天体的运动过程,比如月相变化、八大行星绕日公转;可以搜索任何一个天体或天体系统,从不同的角度和距离进行观察和辨认,比如土星、月球和猎户座等;可以通过定时、定位,再现过去的天文现象,比如壮观的流星雨等。

二、Stellarium在地理多媒体教学中的应用

(一)丰富教学资源

教学资源能为教学的有效开展提供各种可资利用的条件,通常包括教材、案例、影视、图片和课件等,也包括教师资源、教具和基础设施等,广义的教学资源还应涉及教育政策等内容。将Stellarium软件引入地理教学,可以在以下方面丰富教学资源:

1.逼真的教学图片

Stellarium软件的画面快照功能(Ctrl+S),可以将主界面中的画面保存下来供教学使用。由于这款软件中天体的图像是仿照真实天体设计且具有很高的清晰度,因此,保存下来的教学图片的逼真度高。这些高逼真度的天体图片可以帮助学生在了解天体的时候更易得到关于天体特性的直观认识。比如,土星的光环。

2.生动的教学视频

Stellarium软件可以真实地模拟宇宙中天体的运动,因此,在地理教学中可以给学生动态地演示一些美丽而神奇的地理天象,其视频的功能比普通视频效果更加生动逼真。另外,Stellarium软

件有加快时间流逝的功能,使操作者可以自由控制天象发生的速度,因此,可以在有限的课堂教学时间内让学生观看很多天象的教学视频。如实例1中流星雨的发生过程。

实例1　从地球观察流星雨

首先,上网搜索流星雨发生的时间和地点。

然后点击时间/日期的图标,设置时间为流星雨发生日,并点击所在地点的图标将观测点设置在能够看到流星雨的地点,再点击星空及显示的图标,将流星天顶小时率调到最大(如果需要也可以直接搜索到流星雨命名的星座,放大那个星座进行观测)。

最后观察流星雨的发生。如图5-3-1所示。

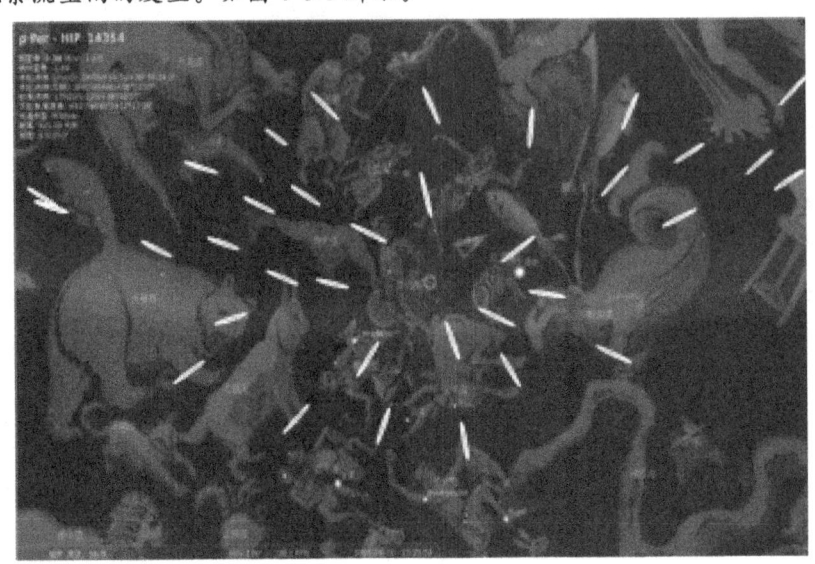

图5-3-1　流星雨

3.天然的教学课件

Stellarium软件由于在开发中嵌入了大量天体资料,如天体的视星、绝对星、赤经/赤纬、方位角等,当选中某天体时在屏幕的左上角就会显示选中天体的相应资料,因此,可以在学生学习认识天体之间相对位置时直接作为课件使用。又由于这款软件可以通过赤道坐标网格和地平坐标这两个图标显示不同的坐标系,变抽象的空间位置关系为实像,因此,它作为教学课件可以进一步帮助学生认识天体之间的相对位置,培养学生的空间想象和思维能力,如学习八大行星绕日旋转时的相对位置。

(二)创新教学方法

教学方法是教师和学生为了实现共同的教学目标,完成共同的教学任务,在教学过程中运用的方式与手段的总称。教学方法的多样化可以改变传统的教育观念,真正地做到"以学论教"。教师根据不同的教学内容和不同的教学对象采取不同的教法来指导学生的学法,有利于学生创新思维的形成与发展。

1.教法的创新

在传统教学中,由于宇宙的知识学生无法直接观察,因此,教师一般采用在黑板上画图或者用Flash动画演示等方法来进行宇宙知识的讲解,主要采取讲授法。而Stellarium具有形象直观、交互性强等特点,将之引入地理教学中可以让学生有如亲身实践,将单一的教师讲授法转变为讲授法与探究式、启发式、讨论式等教学方法相配合以达到教学效果最优化。比如前面第二节中的"经典案例2"中日食的观察。

2. 学法的创新

在学习月食时,传统的学法是学生按照教师给他们选取的角度进行观察学习,每个人的实验结果都是一样的。而Stellarium软件的使用能充分满足学生的好奇心,让学生在合作中探究,学生可以通过改变观测点来观察不同地点观察到的月食现象。另外,由于Stellarium软件还可以将观测点从地球移到别的天体上,因此,学生可以自主地从另一个角度去探究月食的发生过程及成因。比如实例2从太阳上观察月食。

> **实例2 从太阳上观察月食**
>
> 首先上网搜索月食发生的时间。
>
> 然后点击"日期/时间"的图标,设置时间为月食发生日,并选中太阳,用快捷键"Ctrl+G"将观测点改为太阳。为了观测方便,选中地球按空格键,将地球置于屏幕中央。
>
> 最后观察月食发生时月球与地球相对位置的变化。
>
> 以2007年8月28日太阳上观察到的月食为例,具体过程如图5-3-2所示:
>
>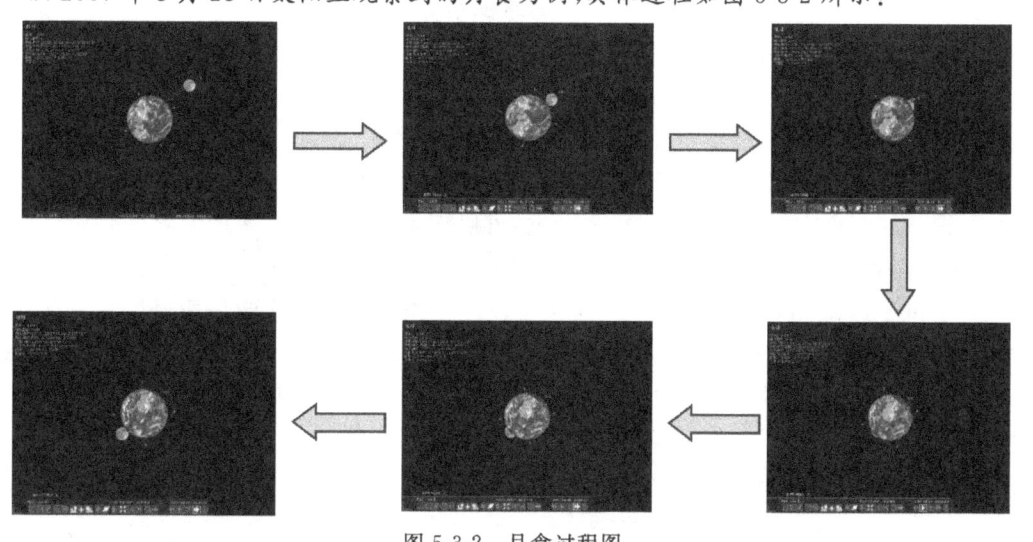
>
> 图5-3-2 月食过程图

(三)优化教学过程

教学过程,即指教学活动的展开过程,是教师根据一定的社会要求和学生身心发展的特点,借助一定的教学条件,指导学生主要通过认识教学内容、认识客观世界,并在此基础之上发展自身的过程。在教学过程中,教师可以借助Stellarium软件高质量的画面以及简单的操作,鼓励学生自己动手操作,在教学过程中激发学生的兴趣、增进对知识的理解、发挥学生的自主建构能力,从而优化教学过程,让学生更好地通过认识教学内容来认识客观世界,并在此基础之上发展自身。

1. 激发学生的学习兴趣

俄国文学泰斗托尔斯泰曾说过:"成功的教学所需要的不是强制,而是激发学生的兴趣。"也就是说,调动学生学习的积极性,最大限度地激活学生潜在的学习欲望,就是课堂成功的关键。将Stellarium软件引入地理教学就能充分激发学生的学习兴趣。一方面,因为这款软件能够将很多美丽神奇的天文现象(如流星雨、极光)呈现在学生的眼前,弥补学生由于时空限制带来的许多天文现象观测不到的遗憾,从而调动学生的学习兴趣。另一方面,由于这款软件能够让学生自己在动手操作中学习教学内容,改变了传统教学中以教师讲授为主的课堂模式,充分发挥了学生学习的自主性，易于得到学生的青睐。

2. 增进学生的知识理解

由于 Stellarium 软件对整个宇宙情况的仿真度高，能够充分模拟宇宙的实际情况，因此，学生在利用这款软件学习时，可以充分模拟真实宇宙情况来验证教科书上的一些说法，从而增进学生的理解。如寻找北极星：沿着北斗七星勺子部分不靠近勺柄的那两个星的连线，向勺口方向延长约 5 倍就是北极星。通常情况下教师会画一个简图来解释，但是由于学生没有亲眼见到真实的情况，还是会有许多疑惑不解，这款软件就能真实再现画面帮助学生理解。

3. 发挥学生的自主建构

建构主义认为，知识不是通过教师传授得到，而是学习者在一定的情境即社会文化背景下，借助他人的帮助，利用必要的学习资料，通过意义建构的方式获得的。由于学习是在一定的情境即社会文化背景下，借助其他人的帮助即通过人际间的协作活动而实现的意义建构过程，因此，建构主义学习理论认为"情境"、"协作"、"交流"和"意义建构"是学习环境中的四大要素或四大属性。传统的以教师为主的讲授式教学模式尽管知识讲解的层次清楚，但是在发挥学生的自主建构能力方面有所欠缺，这种教学模式不利于学生创新思维的培养。而将 Stellarium 软件引入地理教学，可以从四个方面帮助学生完成建构过程。首先，它所提供的丰富的虚拟天文景象可以给学生创设多样的学习情境；其次，学生可以自己分组协作进行学习；再则，学生小组内协作学习的过程需要通过交流来商讨如何完成规定的学习任务达到意义建构的目标，因此，协作学习的过程就是交流的过程；最后，学生在多样的情境下协作交流，从而完成意义建构。另外，Stellarium 软件还能让学生在做中学，课堂的信息容量是由学生自己去开发，可以满足不同层次学生的学习需要，充分发挥学生的自主建构能力。

总之，通过 Stellarium 辅助地理教学，不仅可以让抽象的地理天文知识变得形象生动，而且能激发学生对天文知识的兴趣，甚至是对地理的兴趣。用好 Stellarium 可以让地理教师在教授相关内容时起到事半功倍的效果。当然这款软件对地理教学的辅助并不仅限于此，更广泛的应用领域还有待于广大的有志之士进一步开发设计。

实践探索

1. 熟悉 Stellarium 在地理教学中的应用范围。
2. 充分认识 Stellarium 在辅助地理教学中的优势。
3. 选取 1~2 个教学内容，进行基于 Stellarium 辅助地理教学的教学设计。

第六章　GIS 软件在辅助地理教学中的应用

本章导读：

地理信息系统(Geographic Information System,简称 GIS)不仅是地理课程标准规定的学习内容,而且是计算机辅助地理教学的重要手段。本章将以目前最流行的 GIS 专业软件 ArcGIS 为例,以实例方式讲述其在计算机辅助地理教学中的应用。主要内容如下：第一节概述 GIS 的基本内容以及 GIS 与 CAIG 的关系；第二节介绍 GIS 的空间数据管理和查询在 CAIG 上的应用；第三节介绍 GIS 专题地图制作功能在 CAIG 上的应用；第四节介绍 GIS 热链接在 CAIG 上的应用；第五节介绍 GIS 地貌表达功能在 CAIG 上的应用。

第一节　GIS 与计算机辅助地理教学

学完本节,你将能够：

☆理解利用 GIS 专业软件辅助地理教学的意义；
☆了解 GIS 专业软件辅助地理教学的特点；
☆了解 ArcGIS 软件的相关背景；
☆了解 ArcGIS 桌面产品的模块构成以及各模块的基本功能。

理论天地

一、GIS 概述

(一)GIS 定义

地理信息系统是 20 世纪 60 年代中期发展起来的新技术。它是指在计算机硬件、软件系统支持下,对空间数据进行采集、操作、存储与管理、分析、显示、输出的技术系统①。目前 GIS 是研究地理学的一种最有效的工具之一,能够综合处理和分析地理数据,是表达空间信息与属性信息最直观有效的方法。

(二)GIS 组成部分

从应用的角度来看,GIS 主要由硬件、软件、空间数据、人员四部分组成。硬件和软件为 GIS 建设提供环境；空间数据反映 GIS 的地理内容；人员则决定 GIS 的工作方式和信息表示方式,是 GIS 建设中的关键和能动性因素,直接影响和协调其他几个组成部分。

---

① 黄杏元、马劲松:《地理信息系统概论》,高等教育出版社 2010 年 5 月第 1 版,第 4 页。

(三)GIS 的基本功能

GIS 应具备以下五种基本功能,即数据采集与编辑、数据存储与管理、空间查询与分析、可视化表达与制图、二次开发。

1. 数据采集与编辑功能

GIS 的核心是建立 GIS 的地理数据库,是将地面的实体图形数据和描述它的属性数据输入到系统中,即数据采集。为了消除数据采集的错误,需要对采集到的图形数据及属性数据进行编辑和修改。

2. 数据存储与管理功能

地理信息通过数据采集与编辑后,形成庞大的地理数据集。对此需要利用数据库管理系统来进行管理。GIS 一般都装配有地理数据库,其功效类似对图书馆的图书进行编目、分类存放,以便于管理人员或读者快速查找所需的图书。

3. 空间查询与分析功能

空间分析是地理信息系统的核心功能之一,是 GIS 区别于一般 MIS 的主要功能特征。空间分析是从空间数据中获取有关地理对象的空间位置、分布、形态、形成和演变等信息的分析技术。在空间分析的研究和实践中,具有一定普遍意义的、涉及空间位置的分析手段和方法被总结、提炼出来,形成了 GIS 固有的空间分析功能,如叠置分析、缓冲区分析、网络分析以及拓扑空间查询。

4. 可视化表达与制图功能

GIS 的可视化功能是指 GIS 能将地理要素的分布规律、演化趋势、相互关系等以地图、图表、图像、数据报表、文字说明的形式存贮到磁盘、磁带、光盘等介质上,或将图形硬拷贝到图纸上或屏幕上,或制作印刷版产生批量图件。地图是 GIS 的重要产品,GIS 不仅可以为用户输出全要素地图,而且可以根据用户需要分层输出各种专题地图,如行政区划图、土壤利用图、道路交通图、等高线图等,还可以通过空间分析生成一些特殊的地学分析用图,如坡度图、坡向图、剖面图、立体图等。

5. 二次开发功能

专业的 GIS 提供二次开发的接口,当现有 GIS 的功能不能满足用户的需求时,用户可以在其平台上进行二次开发,常用的开发语言有 VC++、VB、C#、Java 等。

二、GIS 技术应用到计算机辅助地理教学中的必要性

(一)GIS 技术是当前地理教学的必要工具

地理科学是一门研究空间现象关系的科学,在地理教学中往往涉及空间信息的采集、存储、处理、综合分析和专题地图输出等问题,常规的 CAIG 是无法完全适应的,因而需要将 GIS 技术引入到 CAIG 中。我国地理学家陈述彭院士认为:"地图是地理学的第二代语言,地理信息系统是地理学的第三代语言。"这充分说明了 GIS 技术应用到计算机辅助地理教学的必要性。在新一轮的地理基础教育改革中,GIS 已纳入高中地理课程的基本内容。

(二)GIS 技术在地理教学方面具有独特的优势

GIS 技术与计算机辅助地理教学相比,具有空间信息的生成、管理、处理、分析和输出等功能,有些功能能直接应用到 CAIG 中,如:

(1)GIS 的数据采集功能。教师可利用该功能将栅格地图矢量化为矢量地图,并根据需要对信息进行添加和删除,以满足不同教学内容的需要。

(2)GIS 强大的数据管理功能,可方便地对地理数据进行组织。如 GIS 灵活的图层管理功能,可根据教学内容需要进行单层或多层叠加,得到不同内容的地理信息。

(3)强大的可视化功能。GIS完备的专题地图制作功能可以绘制各种地图,还可以利用相互关联的空间信息和属性信息生成所需要的各种专题地图,如柱状图、饼状图等,各种数据以图形显示,有利于学生理解。

(4)方便的地图浏览功能。GIS软件不仅具有放大、缩小、漫游等地图显示功能,还能进行图形信息与属性信息的互查,便于对结果进行分析和对比。

(5)强大的空间分析功能。GIS具有叠加分析、缓冲区分析、网络分析、三维分析等分析功能,教师可以将不同专题的要素进行叠加、融合等操作,如对区域自然地理各种要素进行叠加,分析其相关性。这样不仅可以帮助学生直观地认识地理特征,同时还可以使学生掌握分析和解决区域地理问题的方法。

另外,GIS强大功能与多媒体、网络、虚拟以及3D技术的进一步结合,使GIS作为现代教育技术在地理教学中的辅助功能愈显强大,GIS正以多种形式在计算机辅助地理教学中发挥作用。

三、GIS专业软件辅助地理教学的特点

GIS是一种独特的信息技术手段,在辅助地理教学方面具有其他媒体和方法不可替代的作用。具体地讲,有以下几方面的特点:

(一)信息量大,信息表现便捷

GIS作为地理教学的一项重要辅助手段,其最大的特点是信息量大,不仅可以提高教学效率,还可以培养学生搜集和处理信息的能力,是素质教育与信息技术整合的一个很好的途径。

GIS地图一般是矢量地图,矢量图既能节省计算机内存空间,又能实现地图的精确显示,且一般都是分层显示地图信息,为地图操作与使用提供了不少便利。GIS的数据还可以实时更新,体现出信息的时效性。

(二)空间性强,分析功能丰富

GIS具有很强的空间分析功能,通过它可以挖掘地理事件的潜在信息,探求地理要素的分布规律、发展趋势以及相互间的联系。这样既可以激发学生探究地理事物分布、演化的兴趣,又有助于提高学生对地理空间分析的重要性的认识,了解空间分析的实用价值。

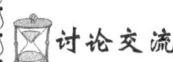
讨论交流

结合GIS的上述特点,参考高中地理课程标准中的活动建议,你认为高中《地理》必修Ⅱ中的哪些教学内容可以采用GIS相关技术手段开展辅助教学。

(三)专业性强,对师生的要求不一

尽管我们可以认为GIS是地理学的一部分,但它与地理学科的其他知识相比,又有其自身的特点。具体表现为:对于应用GIS进行辅助教学的地理教师来说,一般需要经过短期的培训,才能掌握GIS的基础理论知识和相关软件的基本操作技能。如果GIS只作为地理教学辅助手段,那么GIS技术的理论知识和相关软件的操作技能则对学生不作过高要求。

(四)开放性强,与现实世界联系紧密

地理教学不能局限于地理知识的学习,还应该将地理知识与学生生活实际、现代社会、科技结合起来。GIS的介入可以帮助师生开阔视野,开拓思路,因为GIS几乎是与世界的发展同步,并且越来越多地与经济、生活、政治和工作等联系在一起。目前,GIS变得越来越大众化,人们随时都能从Google Map、天地图等WebGIS以及手持终端、车载设备中获取和分享地理信息。

(五)实践性强,有利于学生综合素质的培养

GIS 的应用能加强地理教学中的实践性,有利于培养和提高学生的社会实践能力。如研究某城市特定区域超市布局的合理性这一课题时,就要求学生获取该区域的道路数据、超市分布数据以及区域人口等数据,并将这些数据分层叠加在地理底图上,通过相关的模型分析该区域超市分布的合理性。一方面学生在实践中提高了自己的动手和实际操作能力,另一方面在活动中各成员之间充分投入、合理分工和相互交流,有利于培养学生的团队合作意识,也有助于学生在学习基础知识与基本技能的同时,学会学习,学会做人,形成正确的价值观。又如,学生在利用 GIS 相关软件制作专题地图过程中,地图的符号设计、位置安排以及颜色和线型的选择等,无不包含了对学生的动手能力、创造能力和审美情趣的综合要求。

(六)灵活度大,有利于因材施教

灵活性在这里又体现为综合性,即 GIS 作为教学辅助手段,能适应不同学生的特点,培养他们多方面的能力。这是因为 GIS 具有丰富的表现能力,它既能简单直观地表现地理基本概念、地理事物的分布,也能多层次地外现一些地理规律、原理,还能适应不同的教学需求。一般来说,图形编辑软件(如 CorelDraw)制作地图虽然灵活性大,但掌握起来需要一定的专业知识并且需要长时间的实践练习,而专业的 GIS 软件在制作地图上往往表现为相对固定的步骤,实现起来较为容易。

实践表明,GIS 的引入确实符合"重视学生的学习兴趣和经验"这一要求,能促使课堂教学进入"学生主动参与、乐于探究、勤于动手"的境界,同时也利于培养学生的创造能力。

四、专业软件 ArcGIS 简介

随着 IT 技术的快速发展,GIS 软件的发展也非常迅猛,国内外都推出了众多 GIS 软件平台,目前在市面上比较流行的 GIS 软件有:国外开发的 ArcGIS、MapInfo 等,国内开发的 MAPGIS、SuperMap、GeoStar 等。各种软件在功能、操作及价格方面均存在一定的差异,但功能基本一样,都可以直接应用到计算机辅助地理教学中。其中,ArcGIS 以其强大的功能,占据市场份额大,学习资料丰富独占鳌头。因而本章将以 ArcGIS 为例,讲述其在 CAIG 中的应用。下面简要介绍 ArcGIS 桌面版的主要功能模块。

ArcGIS 是由美国环境系统研究所(ESRI)研制开发的一款 GIS 软件,ArcGIS Desktop 是一个集成了众多高级 GIS 应用的软件套件,它包含了一套带有用户界面组件的 Windows 桌面应用,如 ArcMap、ArcCatalog、ArcToolbox、ArcScene 和 ArcGlobe,能够完成从简单到复杂的 GIS 分析与处理操作,包括数据编辑、地理编码、投影变换、数据转换、元数据管理、地理分析、空间处理和制图输出等功能。

在 ArcGIS 桌面产品中,ArcMap 提供数据的显示、查询和分析功能,它还提供两种类型的地图视图:地理数据视图(Data View)和地图布局视图(Layout View),我们可以通过它们进行数据浏览。地理数据视图是数据集在选定的区域内的地理显示窗口。在数据视图中,用户可以与地图进行交互,对地理图层进行符号化显示、分析和编辑 GIS 数据。地图布局视图是一个包含制图要素的虚拟页,包含地理视图和其他地图元素,如比例尺、图例、指北针和参照地图等。地理数据视图和地图布局视图都使用目录表(TOC)来管理数据。数据集的显示效果可通过 TOC 来改变。向地理数据视图中添加数据就是为该数据创建了一个图层。在任何一个图层上单击鼠标右键,可从弹出的快捷菜单中选择"Properties"命令打开带有若干选项的属性菜单,用户可利用这些菜单选择不同专题图类型、分类方法、色彩分级和符号来改变图层绘制的方式。

ArcCatalog 是 ArcGIS 桌面产品中用于定位、浏览和管理数据的模块。它以数据为核心,用于用户规划数据库表、定制和利用元数据的环境。利用 ArcCatalog 可以组织、发现和使用 GIS 数据,

使用标准化的元数据来对数据进行说明。在 ArcCatalog 中可以直接浏览数据,它有两个主要的可视化组件,分别为显示内容列表的目录树和提供三种数据浏览方式的选项卡窗口。

ArcToolbox 是 ArcGIS 桌面产品的另一个模块。用户可以通过 ArcToolbox 来进行空间数据处理,主要包括的工具有:数据管理、数据转换、矢量分析、地理编码以及统计分析。另外 ArcGIS 桌面产品还有 ArcGlobe、ArcScene 模块。ArcGlobe 是 ArcGIS 桌面系统中三维分析扩展模块的一个部分,能够提供全球多分辨率的地理信息,允许全球、本地数据和街道级数据间的无缝过渡。ArcScene 是一个适合于展示三维透视场景的平台,可以在三维场景中漫游并与三维矢量与栅格数据进行交互。ArcGlobe 和 ArcScene 的主要区别是:ArcGlobe 将所有数据投影到椭球体表面上,使场景显示更接近现实世界,适合于全市、全省、全国甚至全球大范围内的数据展示;ArcScene 将所有数据投影到当前场景所定义的空间参考中,适合于小范围内精细场景的刻画。

实践探索

1. 进一步学习 GIS 相关知识,了解矢量数据和栅格数据的特点以及空间数据库、空间数据处理和分析等内容。
2. 查阅 GIS 的相关资料,探讨使用 GIS 辅助地理教学还有哪些优点。
3. 在电脑上安装 ArcGIS 9.3 软件(安装文档可通过"百度"搜索得到)。
4. 熟悉 ArcGIS 桌面产品,学会在 ArcMap、ArcCatalog、ArcToolbox 模块间进行切换操作。

第二节　GIS 数据管理和查询辅助地理教学

学完本节,你将能够:

☆使用 ArcGIS 打开 shp/dbf 文件,并根据要素属性设置要素符号;
☆使用 ArcGIS 查看要素的属性;
☆使用 ArcGIS 查询满足特定属性条件的要素。

理论天地

地理学的研究方法之一是通过对地理数据的分析推导出相关的地理分布和地理规律。地理数据是指表征地理圈或地理环境固有要素或物质的数量、质量、分布特征、联系和规律的数字、文字、图像和图形等的总称。对地理数据进行解释,可得到有关地理实体的性质、特征和运动状态的表征以及有关的知识,即地理信息。地理信息包括空间位置、属性特征及时态特征三部分,具有区域性、多维结构特性和动态变化特性。目前,在数字地球的环境下,对地理事物进行数字化和有效的管理是必然的趋势,这也是对地理数据进行空间分析的必要条件。另外,由于地理信息具有复杂性、海量性、时空性等特点,通过常规的数据文件和数据库进行管理已相当困难,这也是引入专业的 GIS 软件对地理信息进行有效管理的原因之一。

对空间数据的管理是 ArcGIS 最基本也是最重要的功能。ArcGIS 支持的 GIS 数据包括矢量数据和栅格数据。ArcGIS 能够管理的矢量数据有 shp/dbf、E00、Coverage 以及 Geodatabase 等格式。在地理教学中,使用最多的是 shp/dbf 文件组合,其中 shp 文件描述的是地理要素的空间位置和分布,dbf 文件存储了地理要素的属性信息。在 GIS 领域,一般将要素划分成点、线、面三种类型的要素。shp 文件管理的是单一要素,也就是说,一个 shp 文件中保存的要素只能是同一种类型(点或线或面),不可能存在两种或两种以上的要素混杂的情况。ArcMap 模块能够对多个 shp/dbf

文件进行管理,调入到 ArcMap 的一个要素文件将成为一个要素层,要素层可以设置成可见或不可见;要素的属性可以以表格的形式罗列出来,并可通过设置不同的符号系统(包括符号、颜色、注记)来显示;对于调入的多个文件,可调节各要素的显示顺序,上层的要素覆盖下层的要素;对 ArcMap 调入的多个文件及其相关的设置(包括符号、属性注记、投影等)可以保存在一个 mxd 的项目文件中,下次可直接打开,不需要重新加入文件和进行相关设置。

ArcGIS 能够实现地理要素图形与属性的互查,通过空间要素查询属性信息(如查询某一行政区域的人口数),同时也能根据属性信息查询空间要素(如查询武汉市内学生人数大于 5000 的小学),还可进行基于空间关系的查询(如查询与湖北省相邻的省、直辖市)以及基于空间关系、属性的联合查询(如查询武广高铁所经过的人口超过 70 万的县、市)。在地理教学中,可直接应用 ArcGIS 的空间数据管理和查询功能。如教师在讲述某一行政区时,可将行政区的版图轮廓、地理位置、河流、地貌、交通数据调入到 ArcMap 中,逐层显示要讲述的内容,然后通过属性表展示该行政区的社会经济、文化等特点。

 经典案例 1——用 ArcGIS 对 GIS 数据进行管理和查询

(1)打开 ArcMap 软件,单击工具条上的"Add Data"按钮,或者点击"File"菜单下的"Add Data"选项。

(2)在弹出的对话框里,选择"省级行政区.shp"、"省会城市.shp"和"国界线.shp"三个文件,如图 6-2-1 所示。

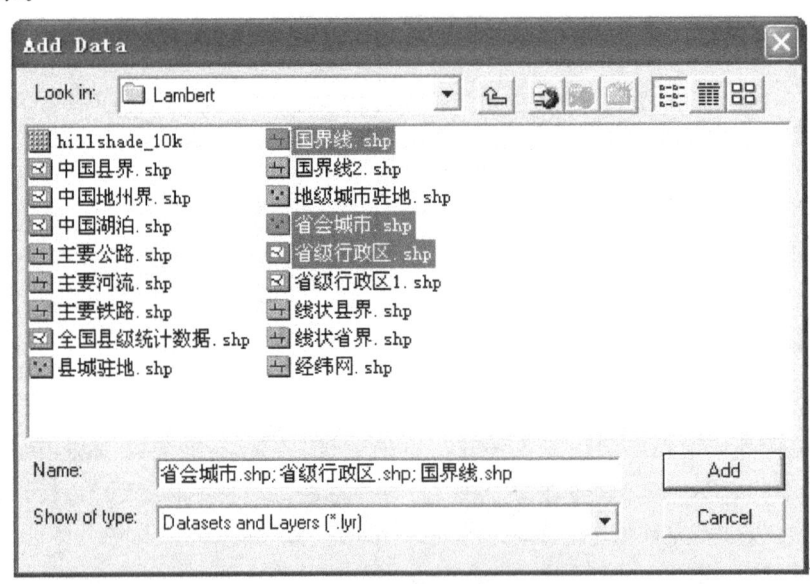

图 6-2-1 选择要打开的数据文件

 温馨提示

选择多个文件时,如果文件是连续的排列,只需按下"Shift"键,点击第一个文件和最后一个文件;如果文件是非连续的排列,则需要按下"Ctrl"键,点击各个文件即可。

(3)文件打开后,文件名称就出现在 TOC(Table of Contents)窗口中,图形会在右侧的视图窗口中显示。通过调节数据层的上下位置,可以确定数据的显示顺序。用鼠标将"省会城市"拖动到"省级行政区"的上面,使点要素不至于被面要素覆盖,如图 6-2-2 所示。

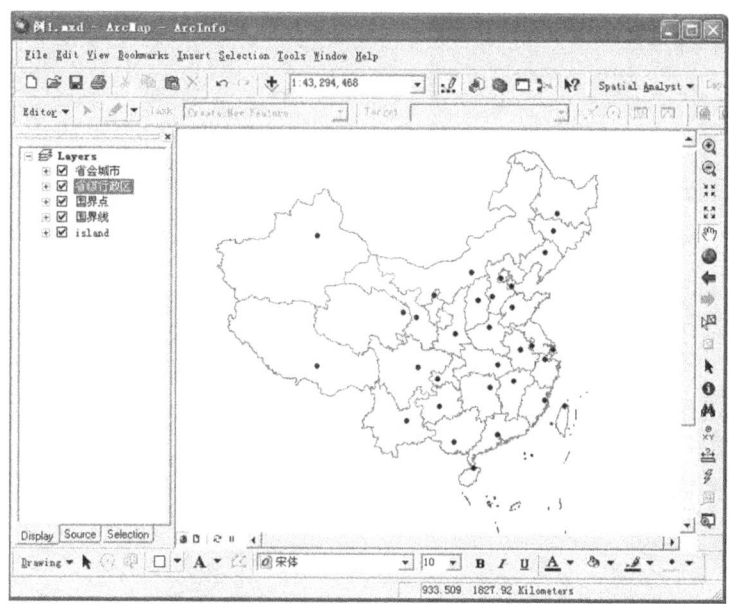

图 6-2-2 在 ArcMap 中打开数据文件

(4)设置注记属性,注记省会城市的名称。在 TOC 中用鼠标右键单击"省会城市",打开图层 Layer Properties,打开"Labels"项,选择注记的属性项"name",即注记省会的名称,调节属性注记的字体、大小以及颜色,还可通过"Placement Properties"按钮设置注记的位置,如图 6-2-3 所示。用同样的方式对"省级行政区"的名称进行注记。

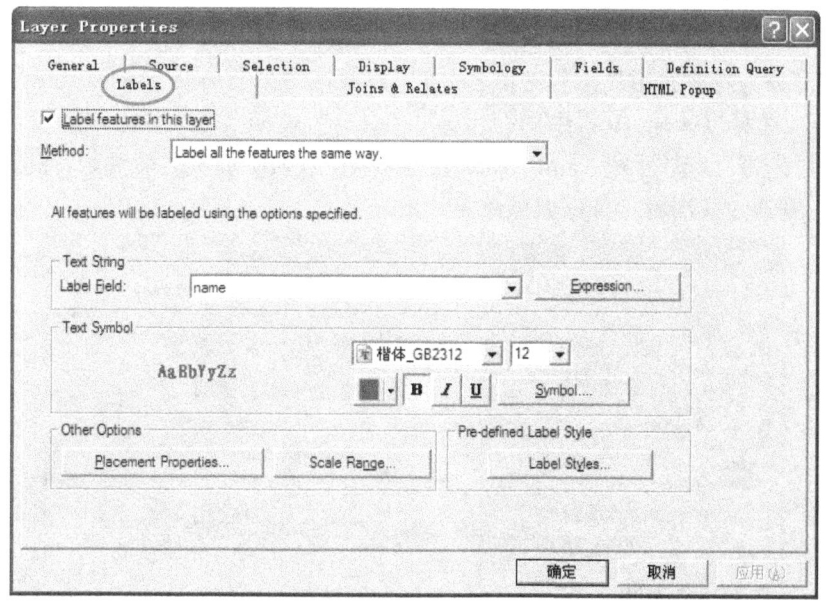

图 6-2-3 选择注记的属性

(5)注记属性。用鼠标右键单击需要注记的图层,在打开的对话框中,选择"Label Feature",出现如图 6-2-4 所示的画面。再次选择"Label Feature"则可以关闭属性的注记。

(6)用符号来表达属性。当教师在讲述中国经济发展状况时,可以将中国的东部、中部和西部地区用不同的颜色表达出来。具体操作是:在"省级行政区"的属性文件中,以"区域"字段将中国内陆省级行政区划分为东部、中部和西部,并采用 ArcMap 的符号系统(颜色)将之区分,另外将香

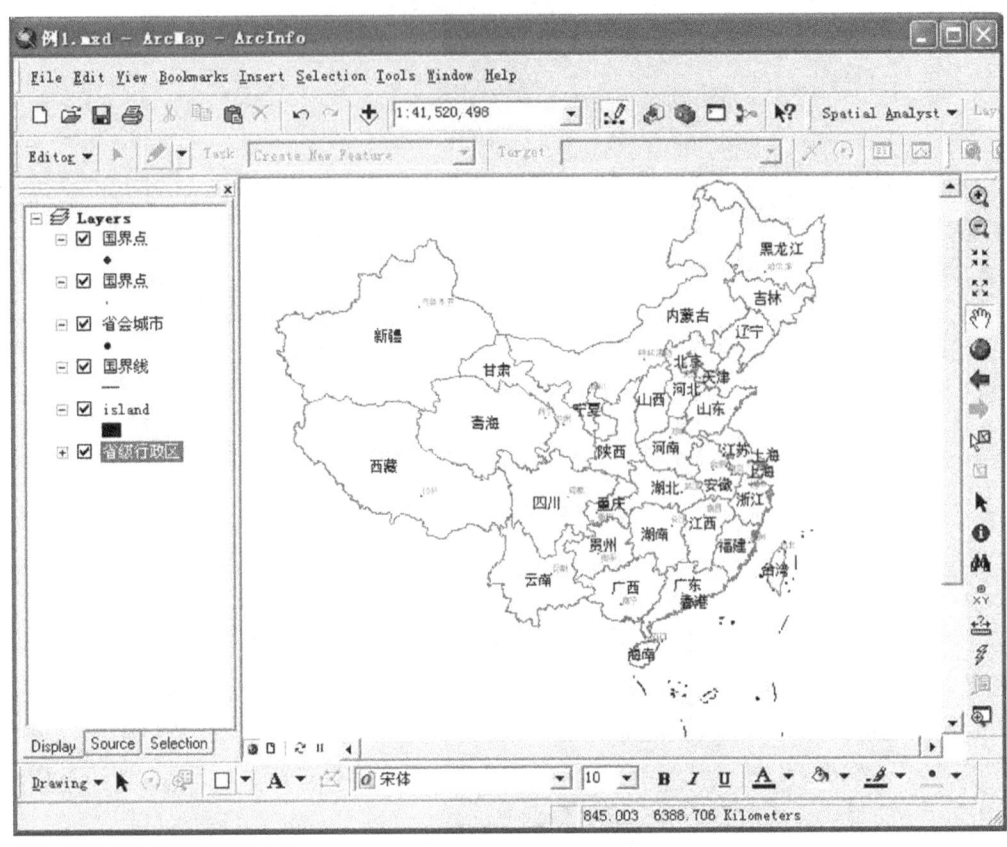

图 6-2-4 对属性进行注记

港、澳门、台湾划分为特区。用鼠标右键单击"省级行政区"层,打开图层的属性表,在属性表中选择"Symbology",选择"Categories"中的"Unique values",按照类型的唯一值进行颜色设置。在"Value Field"中选择"区域"字段,单击"Add All Values"按钮添加所有的要素,如图 6-2-5 所示,单击"确定"按钮,则通过视图窗口将区域属性表达出来了。

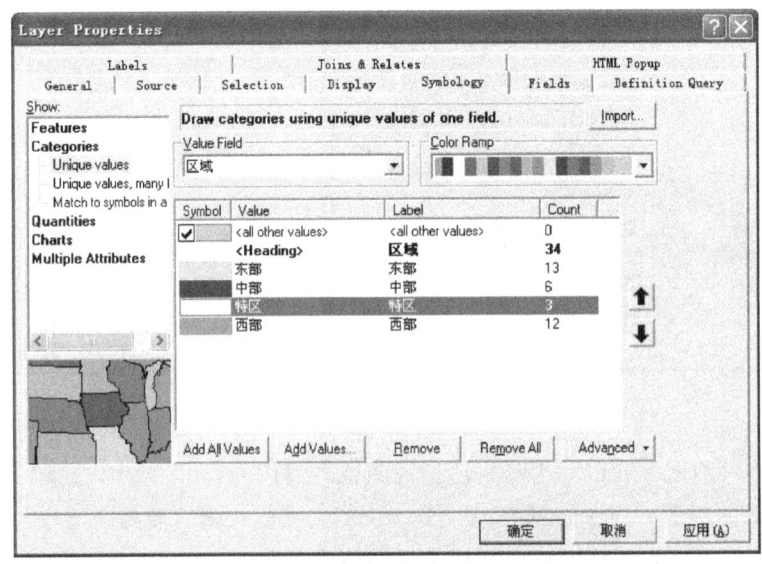

图 6-2-5 对图层的属性进行符号化的设置

(7)改变南海诸岛的显示方式。考虑图幅空间的充分利用,一般采用插图的方式将南海诸岛标示在图幅的右下角,先将数据框的"显界线.shp"移去,再在新的图框中添加"国界线.shp"文件。具体操作是:单击"Insert/Data Framet"菜单:添加新的数据框,在新的数据框中添加"国界线.shp"文件,如图 6-2-6 所示。切换到地图布局视图,调整两图框的位置。再添加直线比例尺、图名、图例等辅助要素。这样中国经济发展的地域分异规律就通过专题地图表达出来了,如图 6-2-7 所示。

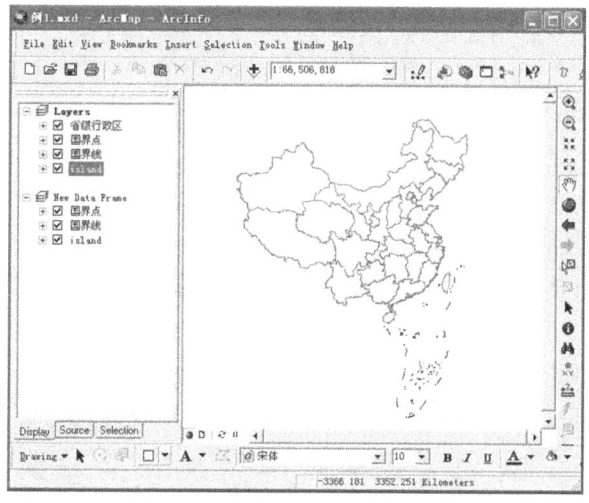

图 6-2-6　在新的图框中增加国界线文件

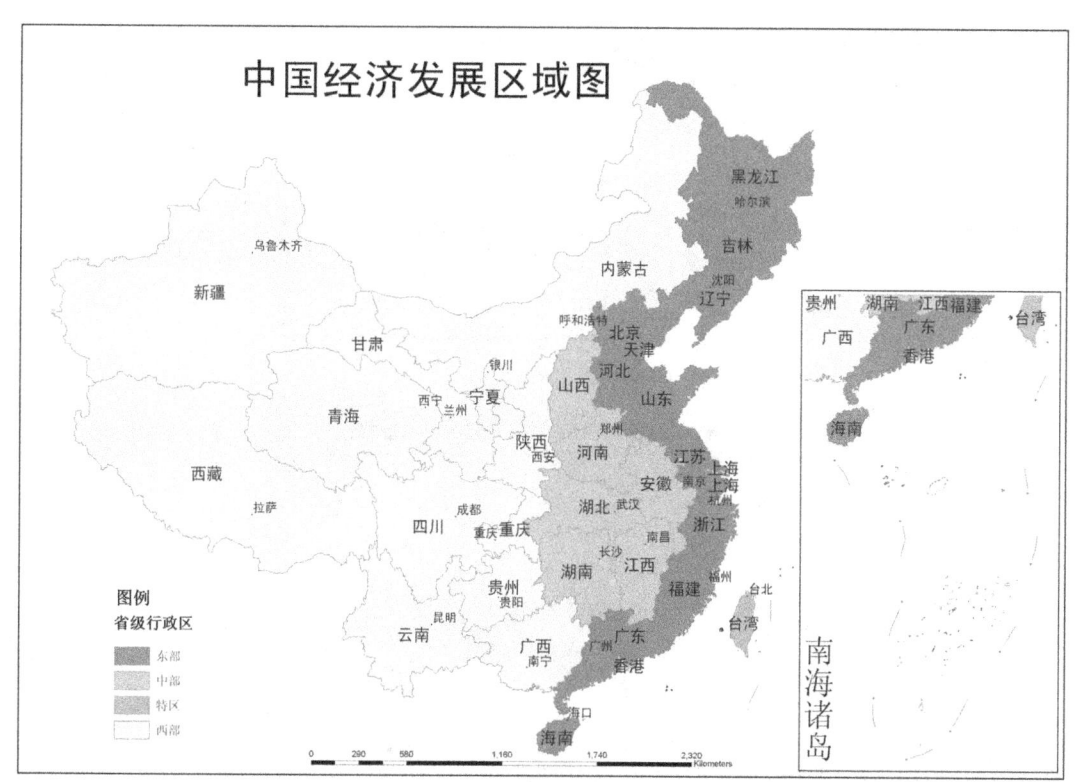

图 6-2-7　用不同的颜色表达中国的西部、中部和东部地区

(8)通过空间要素查询属性。教师如要讲述某省、市、自治区的经济、文化、人口等特点,可使用 ArcMap 的属性查询功能。具体操作是:单击主菜单上的 ⓘ 按钮,如图 6-2-8(左)所示,再单击需要查询的要素。如单击湖北,则湖北相关的属性信息便显示在对话框属性表中,如图 6-2-8(右)所示。

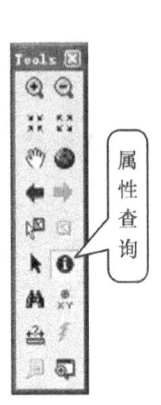 

图 6-2-8　通过空间要素查询属性

(9)通过属性查询空间要素：本例将查询 2000 年 GDP 超过 5000 亿人民币的省、市、自治区。在"省级行政区"要素上单击鼠标右键，选择"Open Attribute Table"，打开属性表，如图 6-2-9 所示。选择"options"，在打开的菜单中选择"Select By Attributes"，在弹出的对话框中点击"Selected"按钮，在表格中只显示满足条件的要素，输入查询的条件（"GDP_2000" ＞5000），如图 6-2-10 所示，再单击"Apply"按钮，满足条件的要素被突出显示出来，如图 6-2-11 所示。

图 6-2-9　省级行政区的属性表

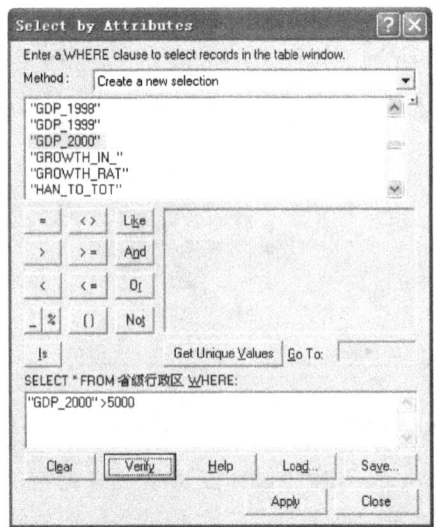

图 6-2-10　输入查询的条件

第六章　GIS 软件在辅助地理教学中的应用　　157

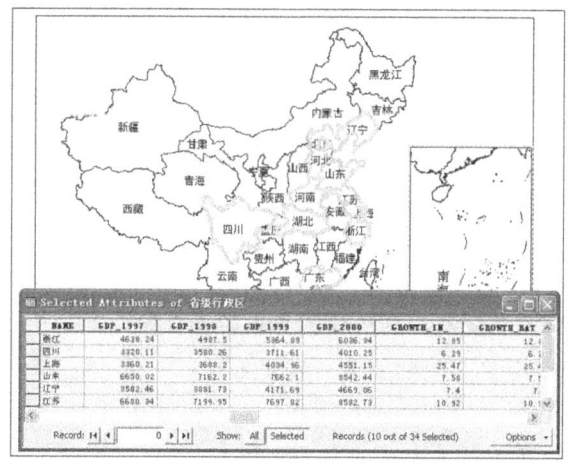

图 6-2-11　满足条件的要素被突出显示

（10）将满足条件的要素的属性输出为 DBF 表格，并通过 Excel 打开。单击"options"，在打开的菜单中选择"Export"，在弹出的对话框的 Export 选项中，选择"Selected Records"，并给出输出的 dbf 文件存放的路径和文件名。启动 Excel 软件，便可打开 dbf 文件，如图 6-2-12 所示。

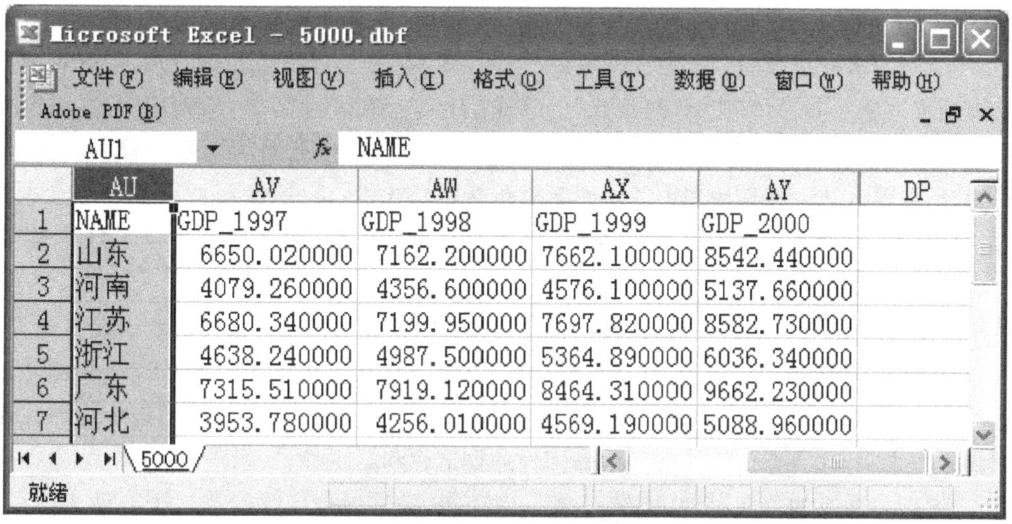

图 6-2-12　通过 Excel 打开 DBF 属性表

温馨提示

当 ArcMap 调入多个图层数据时，为了防止需要着重表达的要素被其他要素覆盖，一般需要将面状要素放在图层的下面，而将点状、线状要素放在图层的上面；将底图要素放在图层最下面，而将专题要素放在图层的上面。

实践探索

1. 在案例 1 的基础上加入全国的铁路、公路和河流数据。
2. 利用案例 1 提供的数据，通过省级行政区的属性表查询人口数量大于 5000 万人口的省级行政区。

3.将省级行政区的人口数注记在各行政区的轮廓中。

4.通过 ArcCatalog 浏览地理数据,查看地理数据的图形视图、数据结构以及元数据。

第三节 GIS 制作专题地图地理辅助教学

学完本节,你将能够:

☆了解地图的相关知识,理解地图在地理教学中的重要意义;

☆采用彩色分级删除符号表达地物要素的密度数据;

☆采用逐级符号表示属性值来制作专题图;

☆运用 ArcGIS 将多个属性变量制作成柱状专题图。

理论天地

地图是人类文化的伟大创造,是地理教学中必不可少的工具。中学地理课程标准提出:"经常运用地图不仅能帮助学生形成空间观念,理解和巩固学过的地理知识,而且能使学生独立获取新的地理知识。教师必须有计划、有步骤地指导学生阅读与教学内容有关的地图,作填绘地图的练习,初步学会运用地图解释和分析地理问题的一些方法。"在我国新一轮的地理课程改革中更加注重学生地图能力的培养,比如在高中《地理》必修Ⅱ"人口与城市"一节中,活动建议为:用本地人口资料,绘制图表,探究本地人口的发展模式和人口迁移的特点;在地图的绘制过程中,让学生了解地图的特征,绘制方法。中学地理中的地图教学包括两层含义:第一,运用地图直观形象的表达教学内容,这是现代地理教师必备的素质;第二,教给学生地图方面的知识,指导学生制作地图,用地图表达相关的地理要素的空间分布及特性。

运用专业 GIS 软件制作的专题地图,不仅位置准确,专题要素表达鲜明,地图要素全面,可直接用来量算,而且具有制作简单、工程量小等特点。首先,用专业 GIS 软件制作专题地图是地理教师必备的技能;其次,教师通过专业 GIS 软件将地理数据制作成的图像资料也是地理课件最有效果的图件来源之一,这能充分发挥教师制作课件的创造性和自主性。

ArcGIS 制作地图的功能强大,操作简单,一直倍受需要制作地图的非地图专业人士的青睐。ArcGIS 制作地图功能在 ArcMap 模块中,ArcMap 存在数据视图和版面视图两种视图窗口。其中,数据视图用于管理和显示数据要素,版面视图是专门用来制作地图的,它可把视图、图表、表格、图像以及图例、指向标、比例尺、标题等各种地图部件组合成图,是 ArcMap 用于创建、整饰、组合并支持数字地图输出的模块。在版面视图中,ArcMap 提供了一组画图工具,可用它在地图图版中产生各种图形,如点、线、多边形、多义线、矩形和圆等图元。同时在地图版面视图中还提供了对视图、图表和表格,以及图例、指北针、比例尺等地图要素进行配置与修饰的工具,利用这些工具可以很方便地制作形式多样的地图。

另外,ArcMap 能动态、直观地显示地理教学中常用的图表,如柱状图、饼状图、线条图、坐标散点图、水平直方图、面域图等。

ArcMap 支持多种数据格式输出,如 PDF、BMP、PNG、TIF、GIF 等,导出的文件(包括矢量形式和栅格形式)可以在 PowerPoint、Word、Flash、Coreldraw 等软件上打开和编辑,如输出的 Bitmap 格式的数据地图文件,可以直接(或经过转换后)在其他图像处理软件上加工,或者将

ArcGIS 显示的结果利用屏幕抓取或屏幕硬拷贝的方法输出,也可以在互联网上张贴或发布。

 经典案例 2 ——非洲人口密度的分级色彩表达

区域的人口数以及人口密度是人文地理中的重要内容,通过地图对区域内人口的绝对数量以及人口密度进行表达,可以使学生很容易发现人口的区域分异规律,便于学生很好地理解和记忆。

下面通过制作非洲人口密度的专题地图来表达非洲人口分布的情况。

(1)在 ArcGIS 中加载包含人口信息的非洲国家的地理数据 africa.shp,在该层的属性表中选择各个国家和地区的名称进行属性注记,如图 6-3-1 所示。

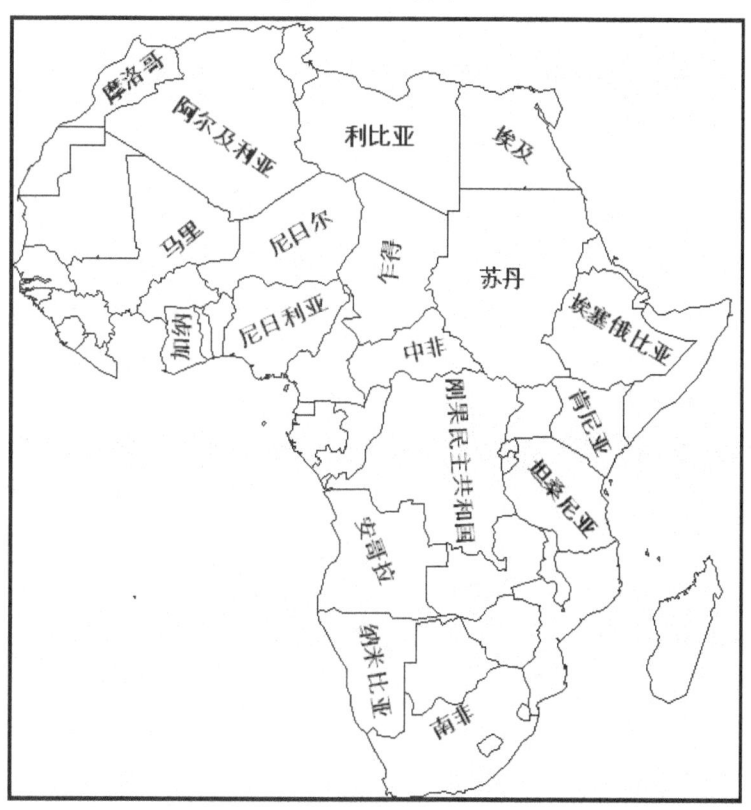

图 6-3-1 非洲地图

 温馨提示

为了尽量消除属性注记间的冲突,在该层的属性表的"Labels"中,用鼠标单击"Placement Properties",在弹出的注记位置设置对话框中,选择"Try horizontal,then straight"(尽量水平,然后使其为直线),并选择"Only place label inside polygon"(属性注记只在要素内部注记)。

(2)打开图层的"Layer Properties"对话框,如图 6-3-2 所示。在"Show"列表框中选择"Quantities"的"Graduated Colors"(渐变的颜色符号),在"Fields"复选框的"Value"下拉菜单中选择"POP_CNTRY"(各个国家的人口总数);在"Normalization"下拉菜单中选择"SQKM"(各个国家面积的平方公里数)。其目的是将 POP_CNTRY(人口数)除以 SQKM(面积),得到人口密度的计算结果,人口密度可以使用分级删除符号方法体现在地图中。

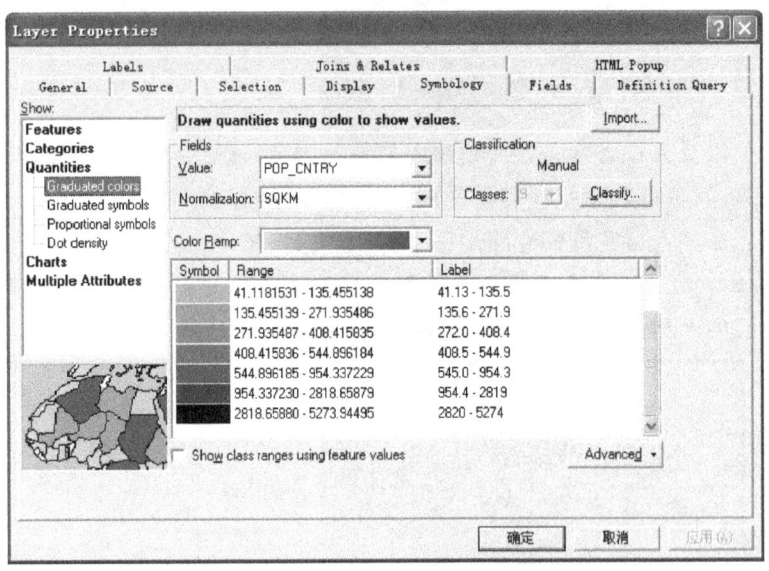

图 6-3-2 "Layer Properties"对话框

(3)确定人口密度分类的级数。将"Classification"复选框中的"Classes"设为 9。单击"Classify"按钮,打开"Classification"对话框,如图 6-3-3 所示。选择分级方式为"Manual"(手动分级),用鼠标拖动分类的竖条确定分类的范围,单击"OK"按钮确定。

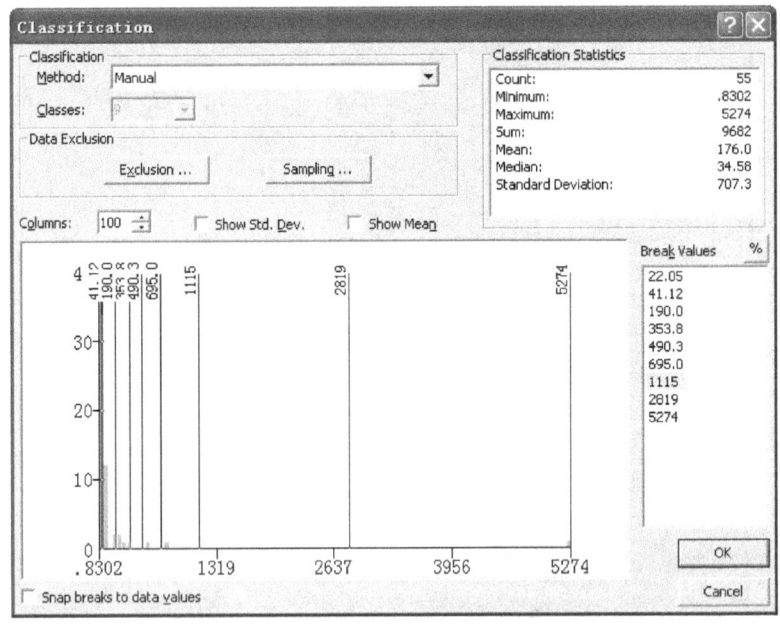

图 6-3-3 "Classification"对话框

(4)确认新的方案后,再次单击"OK"按钮,返回"Layer Properties"对话框,可以看到新旧方案之间的差异。通过对制图要素的具体设置,得到了一张利用分级色彩方法表示的非洲人口密度图,如图 6-3-4 所示。依据色彩差异,人口密度的空间分布特征显而易见,颜色越深,则密度越高。从图中可明显地看出沿海国家人口的平均密度比内陆国家大,其中几内亚、埃及、南非、尼日利亚人口密度最大。教师在教学中可用 ArcGIS 直接打开编辑好的非洲人口密度图,也可输出 pdf、jpg 文件,嵌入到地理课件中。

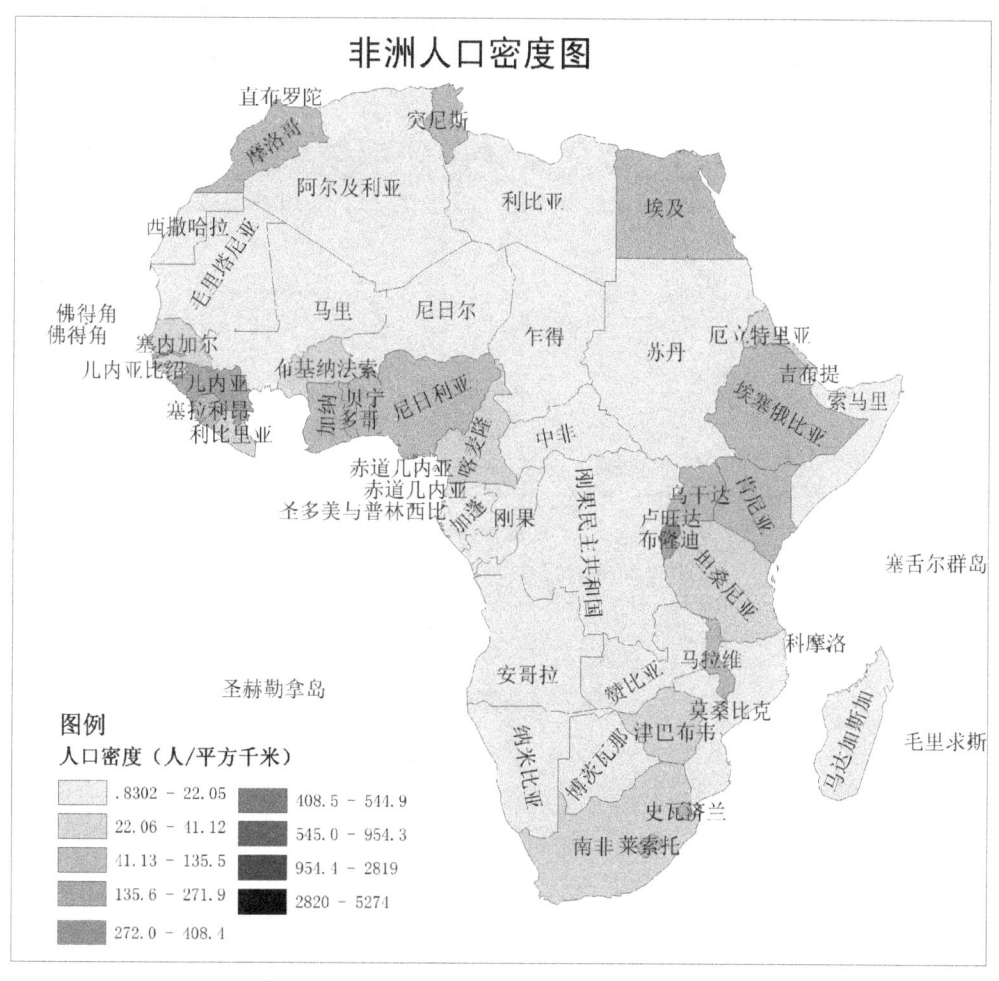

图 6-3-4　非洲人口密度图

> **温馨提示**
>
> 可以将属性注记转化为文字注记。具体操作为：在已经注记属性的数据层上单击鼠标右键，在打开的菜单中，选择"Convert Labels to Annotation"（转化标签到注记）。这样就可以对每个注记进行单独的编辑修改。对图例也可以进行打散，再对各个部分进行编辑。

经典案例 3——用逐级符号表示中国省级行政区 1990 年至 2000 年人口数量的变化值

在地理教学中，常常需要以某个量的变化值来说明事物变化趋势和规律。本例中我们用中国省级行政区 1990 年至 2000 年人口增加量的情况制作专题地图，直观展示中国人口增加的区域分异情况。在"省级行政区"的属性数据中已包含各省、市、自治区 1990 年和 2000 年的人口数据，运用 ArcGIS 的属性数据管理功能，添加 1990 年至 2000 年人口增量的属性项，其属性值为"2000 年人口数-1990 年的人口数"。然后根据该变量制作专题图。具体操作流程如下：

(1) 加载数据。在 ArcGIS 中加载包含 1990 年和 2000 年人口信息的"中国省市行政区.shp"文件。

(2) 增加"人口增加"字段。在"省级行政区"图层上单击鼠标右键，选择"Open Attribute

Table",打开"属性列表",如图 6-3-5 所示。点击"Options",在弹出的菜单中,选择"Add Field",在弹出的对话框中输入字段名——"人口增量",字段类型选择"float"型,如图 6-3-6 所示,单击"OK"按钮确定。

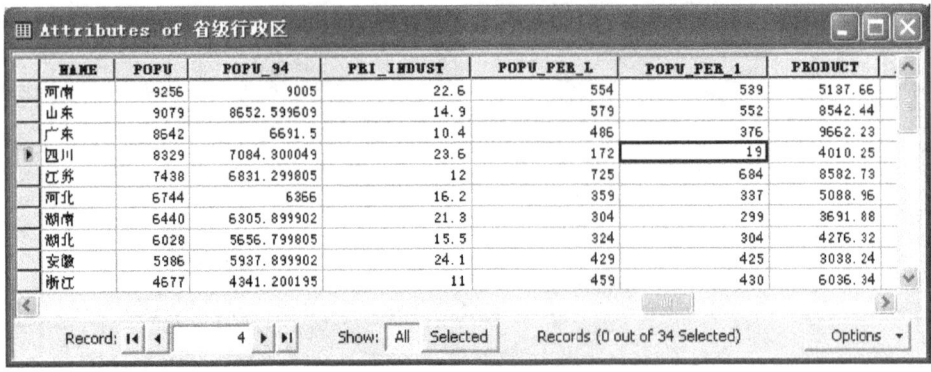

图 6-3-5　省级行政区属性列表

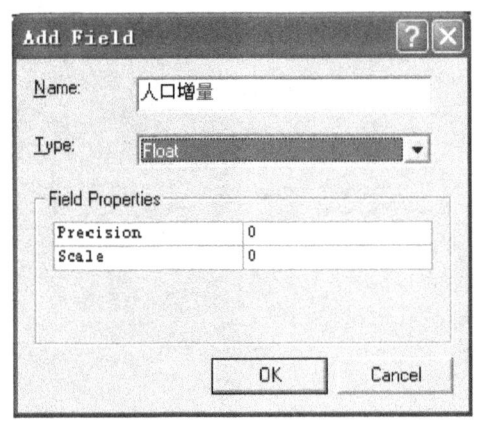

图 6-3-6　增加"人口增量"属性项

(3)为"人口增量"属性项添加属性值。在打开的"属性列表"的"人口增量"的表头上单击鼠标右键,在弹出的菜单中,选择"Field Calculator",在弹出的菜单中,选择变量和操作符,使用人口增量为[POPU] - [POP_1990],如图 6-3-7(左)所示。单击"OK"按钮确定,其结果如图 6-3-7(右)所示。

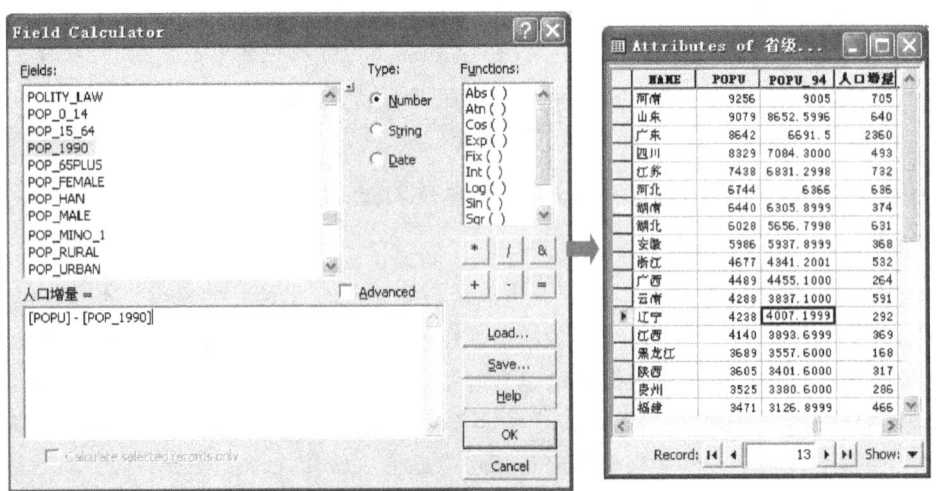

图 6-3-7　为"人口增量"赋值

(4)制作"人口增量"的专题地图。打开"省级行政区"图层的"Properties"对话框,在"Show"列表框中选择"Quantities"的"Graduated symbols",即通过符号的大小表达各行政区人口增量的情况。在"Fields"复选框的"Value"下拉菜单中选择"人口增量",设置符号形状模板、颜色、符号尺寸的范围、符号的背景颜色、分级数,具体设置可参看图6-3-8。然后单击"确定"按钮,得到如图6-3-9所示的专题图。

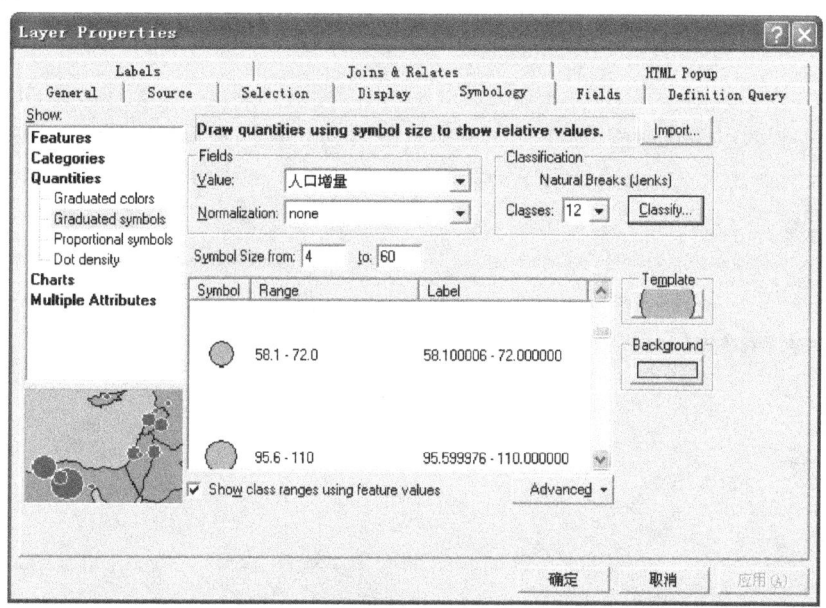

图 6-3-8　渐变符号表示"人口增量"

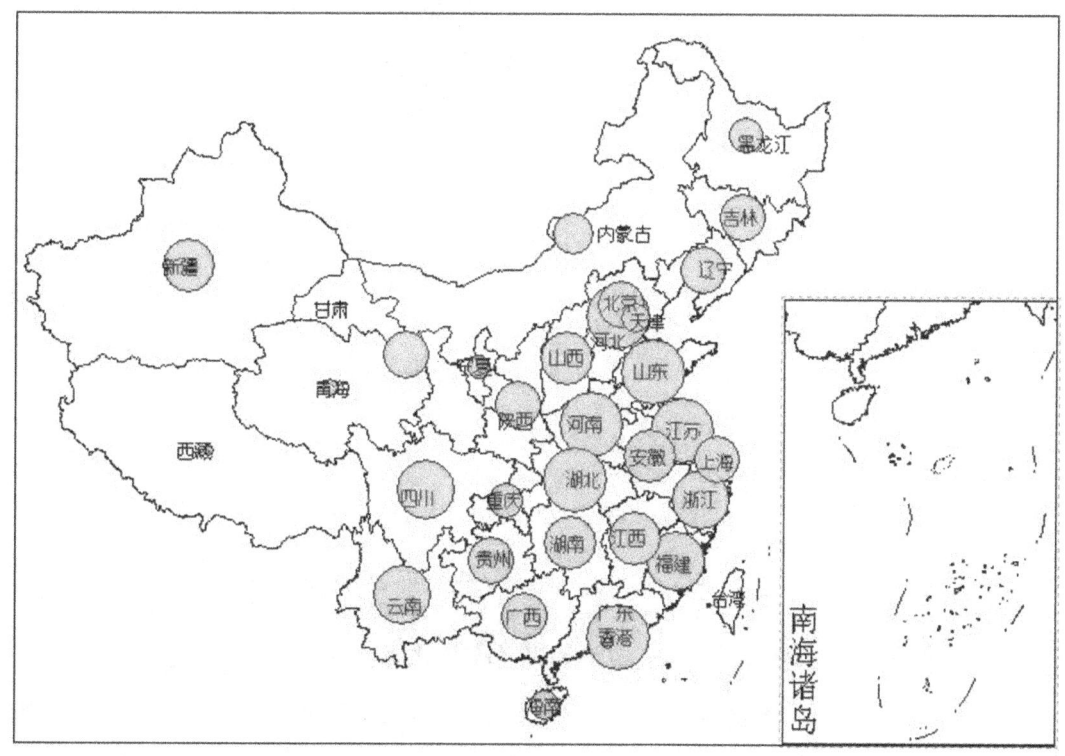

图 6-3-9　1990年至2000年"人口增量"

(5)添加地图的辅助要素。在 ArcMap 中加入国界图层并将数据视图切换到版面视图,使用"Insert"菜单下的"Title"、"North Arrow"、"Scale Bar"、"Scale Text"、"Legend"功能添加图名、指北针、图示比例尺以及数字比例尺。调整各辅助要素的位置和大小,使图面布局合理。其成果可输出为 jpg 图像格式,如图 6-3-10 所示(将南海诸岛插入到地图中的具体操作过程请参考案例1)。

> **温馨提示**
>
> 在 ArcMap 的版面视图下,为了保持地图比例尺的恒定以及地图幅面与数据相对位置的一致性,一般不要使用主工具条的放大、缩小以及移动工具,而使用版面视图的浏览工具条:
>
>

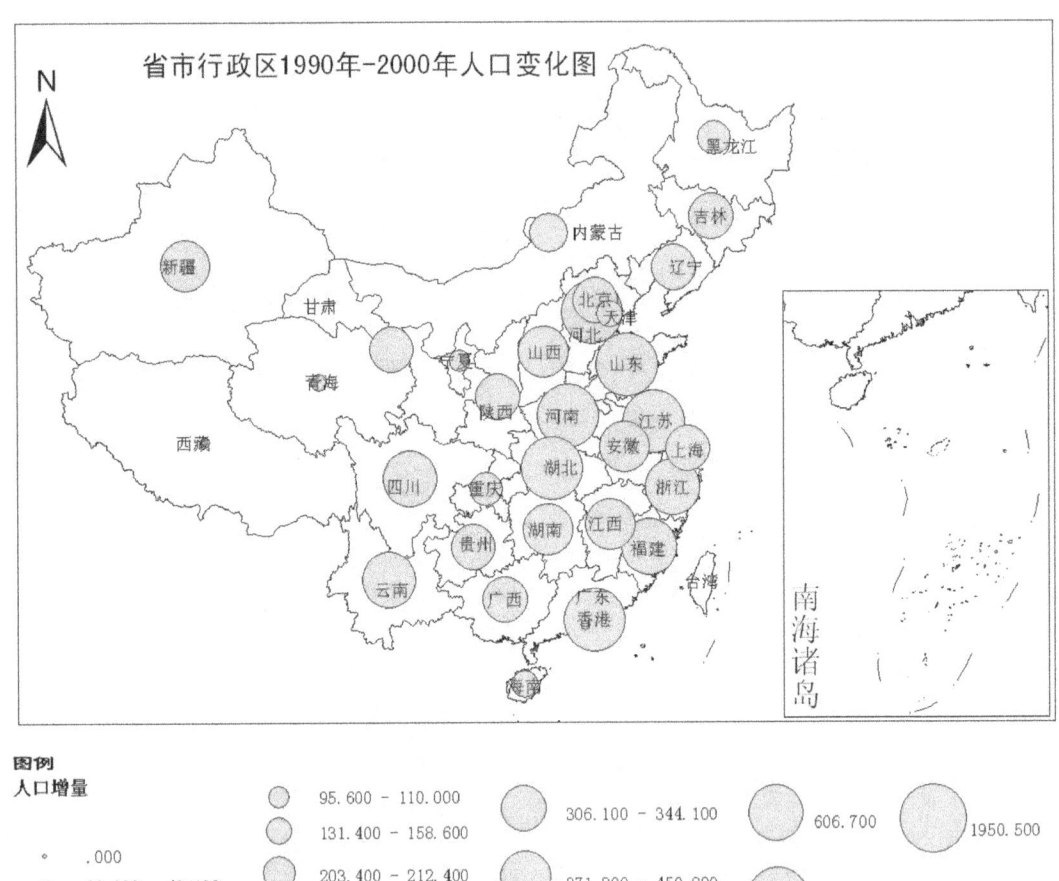

图 6-3-10 1990 年至 2000 年"人口增量"专题图

经典案例 4——制作中国中部地区六省 GDP 变化柱状图

柱状图(Histogram),也称条图、长条图、条状图,是一种以长方形的长度为变量的表达图形的统计报告图,由一系列高度不等的纵向条纹表示数据分布的情况,用来比较两个或以上的量值。地理教学中常常需要进行多个量的比较,可采用柱状图的方式。ArcGIS 软件能够在地图上将要素的多个属性值制作成柱状图,其不仅能够实现要素内部各变量的比较,而且还能实现各要素间的横向比较,这样非常有利于地理的教学工作。本例以中国中部六省1994年、1997年、1998年、1999年、2000年的 GDP 制作柱状专题图,一方面反映各省 GDP 的增长情况,另一方面有助于各省间的横向比较。具体操作流程如下:

(1)加载数据。在 ArcMap 中加载包含中部地区六省 1994 年、1997 年、1998 年、1999 年、2000 年 GDP 信息的地理数据——"中部六省.shp",如图 6-3-11 所示。

(2)专题要素表达。在"中部六省"图层上单击鼠标右键打开"Layer Properties"对话框,进入"Symbology"选项卡,选中"Show"列表中"Charts"里的"Bar/Column";选择要表达的属性:GDP_1994、GDP_1997、GDP_1998、GDP_1999、GDP_2000;选择各个柱状条样式、大小、颜色条带以及背景颜色等参量,如图 6-3-12(左)所示;单击"确定"按钮,生成的柱状图如图 6-3-12(右)所示。

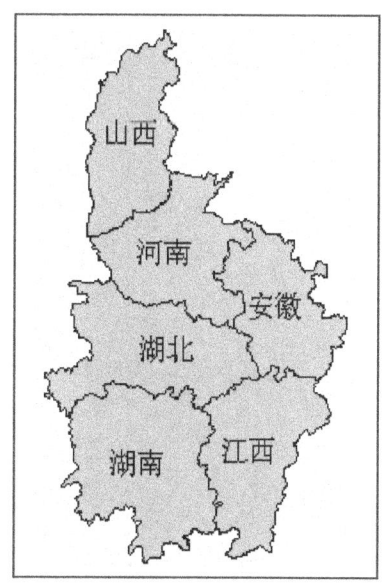

图 6-3-11　中国中部地区六省分布图

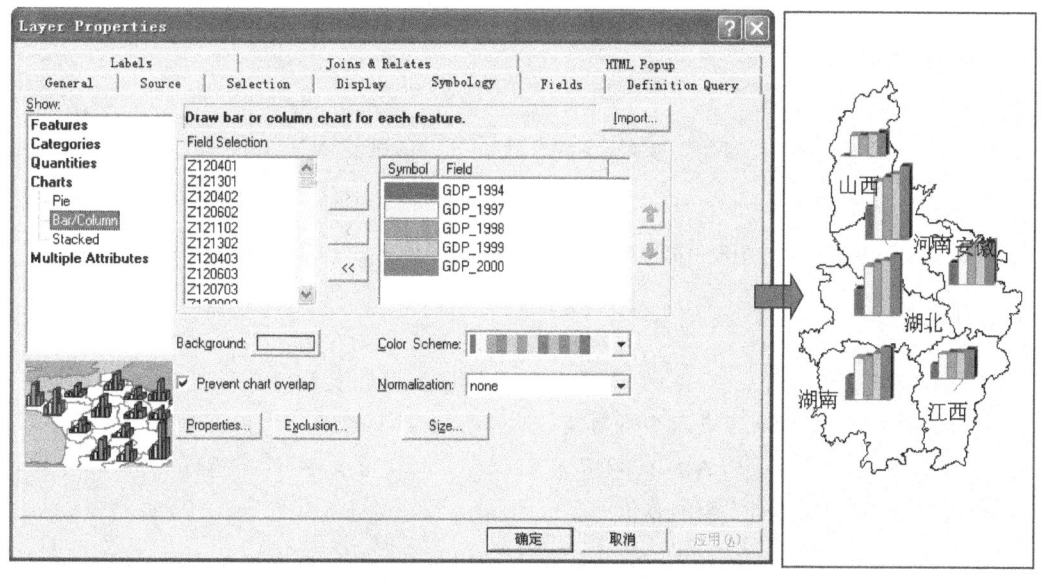

图 6-3-12　设置专题要素的符号

3. 添加专题图符号。在 ArcMap 中将"中国中部地区六省 GDP 变化柱状图"切换到版面视图,插入图名、图例和指北针、比例尺。可输出为 jpg 文件,图 6-3-13 给出了最后的成果图。

> **温馨提示**
>
> 　　在设计版面视图时,应先设置比例尺,再设置打印的纸张大小。当地图缩放时,为了使属性注记随之缩放,应用鼠标右键单击数据框,在弹出的"Properties"对话框中,选择"general",在"Reference Scale"中设置比例尺。

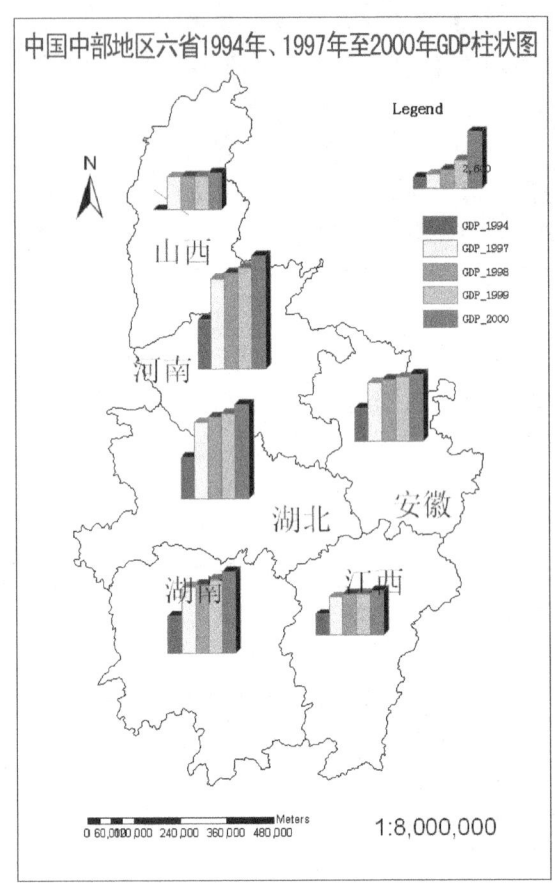

图 6-3-13　中国中部地区六省 1994 年、1997 年至 2000 年 GDP 柱状图

实践探索

1. 将中国中部地区六省 2000 年的 GDP 制作成用逐级颜色表示的专题图。
2. 查阅相关资料，用饼状图表示中国各省、市、自治区男女数量及比例关系。
3. 在"省级行政区"文件中，添加 1990 年至 2000 年"人口增长率"的字段，并利用已有的属性值计算出各行政区"人口增长率"具体的值。

第四节　GIS 热链接辅助地理教学

学完本节，你将能够：

☆ 掌握地理要素与多媒体文件进行链接的方法；
☆ 掌握在主题要素与链接媒体间进行切换操作。

理论天地

所谓热链接（Hot link）功能，就是在 GIS 专题的属性表中增加关于照片、视频、文字、平面图等文本文件、图形、图像和动画程序文件的属性项，有效地加强不同类型数据之间的联系。一旦定义好热链接之后，在地图上点击一个要素，就会立即打开进一步说明该要素的多媒体文件。热链接是针对某一个主题图层而言的。在一个图层里,可对全部或部分要素设置热键,而一个主题的热链接类型只能有一种,即只能是文档、图形、图像、视频、声音、动画等形式中的一种。利用 GIS 软件进行地理授课时,可以将与讲授主题相关的视屏、图像等多媒体文件与主题要素进行链接,教师可根据需要随时播放与主题要素链接的多媒体文件。例如,在介绍河套平原时,可以把河套平原作为一个点,将与河套平原有关的图片或视频与该点建立起热链接。这样可以通过对河套平原的热链接操作,充分利用相关资料来配合教学。

经典案例 5 ——在 ArcGIS 中设置热链接

在 ArcMap 中设置热链接,其主要操作是在图层的属性表中添加字段作为链接的信息。属性表的属性值必须指定文件的路径和文件名,在地理教学中常用的有图像、视频和音乐、Flash 动画、PPT 课件、Word 等文件;在属性项中也可以用输入的 HTTP 地址来打开对应的页面。下面我们以介绍中国各省会、直辖市城市的标志景观为例说明设置热链接的具体操作。具体步骤如下:

(1)在 ArcMap 中调入"省级行政区.shp"和"省会城市.shp"文件,使用属性的标签功能将省、市、自治区、省会的名称注记在地图上。

(2)打开省会城市的属性表,单击"Options\Add Field",打开"添加属性项"对话框,如图 6-4-1 所示,添加类型"Type"为"Text"的属性项"Link"。

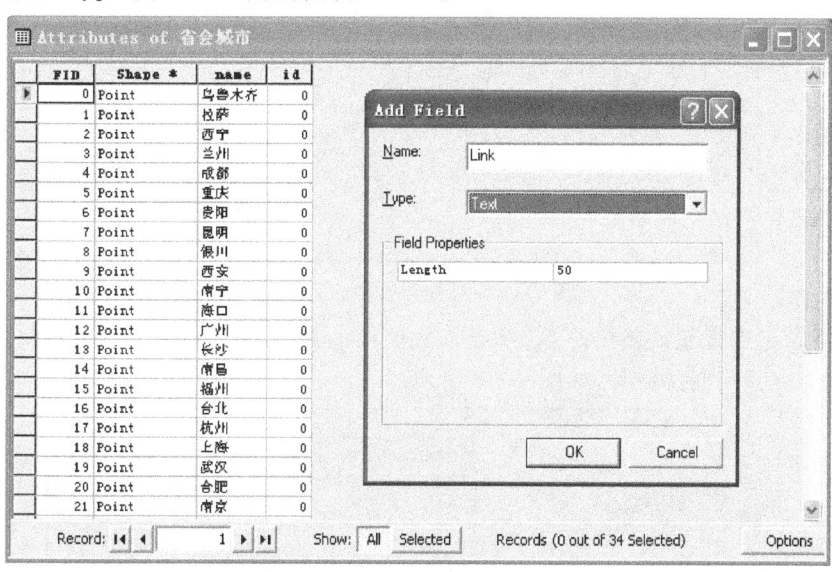

图 6-4-1　为图层"省会城市"添加属性项

(3)将代表各城市标志的图片存放到一个文件目录中,如 D:\LOGO,每个城市的图片以其城市名称命名,如武汉.jpg、长沙.jpg。

(4)单击工具栏的"Editor Toolbar"按钮,打开 ArcMap 的编辑工具条,选择省会城市为编辑层,如图 6-4-2 所示。

图 6-4-2　设置编辑层为"省会城市"

(5)选择城市点要素(如武汉),在编辑条上单击属性输入按钮,打开属性输入对话框,在"Link"字段中输入对应的文件路径和文件名,如图 6-4-3 输入了选中城市对应的标志图片的路径和文件名。用同样的方法给所有城市输入对应图片的路径和文件名,保存数据后退出编辑状态。

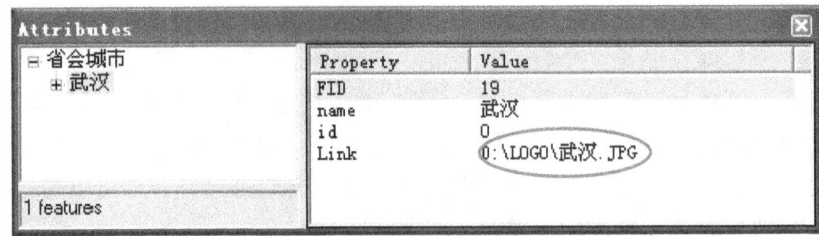

图 6-4-3　各城市赋标志图片

(6)在"省会城市"上单击鼠标右键,打开图层对应的属性(Properties)对话框,在对话框中单击"Display"项,在超链接(Hyperlinks)框内勾选"Support Hyperlinks using field",选择超链接对应的字段,勾选"Document",如图 6-4-4 所示。单击"确定"按钮退出设置。

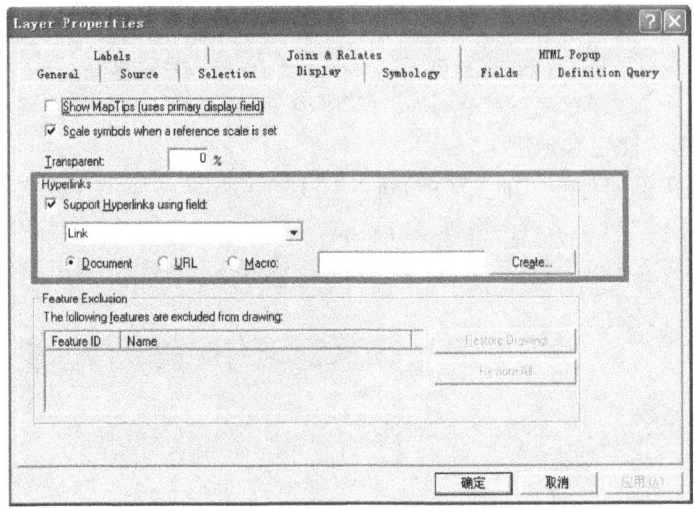

图 6-4-4　设置超链接的属性项

(7)在工具条中选择超链接按钮 ⚡,单击关注城市点要素,就能显示该城市的标志图片,如单击"南昌"就可打开滕王阁的图片,如图 6-4-5 所示。

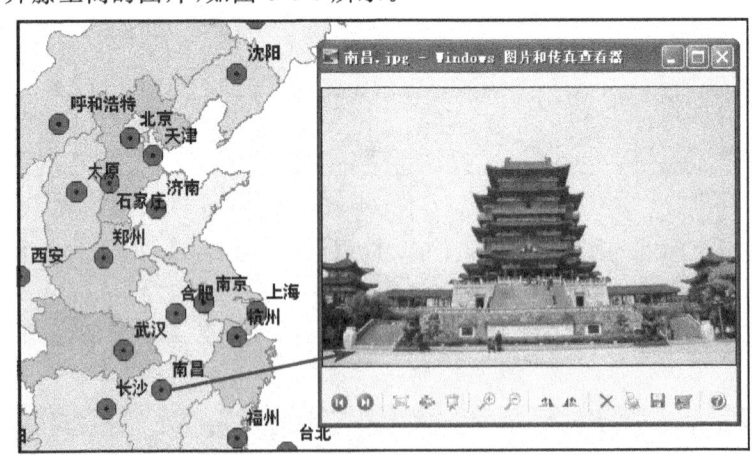

图 6-4-5　打开城市链接的图片

实践探索

1.在网上下载美国的地图数据,将美国农业的视频与之热链接,并进行视频热链接操作。

2.在 ArcGIS 软件中将光盘中的"魅力武汉.avi"视频与省会城市武汉制作成热链接,并通过热链接启动视频文件。

3. 将你熟悉的省会城市的介绍做成 Word 文档，通过 ArcGIS 软件将该省会城市的要素与文档进行热链接，并通过热链接启动文档介绍文件。

第五节　GIS 地貌表达辅助地理教学

学完本节，你将能够：

☆通过 DEM 数据生成晕渲图；
☆通过 DEM 数据生成等值线图。

理论天地

地貌数据是空间数据的重要内容之一，用于描述地球表面的起伏状态。地形地貌对整个生物界的孕育、产生、繁衍、发展都具有重大影响，它控制着地球表面上水分、热量的再分配，进而对气候、水文、土壤、生态乃至人类有着重要的影响，是人类认识自然、改造自然的重要客体。例如，宏观地貌形态影响着气候的变化、植被的分布，控制着水系发育的格局，微观地貌形态影响小区域内植被的垂直分布和水平分异，影响沟壑发育，影响着居民地、道路网发展的类型及分布特点。

地貌及其表达是地理课程的重要内容。ArcGIS 软件能对地貌进行形象逼真的表达，通过专业 GIS 软件制作地形的等高线图、晕渲图、坡度图等数据产品是现代地理教师必须掌握的技能，另外，制作的等高线图、晕渲图、坡度图等数据产品也可直接为地理课件提供图件。本节主要介绍利用 DEM 数据制作地貌晕渲图的方法。

经典案例 6——利用 ArcMap 软件制作晕渲图

（1）调入 DEM 数据：在 ArcMap 中调入 DEM 文件，如图 6-5-1 所示。DEM(Digital Elevation Model)的全称是数字高程模型，其实质是将地面划分为网格，将每个网格的平均高程记录在一个电子表格中而形成的文件。

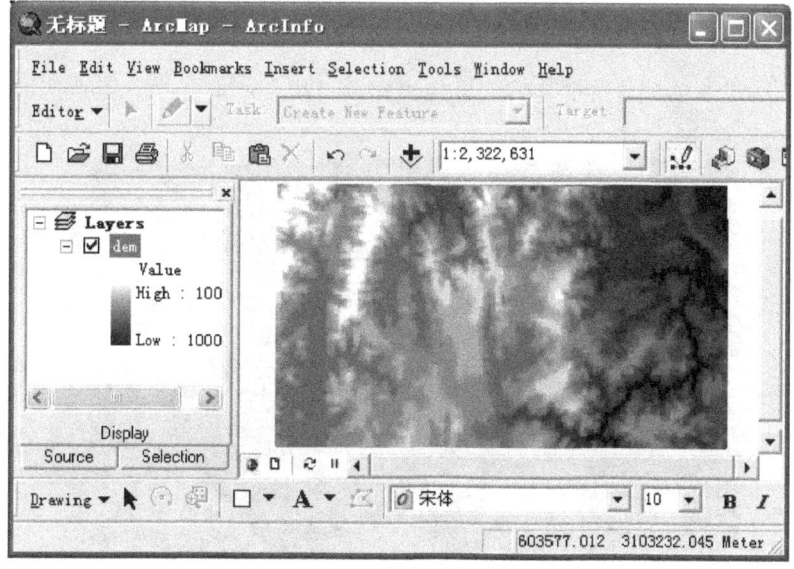

图 6-5-1　ArcMap 下显示的 DEM 文件

(2)打开空间分析的工具条:在菜单栏单击"View",再单击"Toolbar"选项,在弹出的对话框中找到"Spatial Analyst",再单击即可,如图 6-5-2 所示。

图 6-5-2　空间分析工具条

 说明

如果在 ArcMap 框架的空白处单击鼠标右键,在弹出的菜单中没有"Spatial Analyst"选项,则需要选择主菜单"TOOLS"→"EXTENSIONS",在弹出的对话框中勾选"Spatial Analyst"。

(3)生成晕渲的参数设置:选择"Spatial Analyst"菜单下的"Surface Analysis"→"Hillshade",打开晕渲设置对话框,选择 DEM 文件,设置光照的方位角(Azimuth)、高度角(Altitude)、高度的比率系数(Z factor)以及晕渲的网格大小,如图 6-5-3 所示。

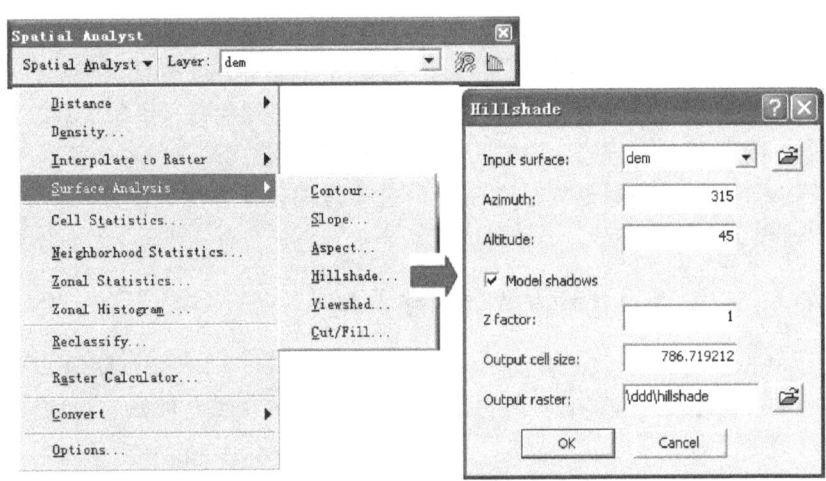

图 6-5-3　生成晕渲的参数设置

(4)生成晕渲:单击如图 6-5-3 所示的对话框中的"OK"按钮,生成 DEM 对应的晕渲图,如图 6-5-4 所示。

图 6-5-4　DEM 生成的晕渲图

(5)生成等高线参数设置:选择"Spatial Analyst"菜单下的"Surface Analysis"→"Contour",打开等高线设置对话框,输入等高距等参数,如图 6-5-5 所示。

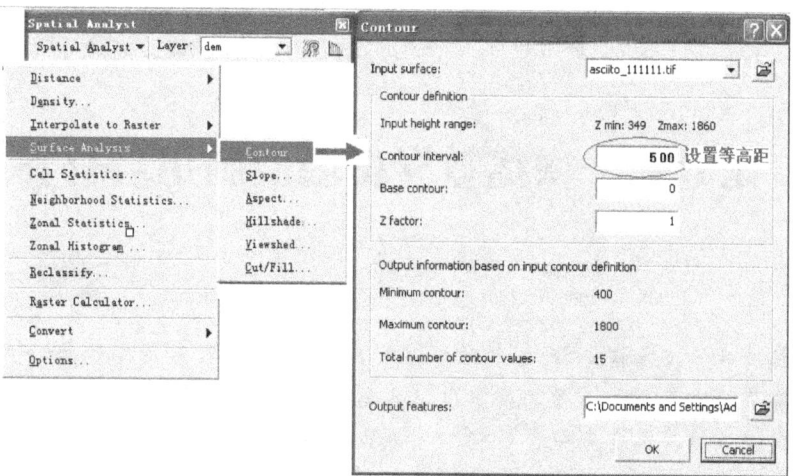

图 6-5-5　生成等高线的参数设置

(6)生成等高线:单击如图 6-5-5 所示的对话框中的"OK"按钮,生成等高线,关闭 DEM 数据的显示,得到的等高线如图 6-5-6 所示。

图 6-5-6　DEM 生成的等高线(等高距 500 米)

> **温馨提示**
>
> ArcGIS 通过 DEM 生成的等高线一般比较破碎,往往需要手工处理。等高线被处理后,还需要进行符号化处理,给不同高程的等高线配上不同颜色,为等高线注记高程。

实践探索

1. 查阅 ArcGIS 相关的资料,进一步了解有关 DEM 数据的知识。

2. 从湖北省某一年年鉴中查阅各市、县的人口数,在 ArcGIS 中将人口数据输入到湖北省、市、县要素的属性中,用空间分析功能生成湖北省人口分布等值线图。

3. 阅读 ArcGIS 的相关资料,用案例 6 的数据生成该区域的坡度图。

第七章　网络教学资源的利用与开发

本章导读：

与传统的教学资源相比,网络教学资源以其丰富、快捷和方便等优势,已经成为教师获取教学资源的重要途径。互联网上的信息浩如烟海,可利用的教学资源不计其数,如何快速获取有效的教学资源呢?如何对已获取的教学资源进行有效管理呢?本章将从以下三个方面介绍网络教学资源。第一节阐明网络教学资源的含义及其类型;第二、三节介绍从网上获取并管理教学资源的方法及技巧,具有很强的实用性;第四节主要介绍个人博客、网站、论坛等信息共享平台的制作方法。

第一节　网络教学资源概述

学完本节,你将能够：

☆说出网络教学资源的含义;
☆理解网络教学资源的基本类型;
☆了解网络教学资源的特点。

20世纪90年代以来,随着网络和信息技术的发展,逐渐扫清了信息传递的障碍。功能强大的搜索引擎和种类繁多的教育网站为广大教育工作者提供了丰富多样的网络教学资源,也为教学质量的提高及教育的普及提供了可能。

一、网络教学资源的含义

网络教学资源,是指互联网上为教学目的而设计的或者是被直接用于教学的各类资源。在教育部现代远程教育建设委员会《现代远程教育资源建设技术规范》中指出,网络教学资源包括媒体素材、题库、案例、课件与网络课件和网络课程等几大类。

二、网络教学资源的类型

网络教学资源包括三种类型:一是教学资源库,包括各种媒体素材库、题库、案例库、教材库、课件库等;二是网络课程,主要是指在先进的教育思想、教学理论与学习理论指导下的基于Web的课程,其学习过程具有交互性、共享性、开放性、协作性和自主性等基本特征;三是教学网站,主要是指向优秀教师或教学小组开放一定的网络空间,下放一定的管理权限,使他们能够开设自己个性化的教学资源库或学科教学网站,存放自己平时收集、加工或制作的教学资源,包括教学课件、教学讲义、研究论文、心得体会等,在固定范围内开放,并定期进行更新、维护与管理,可进行互动式的网络辅助教学。网络教学资源的组成结构如图7-1-1所示。

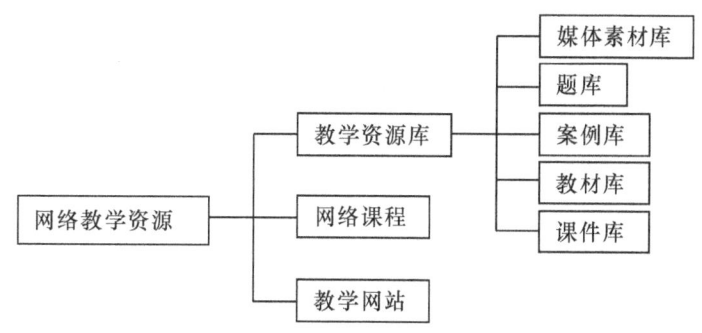

图 7-1-1　网络教学资源的组成

就地理学科而言,教学资源库主要有以下类型。

1. 媒体素材

媒体素材是承载教学信息的基本单元,媒体素材又可细分为五大类,即文本、图像(图形)、音频、视频和动画素材。文本素材包括地理教案、地理论文和地理电子书等;图像(图形)素材包括电子地图、示意图、统计图和地理漫画等;音频素材主要指语音、音效与配乐等;视频素材主要有教学录像等;动画素材主要指二维动画和三维动画,其中 Flash 制作的动画是典型的二维动画,3Dmax 制作出来的动画是典型的三维动画。

2. 题库

题库是按照一定的教育测量理论,在计算机系统中实现的某个学科题目的集合,是在数学模型基础上建立起来的教育测量工具。

3. 案例库

案例是指具有现实指导意义和教学意义的代表性的事件或现象。案例库就是案例这一特定内容的集合,包括课外案例的源文件、制作过程以及制作技巧等内容。

4. 课件与网络课件

课件是对一个或几个知识点实施相对完整教学的教学辅助软件,根据运行环境不同,分为网络版的课件和单机运行的课件,网络版的课件需要在网络环境中运行,单机版的课件在下载后可以在单机上运行。

5. 网络课程

网络课程是在先进的教育思想、教学理论与学习理论指导下的基于 Web 的课程,其学习过程具有交互性、共享性、开放性、协作性和自主性等基本特征。目前,我国许多大学都成立了网络学院,提供网络课程,如北京大学、北京师范大学、华东师范大学、复旦大学、上海交通大学、华中师范大学等。网络课程以其灵活的、开放的、基于资源的特点使它在继续教育、素质教育及职业教育方面都有很大的优势。

6. 地理教学网站

地理教学网站是基于互联网进行教学、学习和讨论等教学活动的一种网络平台,主要表现形式有在线交流、在线答疑、共享音频、视频和教学成果等。我国许多教学科研机构、中小学校和大专院校都开办了地理教学网站。许多地理教师也制作了地理学科内容的个人主页。

三、网络教学资源的特点

网络教学资源作为信息时代发展的产物,在课堂教学中之所以能受到广大师生的喜爱,是因为它具有传统教学资源无法比拟的优势和特点,其具体表现为:

(一) 丰富的共享资源

信息量大是网络资源的突出特点。全球相连的信息网络最大限度地实现了资源共享,为每一个学习者提供了所需要的学习资源和学习环境。学习者通过上网可随时访问教学资源,查找所需知识,并利用 Web、E-mail、BBS、QQ 和 Blog 等形式,对感兴趣的问题进行阅读或讨论,感受网络的便利。

(二) 良好的交互性能

利用网络教学资源,师生之间、生生之间可通过 E-mail、BBS、FTP、NetMeeting、QQ、Blog 等交流工具实现人机对话和远距离的人人对话,实现双向人机交互、互动学习和多边互动的网络教学。

(三) 多样的媒体展示

网络教学资源以计算机为核心,将文本、图形、动画、影像和声音等多种媒体形式有机地联系到一起,多以超文本的形式呈现,集各种媒体之长,图文并茂,生动有趣,使抽象事物形象化或半形象化,能够创造良好的学习氛围。

(四) 逼真的虚拟表现

虚拟化是网络教学资源的另一突出特点。采用网络技术能模拟再现宏观世界和微观世界。利用网络教学资源,采用 3D 虚拟技术,可以将具有危险性、现实演示代价太高的操作,或者某些演示性强、试验效果高的细节问题生动、逼真地模拟出来,使学生易于理解,创造一种身临其境之感,利于培养学生的实践操作能力。

巨大的网络给教师的教与学生的学提供了尽可能多的资源,这种学习形式与学习条件也为师生提供了更广阔的空间,可以使他们在检索、提取、整理信息中完成任务,使学习者在充满自由和乐趣的知识构建中达到学习目标。

实践探索

1. 简述网络教学资源的概念及其分类。
2. 简述网络教学资源的特点。

第二节 地理网络教学资源的获取

学完本节,你将能够:

☆ 熟悉常用的地理网站并能从中获取有效地理教学资源;
☆ 利用各主要搜索引擎从网上获取所需地理信息和教学资源。

理论天地

能否快速获取各类教学资源,已经成为衡量教师信息素养高低的重要指标之一。每位教师都有必要掌握一些获取网络教学资源的方法和技能。获取网络教学资源的方法有很多,一是直接进入地理教学网站获取;二是利用 Google 和百度等搜索引擎进行搜索获取。

一、地理教学网站

如何快速获取地理教学资源呢?地理教学网站无疑是首选去处。地理教学网站中包含有丰富的地理课件、动画、视频、图片、试题、教案和论文等教学资源。一些比较常用的地理网站列举如下:

(一)中国中小学教育教学资源库网(http://www.k12.com.cn)

中国中小学教育教学资源库网是由全国中小学计算机教育研究中心建立的专门面向中小学教育的大型教育网站,网站中有很多与地理学科相关的内容,最值得推荐的是"教学资源"栏目,这里有全国各地教师上传的各种地理教学资源。这些地理资源中有不少极具参考价值。

(二)中国基础教育网——地理频道(http://www.cbe21.com/subject/geography)

中国基础教育网是由教育部基础教育课程教材发展中心建立的网站,"地理频道"中设有"多媒体资源"、"备课素材"、"教案精选"、"教学习题"、"教研教改"等教学栏目。其中,"多媒体资源"的"图片荟萃"中有大量适合教学使用的图片,这些图片的内容都用文字标出,极大方便了用户的使用。网站中比较有特色的栏目是"环保纵横"、"环球索异",前者有大量有关环境保护的报道与知识,后者是世界各地的奇闻逸事。网站中还设有"专题报道"栏目,主要是对一些热点地区和事件作比较详细的分析。

(三)地理教与学资源(http://dili.fsjy.net)

这个网站是广东佛山市教育信息网的一个子网,网站直接面向中学地理教学,网站中有大量多媒体素材、课件、教案、题库、论文、软件和地图等教学资源,对中学地理教师来说有很好的参考价值。

(四)中学地理教学资源网(www.yeschool.net/zhp)

该网站是一个老牌的地理资源网站。网站设有"地理题库"、"地理论文"、"地理教案"和"地理百科园"等栏目,里面均提供了丰富的地理教学资源。为了方便使用者查找到这些资源,站中设有"素材搜索"功能。另外,网站还设有"盟员专区"和"论坛",前者提供上传地理资源的平台,后者提供与地理教师交流的平台。

(五)地理频道(http://www.dlpd.com)

该网站是由江苏省姜堰市第二中学游忠老师建立的个人网站,设有"地理论坛"、"聚焦'3+X'"、"专题地理"、"考试指南"、"地理资源"、"地理书架"、"地理导航"等栏目。"聚焦'3+X'"主要讨论有关高考改革的话题,并提供了有关综合考试的资料。"专题地理"主要介绍世界和我国热点地区和事物的地理背景资料。"考试指南"中提供了大量高中地理试题,这些试题都是Word版的,下载后还可进行编辑。"地理资源"中又设了"地理图谱"、"地理辞典"、"地理数据"、"备课卡片"、"精品教案"和"课件"等栏目,"地理图谱"中有部分空白图非常实用,"课件荟萃"中有非常不错的课件。这些教学资源对于地理教学很有帮助。

(六)高考资源网(http://www.ks5u.com/)

该网站以提供高考复习资源为核心,为广大教师提供了较有价值的试题、较有思想的教案、生动的教学课件、历年考试试题和教学方法技巧等教学资源。

进入地理网站的方法有两种:一是直接在搜索栏中输入相关网站的地址,然后按"Enter"键;二是通过主题目录一级一级地往下搜索。

以搜狐网为例,在网站主页的中部,排列着站点自定义的一级主目录,找到其中的一个类目"教育",点击"教育"后将会看见下一级目录。如果想得到更为细致的分类,可继续点击进入,直到呈现所需的网页为止,如图7-2-1所示。

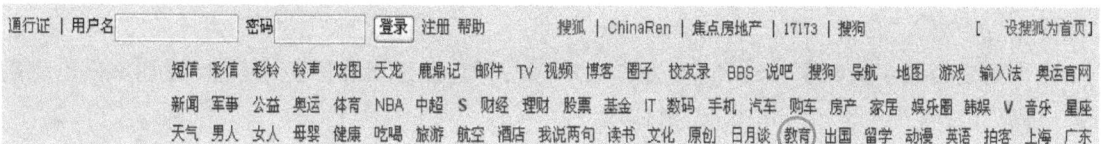

图7-2-1 主题目录

主题目录其实是一种将不同学科、专业的信息按照分类目录的方式组织并按等级排列的主题类别索引,分级类目指引用户通过主题浏览站点列表,层层细化检索相关的信息。

二、搜索引擎

搜索引擎是一个网络门户,其核心是网络导航服务。不同的搜索引擎提供服务的侧重点不同,例如,Yahoo注重的是网站分类归总服务,而Alta Vista和Excite等则注重提供庞大数据库的搜索。

一些地理教材很少涉及像"白夜"、"晨昏蒙影"、"厄尔尼诺"、"南方涛动"和"热赤道"等这些带有拓展性的知识,网上都有更全面、更透彻的介绍。

常用的搜索引擎有Baidu、Google、Sogo、Yahoo等,下面以Baidu为例,谈谈如何利用搜索引擎获取地理教学资源。

(一)巧用保留字

搜索指定格式的文件可以用关键字filetype。如,搜索PPT格式的有关红树林的资料,可以在搜索栏中输入"红树林 filetype:ppt",如图7-2-2所示。

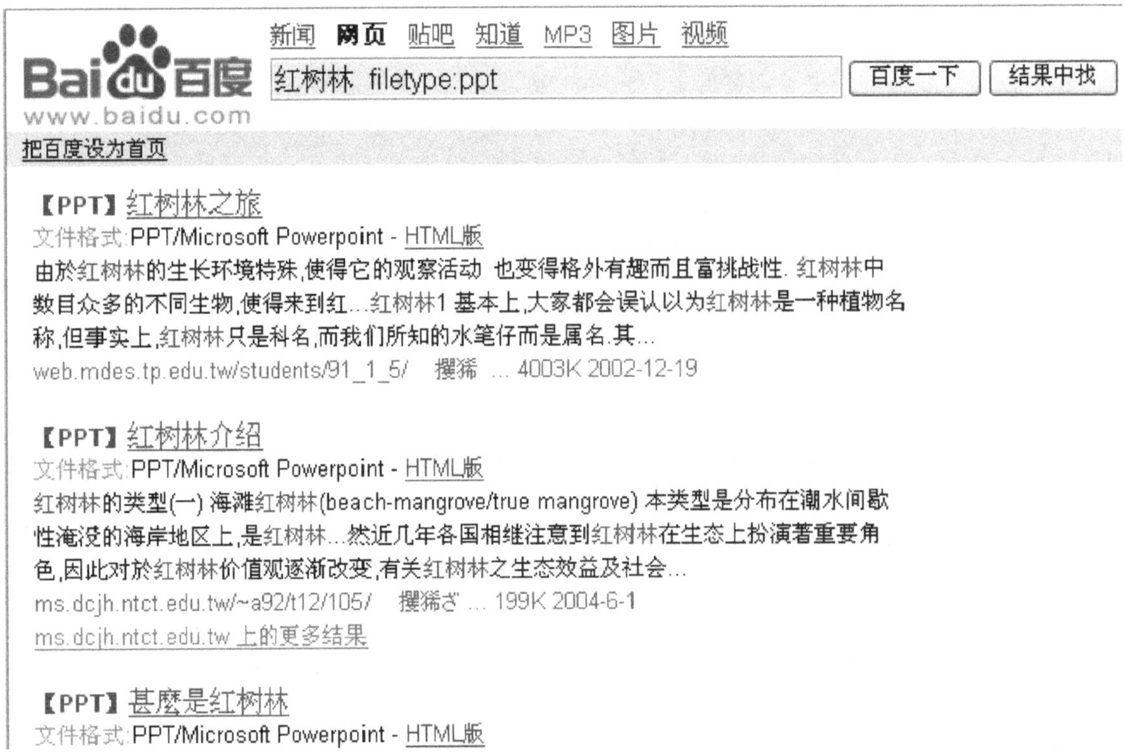

图7-2-2 关键字filetype的使用

搜索指定网站中的地理资源可以用关键字site。如,搜索新浪网中的所有关于日食的资料,可以在搜索栏中输入"日食 site:www.sina.com.cn"。

搜索指定关键字的标题,可以使用关键字intitle。如,搜索所有标题中包含"红树林"三个字的资源,可以在搜索栏中输入"intitle:红树林"。

搜索带有链接性质的网页时可以使用关键字inurl。如,搜索所有含有"红树林"三个字的链接资源,可以在搜索栏中输入"inurl:红树林"。

> **技巧点拨**
>
> 搜索地理音频素材时既可以执行"'百度主页'→'mp3 搜索'→'关键词'"的操作,又可直接在百度主页的搜索栏中输入"mp3:'关键词'"。

(二)布尔逻辑搜索

布尔逻辑搜索就是利用布尔逻辑运算符进行检索项的逻辑组配,用以表达检索者的提问概念。它使用面最广、使用频率最高。严格意义上的布尔逻辑搜索是指利用布尔逻辑运算符连接各个检索词,布尔逻辑运算符的作用是把检索词连接起来,构成一个逻辑检索式,然后由计算机进行相应逻辑运算,以找出所需信息的方法。

若要求搜索的网页信息中一定不包含某些关键词,可以使用减号。如,只搜索有关台风的信息而不需要飓风的信息,则应在搜索栏中输入"台风－飓风"。同理,若要求搜索的网页标题信息中同时包括两个关键词,则应使用加号。如在搜索栏中输入"台风 ＋飓风",将在搜索页中出现所有标题中既包括"台风"又包括"飓风"的网页。

(三)其他技巧

当输入较长的搜索词时,搜索引擎可能会将其进行自动拆分,影响到搜索效果,这时就需要对搜索词加上引号。如,搜索含有"中国的荒漠化防治"完整字样的地理信息时就需要在搜索栏中输入"中国的荒漠化防治"。

> **温馨提示**
>
> 注意前一个关键词和减号之间必须有空格,否则,减号会被当成连字符处理,而失去减号语法功能;减号和后一个关键词之间有无空格均可。

三、下载工具

目前,网上的下载工具大致可以分为三类:

一是最常用的基于服务器—客户端模式(Server-Client)的 HTTP/FTP 等基本协议的下载软件。如,影音传送带(网络传送带,Net Transport)、网络快车(网际快车,Jetcar)、网络蚂蚁(Netant)、迅雷(Thunder)等。这一类下载软件是直接从服务器上下载文件的。

二是 BT 类下载工具。常见的有 Bittorrent 等,它基于点对点原理,文件并不存在于中心服务器上,用户电脑既是客户端又是服务器,下载(Download)的同时还要上传(Upload),对网络带宽的要求较高。它遵循的是"我为人人、人人为我"的精神,下载的人越多,下载的速度就越快。需要注意的是:这种下载对电脑的硬盘有一定的损伤。

三是 BT 类以外的点对点下载工具。如电驴(eMule)、酷狗(Kugoo)等。这一类下载工具的原理与第二类相似,这种下载同样对硬盘有所损伤且消耗大量网络带宽[①]。

以上三者中最为常用和典型的是迅雷、BT 和电驴。一般来说,下载小体积素材时,应首选迅雷;下载质量要求低的大型文件应首选 BT;下载质量、速度要求高且快的大型或超大型文件

---

① http://www.cneyou.com/down/InfoView/Article_103.html.

应首选电驴①。

四、下载技巧

某些网站如"新浪"、"雅虎"、"优酷"、"土豆"等的资源看似受下载限制,其实是可以从电脑缓存中获取的。原因在于:当我们浏览网页时,系统会把网页上的信息先全部下载下来存放于硬盘中,以保证下次浏览该网页时能直接迅速从本机硬盘中调出。

具体下载步骤如下:

第一步:定位缓存。

打开 IE 浏览器,执行"工具"→"Internet 选项"→"常规"命令,找到"Internet 临时文件",再单击"设置"→"移动文件夹",选定一个合适的文件夹(一定要保证所选磁盘上有足够空间,一般不选在 C 盘),设置缓存大小(在硬盘空间允许的情况下尽量大一点),然后单击"确定"按钮,重启电脑。该设置的目的在于:将缓存从 C 盘移走,去掉了系统文件里的一个最大的磁盘碎片产生大户,有利于系统稳定。

第二步:清空缓存。

执行"工具"→"Internet 选项"命令,在弹出的"Internet 选项"窗口中分别单击"Internet 临时文件"下的"删除 cookies"和"删除文件"按钮清除已有的临时文件记录,单击"设置"→"查看文件",删除里面的所有文件,再清空回收站。

第三步:搜索资源。

用各种方法找到我们需要的资源,如果是 Flash 动画,先播放一遍,然后将浏览器最小化(注意不能关闭)。

第四步:缓存提取资源。

打开缓存文件夹,将其中文件按文件大小或文件格式等排序,找到所需资源,将其复制、粘贴到本机中的指定文件夹即可。

另外,有些文本文件,作者出于保护的目的,使用了扫描稿,下载下来后引用、修改都不方便。我们可以用 Photoshop 等图形处理软件,把图片处理成黑白二色,然后在文字识别软件中打开图像页进行自动切分,就可以识别文字了。

🔍 经典案例 1——下载"嫦娥工程"视频

在讲到"人类对宇宙的新探索"一节时,若辅之以介绍"嫦娥工程"的视频资料将起到引发学生兴趣、巩固课堂教学效果的作用。但这类时事新闻视频素材时效性强、更新快、涉及范围广,在相关地理网站中不易找到。而拥有这类资源较多的门户网站、视频网站经常会设置下载限制,下面就结合"理论天地"里的搜索技巧谈谈如何下载这类特殊的地理教学资源。

(1)打开新浪网,在搜索栏中输入"嫦娥工程 视频",如图 7-2-3 所示。

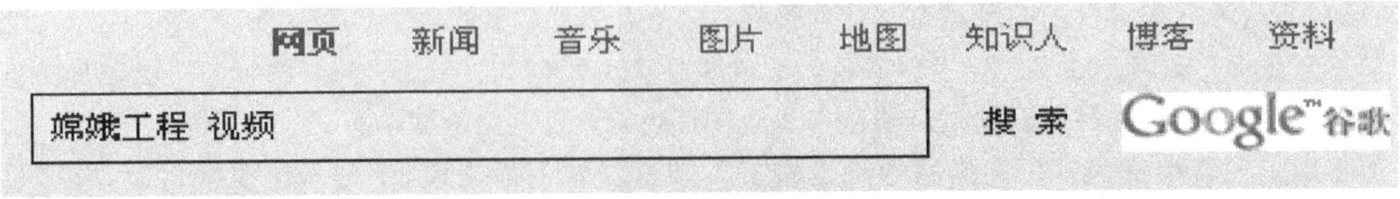

| 网页 | 新闻 | 音乐 | 图片 | 地图 | 知识人 | 博客 | 资料 |

| 嫦娥工程 视频 | | | | | | 搜索 | Google 谷歌 |

图 7-2-3 搜索"嫦娥工程"视频

---

① http://cache.tianya.cn/publicforum/content/filmtv/1/227501.shtml.

(2)在弹出的搜索页面中执行"工具"→"Internet 选项"命令,如图 7-2-4 所示。在弹出的"Internet 选项"窗口中分别单击"Internet 临时文件"下的"删除 cookies"和"删除文件"按钮,清除已有的临时文件记录,如图 7-2-5 所示。

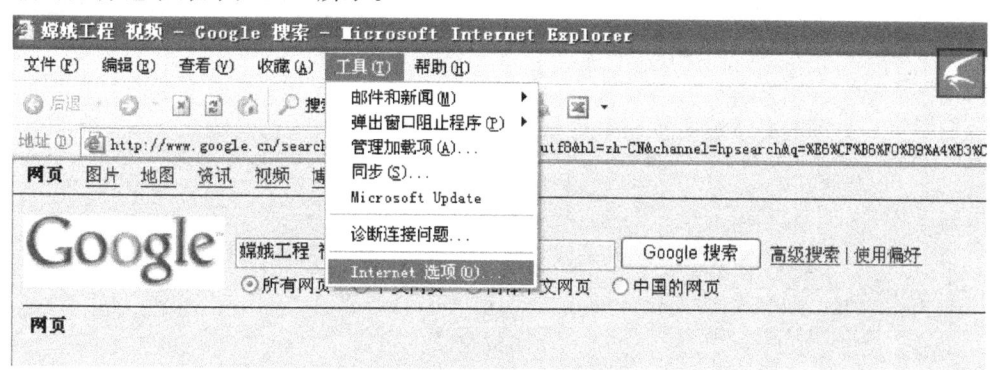

图 7-2-4　清空临时文件夹

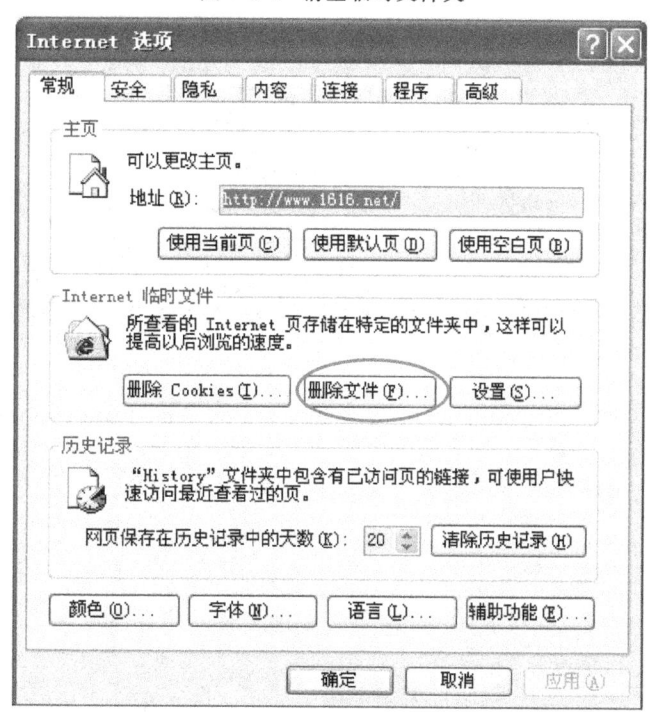

图 7-2-5　"Internet 选项"窗口

 说明

　　互联网浏览器储存在电脑里面的文件夹被称作 Cookies。Cookies 是互联网用户计算机硬盘中的一个记录用户个人资料、所用电脑系统的资料和该用户浏览过的网页等资料的资料卡。有些网站当用户第一次登录时需要输入自己的姓名、地址、电话号码、职业等个人资料,当该用户下次重访该网站时,他不必重重验关就可以进入该网站,利用的就是 Cookies 的功能。

(3)点击搜索页的第一条"视频专题 嫦娥工程 新闻中心 新浪网",如图 7-2-6 所示,将出现含有

"嫦娥工程"视频的新闻网页，如图 7-2-7 所示。

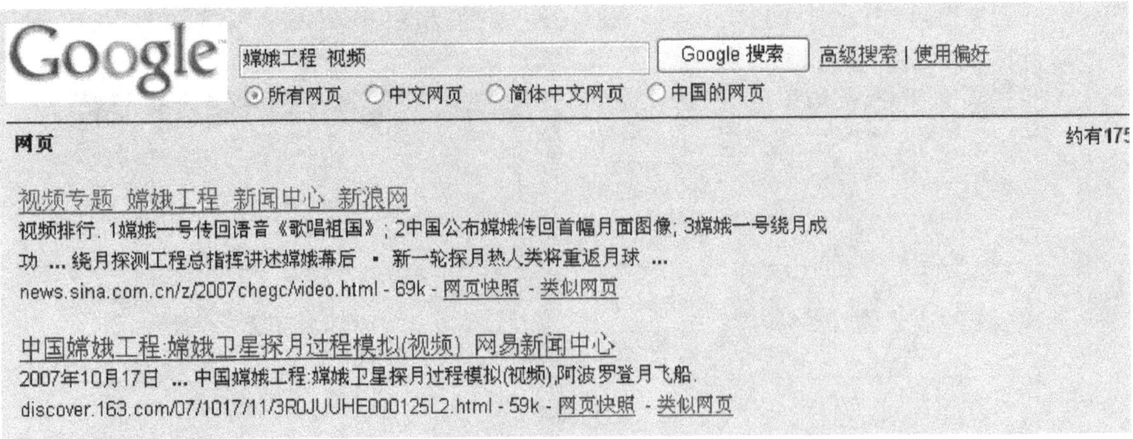

图 7-2-6　选择相关网页

图 7-2-7　打开视频网页

(4) 如前步骤打开如图 7-2-5 所示的"Internet 选项"窗口，单击"Internet 临时文件"下的"设置"按钮，打开如图 7-2-8 所示的"设置"窗口，单击"查看文件"按钮，打开"Temporary Internet Files"文件夹。

(5) 找到其中的"flv"格式文件，将其"复制"→"粘贴"到本地计算机上，即完成了受限视频资源的获取。

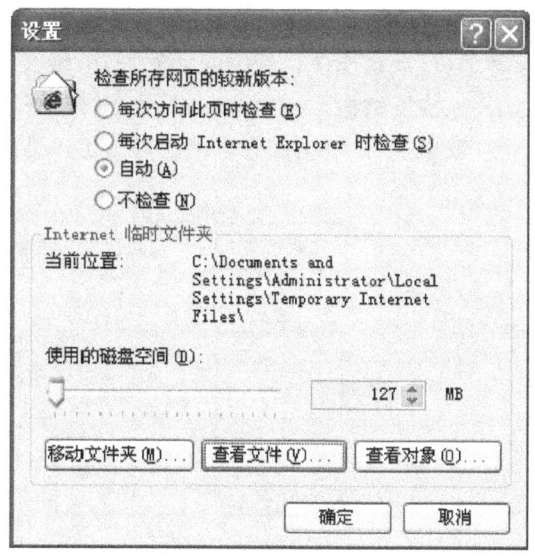

图 7-2-8 "设置"窗口

技巧点拨

还可通过以下两种方法获取受限的网络视频资源：

1. 先给本地机安装最新版迅雷搜索工具，当视频开始播放稍许时间后，将手形光标放置到视频窗口上，则鼠标右下方将出现一个"下载"小图标，单击该图标，在弹出的"建立新的下载任务"中进行相关设置后单击"确定"按钮；

2. 给本地机安装 Realplayer11 播放器，当视频开始播放后，将手形光标放置到视频窗口上，单击鼠标右键选择"在 Realplayer 中打开文件"，在弹出的窗口中进行相关设置后单击"确定"按钮。

实践探索

1. 根据迅雷、BT、电驴三种下载工具的特点，选择一种最合适的工具下载《宇宙与人》科教片。
2. 在"优酷网"上下载有关"神舟七号"的视频素材。

第三节　网络教学资源管理

学完本节，你将能够：

☆掌握文件管理的方法；
☆截取视频图像。

理论天地

一、文件管理

从网络下载的地理教学资源种类繁多，为了使用方便，宜进行适当管理。

(一)地理网络教学资源的分类存档

实行"树形"文件夹层级管理,目录结构应合理明晰。例如,一级文件夹按内容分为自然地理、人文地理和区域地理,二级文件夹按素材格式分为文本、图片、动画、视频、音频等,如图7-3-1(1)所示,或按照内容分为课件、试卷、教案等,二级文件夹以下还可选定标准继续划分。如图7-3-1(2)所示。

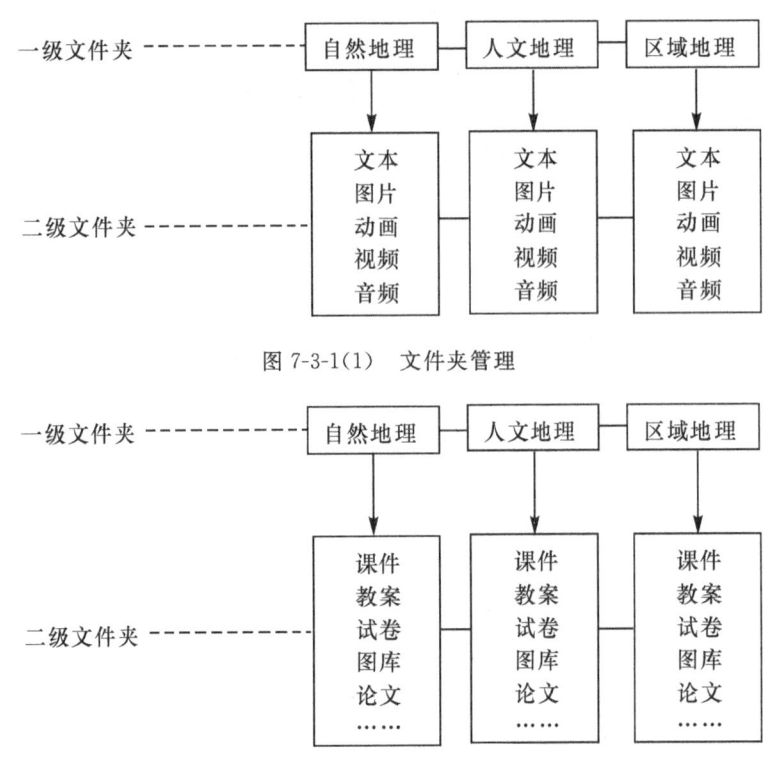

图 7-3-1(1)　文件夹管理

图 7-3-1(2)　文件夹管理

(二)地理网络教学资源的及时处理

资源下载后应及时处理。先打开文件,大致浏览,然后将文件名改为紧扣内容主题的名字。如果是压缩文件,应将其解压缩并重命名,原压缩包可以删掉。命名后,将资料分门别类放入上一步建好的相应的文件夹中。特别需要提醒的是,文件夹一定要放在除C盘以外的盘中,并做好相应的备份,以防数据丢失等不测。当然,为了方便网络资源的搜集和管理,我们还需在电脑上安装一些常用的工具软件,如解压缩工具软件、下载工具软件等。解压缩工具软件常用的有 WinZip 和 WinRAR 等,下载工具软件常用的有 FlashGet(网际快车)和 Netant(网络蚂蚁)等。

二、视频截图

提到截图,最简洁的方法就是用 Windows 自带的"PrintScreen"键,但直接用该方法截出来的图往往是漆黑一片,原因在于视频在播放过程中,系统调用了 DirectDraw 来加速视频的播放。因 DirectDraw 的特殊性,所以不能按"PrintScreen"键的办法来截图。解决的方法是:利用 Windows 窗口下不能同时开两个 DirectDraw 窗口的特性来实现截图。具体操作步骤如下:

(1)启动任意一款播放软件,如 Windows Media Player,任意播放一个视频文件。

(2)启动任意另一款播放软件,如 Realone,播放要抓取的视频文件。

(3)当出现需要截取的画面时,按下"PrintScreen"键进行全屏截图,截取的视频图像将自动保存在系统的剪贴板中。

(4)启动一个图形编辑软件,如"画图板"、"Photoshop"等,在软件中使用"粘贴"命令就可以看到刚才抓下的图片了。

(5)执行"文件"→"另存为"命令,在弹出的窗口中选择图片存放路径,给图片命名,并选择jpeg 或 gif 等图片格式。

也可先关闭"视频加速功能",再用"PrintScreen"截图。具体的步骤为:在桌面上单击右键,选择"属性"选项,执行"设置"菜单命令,选择"高级"下的"疑难解答"选项,将"硬件加速"的滑杆调整到"无",单击"确定"按钮即可。

 经典案例 2——截取"地转偏向力"试验的视频

视频截取有许多专门的工具,如 Ultra Video Splitter、Super Video Splitter、Open Video Converter、Zealot All Video Splitter 等,但若使用我们耳熟能详的工具操作起来会更加容易,如 Movie Maker、豪杰超级解霸、Winamp 5.1Pro、RealPlayer v10.5 GOLD 等。下面就以 Movie Maker 和豪杰超级解霸 9 为例来谈谈如何从大型采访纪录片《极地跨越》中截取一段有关"地转偏向力"试验的视频。

Moviemaker 一般只能截取 avi 和 wmv 格式的影片,具体截取步骤如下:

(1)执行程序 Windows Movie Maker 命令,打开 Windows Movie Maker 程序,如图 7-3-2 所示。

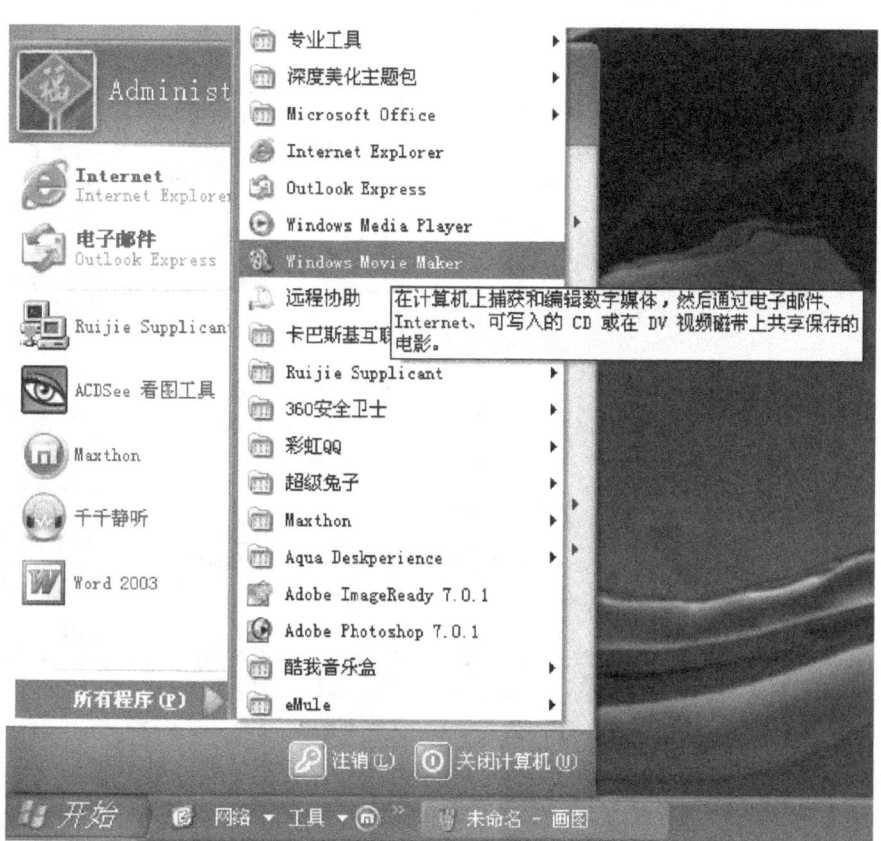

图 7-3-2 打开 Windows Movie Maker 程序

(2)在弹出的"无标题—Windows Movie Maker"窗口中单击"导入视频"选项,如图 7-3-3 所示。

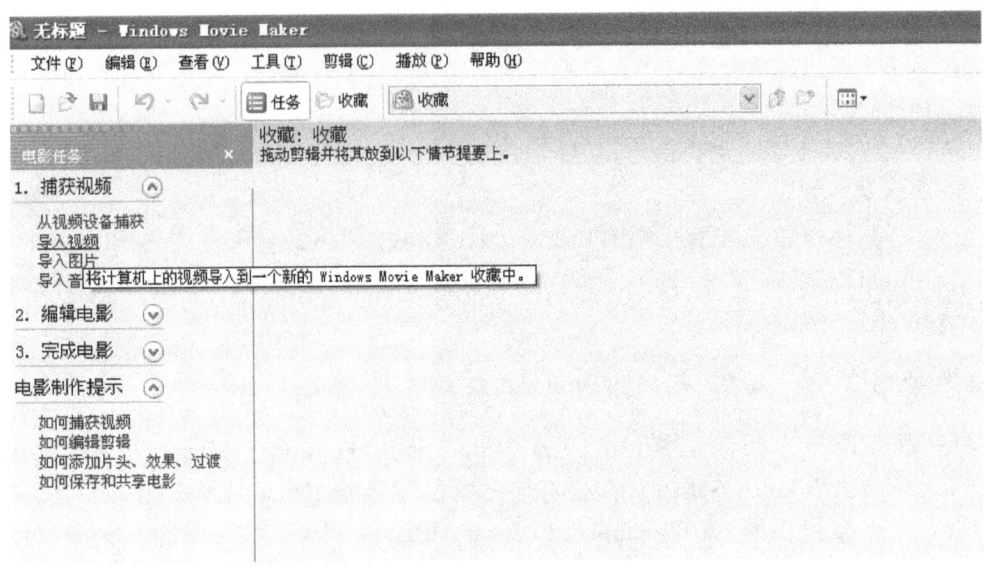

图 7-3-3　选择"导入视频"选项

(3)在弹出的"导入文件"窗口中选择本地机中已有的《极地跨越》第 17 集"赤道上的国家"。单击"确定"按钮,等待文件导入,全部导入后的窗口如图 7-3-4 所示。

图 7-3-4　全部导入后的窗口

(4)拖动上图中右侧视频播放窗口(监视区)的左边框,使之能完整显示视频文件,如图 7-3-5 所示。

(5)根据素材区的视频画面判断找出所需的视频剪辑(单击任意剪辑后,其内容将在右侧的窗口中播放),在本例中所需的是第 188～195 段。

(6)将第 188～195 段视频剪辑素材拖入操作区的视频线上,如图 7-3-6 所示。

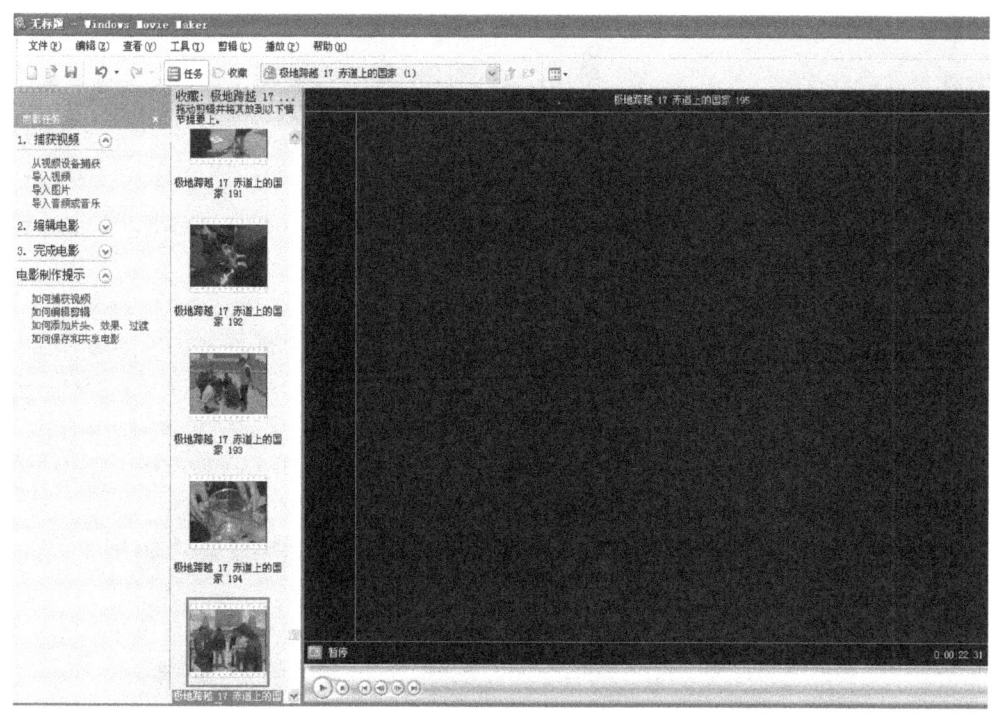

图 7-3-5　调整视频显示窗口的大小

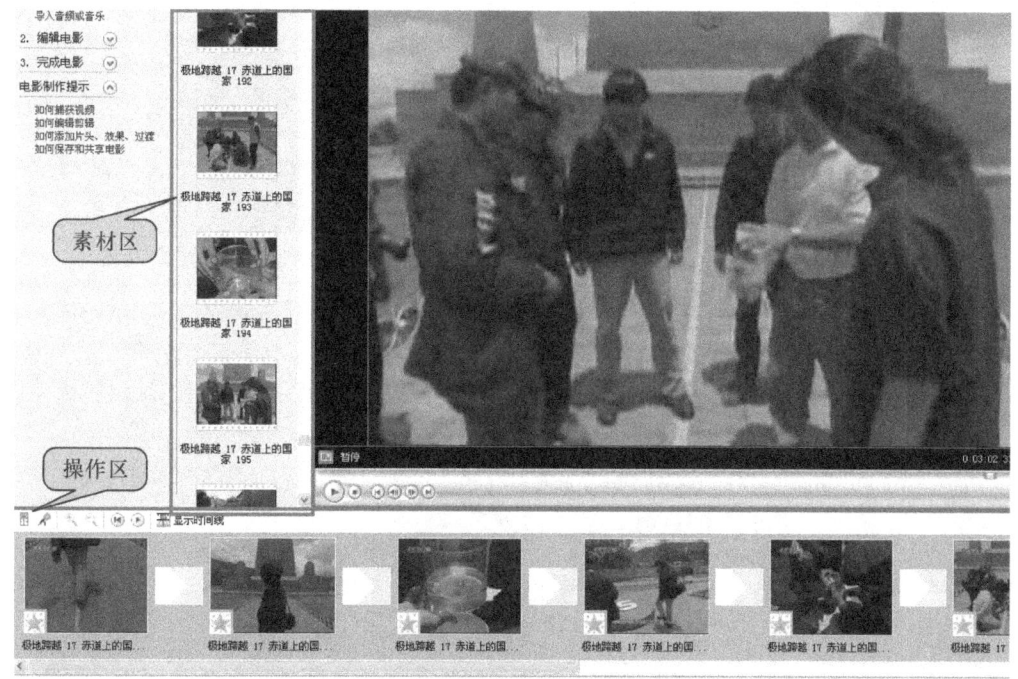

图 7-3-6　将相关视频剪辑拖至视频线

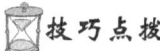技巧点拨

在本例中,使用的素材是按照预定顺序导入或拖入素材区的,可以按住"Shift"键全部选中,将它们同时拖入操作区。

说明

操作区窗口具有两种显示方式。第一种是情节视图方式。在此方式下，"视频线"中的所有视频情节，不分播放时间的长短，每一情节都占据相同大小的一格，各个情节均匀排列。用户选中一个情节，可以任意拖曳来改变它的位置及调整在电影中的播放顺序，也可以同时选中多个连续或间断的情节进行快速调整。第二种是时间视图方式。在情节视图方式下调整视频情节的顺序非常方便，但却不能调整每个视频情节的播放时间，也不能插入音频情节。这时，你可以单击操作区的"显示方式切换"按钮，即可切换为时间视图方式。在此方式下，"时间线"上将出现调整整部影片播放时间的剪裁点，单击"放大"和"缩小"按钮，即可调整已插入的全部视频情节的播放时间，使每个情节的播放时间按比例增加或减少。

（7）执行"文件"→"保存项目"命令，保存截取的视频，如图 7-3-7 所示。

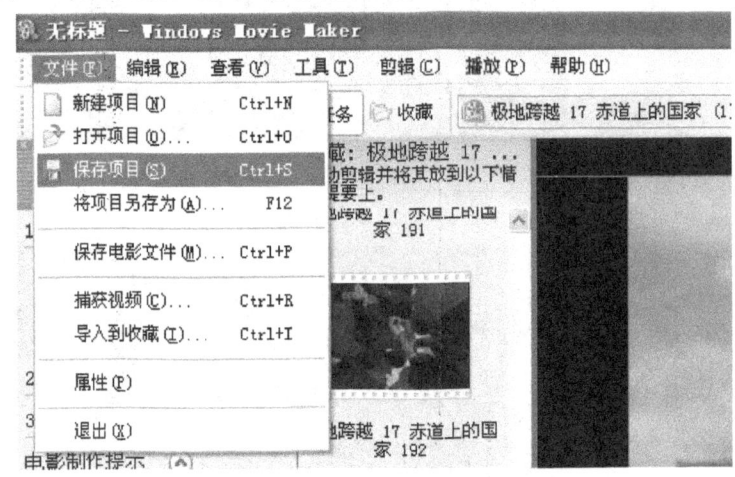

图 7-3-7 保存截取的视频文件

豪杰超级解霸一般只能截取 VCD、DVD 或者 MPEG1 标准的.MPG 以及.dat、.vob 格式的文件，具体操作步骤如下：

（1）运行豪杰超级解霸 9，执行"文件"→"打开媒体文件"命令，选定被截取的视频"极地跨越 17 赤道上的国家"并打开，如图 7-3-8 所示。

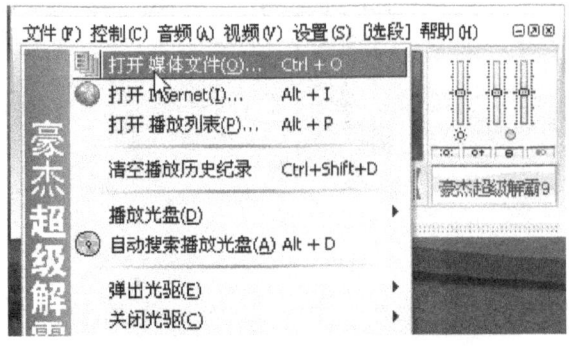

图 7-3-8 打开被截取视频文件

（2）选定进度控制条上方的"循环播放"按钮，如图 7-3-9 所示，或执行"控制"→"循环播放"命令。

（3）拖动鼠标到欲截取片段的起始位置，单击"选择开始点"按钮选定开始点，再将游标拖至截取区域的终止位置，单击"选择结束点"按钮，如图 7-3-10 所示。

第七章　网络教学资源的利用与开发　　187

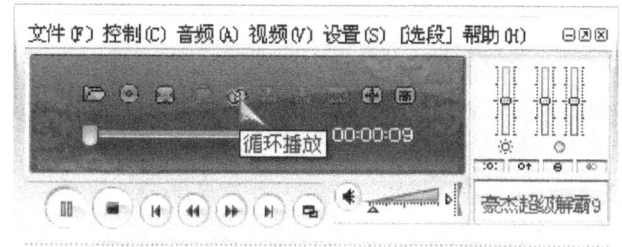

图 7-3-9　设定"循环播放"模式

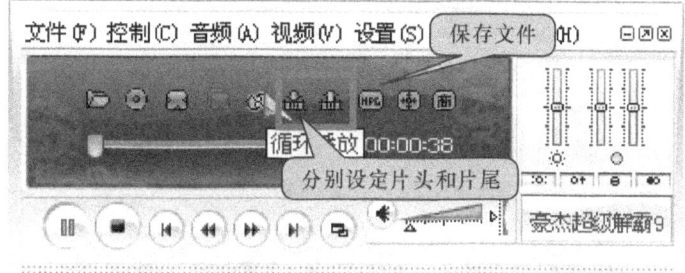

图 7-3-10　录制并保存文件

（4）单击"MPG"按钮保存文件，将指定区域录制为 MPG 或 MPV（MPV 文件只有视频无音频）文件。

> **温馨提示**
>
> 　　豪杰 2001XP 版本还有一个自带的功能，就是合并 MPG 文件。你可以用上述的方法截取几个视频后，用它实用工具集里的 MPG 合并工具将这些小片段合并成一个大的完整的新视频。通过简单的截取和合并，就可以实现简单的视频剪辑功能。

实践探索

1. 从网上下载"行星地球"视频素材，并用 Moviemaker 或豪杰超级解霸截取一段视频片段。
2. 在上题所搜集的视频文件中截取如图 7-3-11、图 7-3-12、图 7-3-13 所示的安赫尔瀑布、科罗拉多大峡谷及亚马孙河的图片。

图 7-3-11　安赫尔瀑布

图 7-3-12　科罗拉多大峡谷

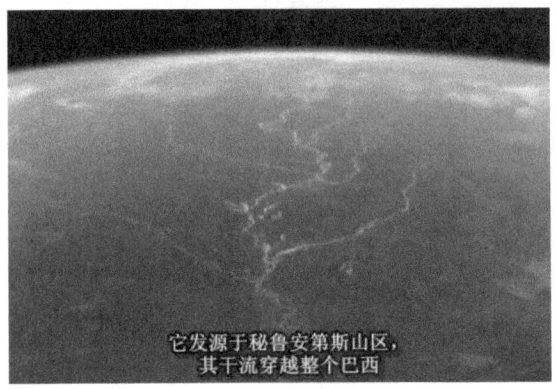

图 7-3-13　亚马孙河

第四节　地理网络教学资源共享

☆了解网页的基本类型；
☆能够建立简单的个人博客。

一、网页基础知识

网页是一个文件，存放在世界某个角落的某一台计算机中，而这台计算机必须是与互联网相连的。网页经由网址来识别与存取，当我们在浏览器中输入网址后，经过一段复杂而又快速的程序，网页文件会被传送到这台计算机，然后再通过浏览器解释网页的内容，最后展示到你的眼前。

网页可以分为静态网页和动态网页两种。

静态网页的后缀一般为常见的.htm、.html、.shtml、.xml等。静态网页上的内容即为显示的内容，不会有任何改变，更新起来比较麻烦，适用于一般更新较少的展示型网站。

动态网页与静态网页相对，它以数据库技术为基础，文件后缀为.asp、.jsp、.php、.perl、.cgi等，采用动态网页技术的网站可以实现更多的交互功能，如用户注册、用户登录、在线讨论、留言簿、在线调查、用户管理、订单管理等。静态网页是网站建设的基础，但目前应用更多的是动态网页。

在目前的网页编辑软件中,最知名和最常用的两套热门软件是微软公司的 FrontPage 以及 MacroMedia 公司的 Dreamweaver。如果说 FrontPage 是网页制作的"老前辈",那么 Dreamweaver 就是网页制作的"当红小生",它们在网页设计中的地位都不能小瞧。

Dreamweaver 比 FrontPage 更加专业一些,是专门针对专业的网页制作者设计和开发的主页编辑工具,能把设计者的个性化思想发挥得淋漓尽致。

对于网页制作的初学者来说,建议先从 FrontPage 入手。对网页制作有了一定程度的熟悉后,可以逐渐接触 Dreamweaver。这两种软件都熟练掌握后,综合运用两者的优势,再熟悉一些脚本语言,才可能真正地在网页制作方面游刃有余。

二、博客(Blog)制作

博客是一个以网络为载体,实时发布自己心得及有效地与他人进行交流的个性化综合性平台。通常由一些按日期顺序排列的简短且经常更新的帖子构成。地理教师拥有自己的博客,便可以在网络上发表自己的教学心得,来共享教学资源,如图 7-4-1 所示。

图 7-4-1　地理教师的博客

在网易、搜狐、新浪等网站上都可以很方便地申请个人博客。下面来谈谈个人博客的申请方法：

经典案例3——个人博客的申请（以网易为例）

（1）打开网易主页，网址为：www.163.com。
（2）单击"注册通行证"按钮，如图7-4-2所示。

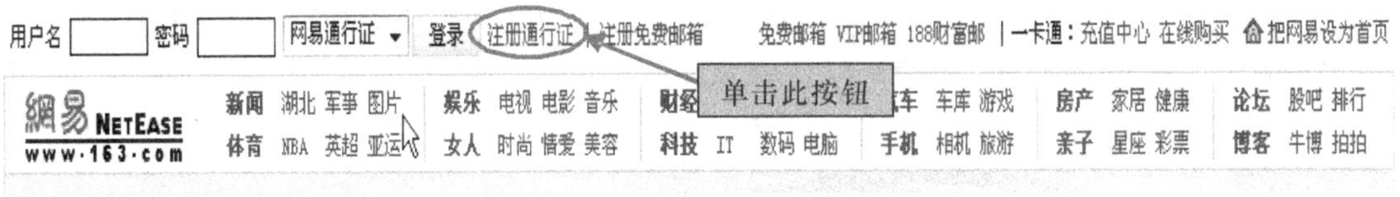

图7-4-2　选择"注册通行证"选项

（3）在弹出的窗口中填写个人的相关信息，如图7-4-3所示。

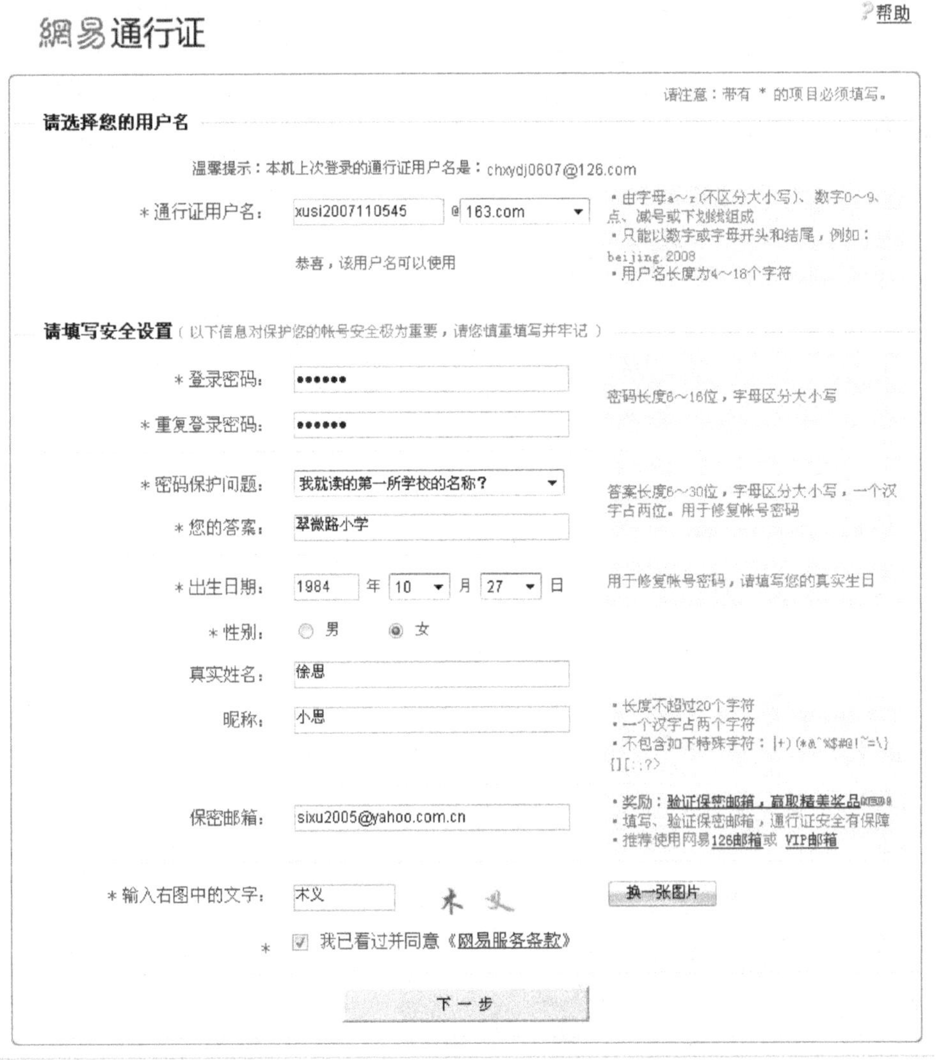

图7-4-3　填写个人信息

（4）单击"开通网易博客"按钮，如图7-4-4所示。
（5）在弹出的网页中填写个人资料后单击"开通我的博客"按钮，如图7-4-5所示。

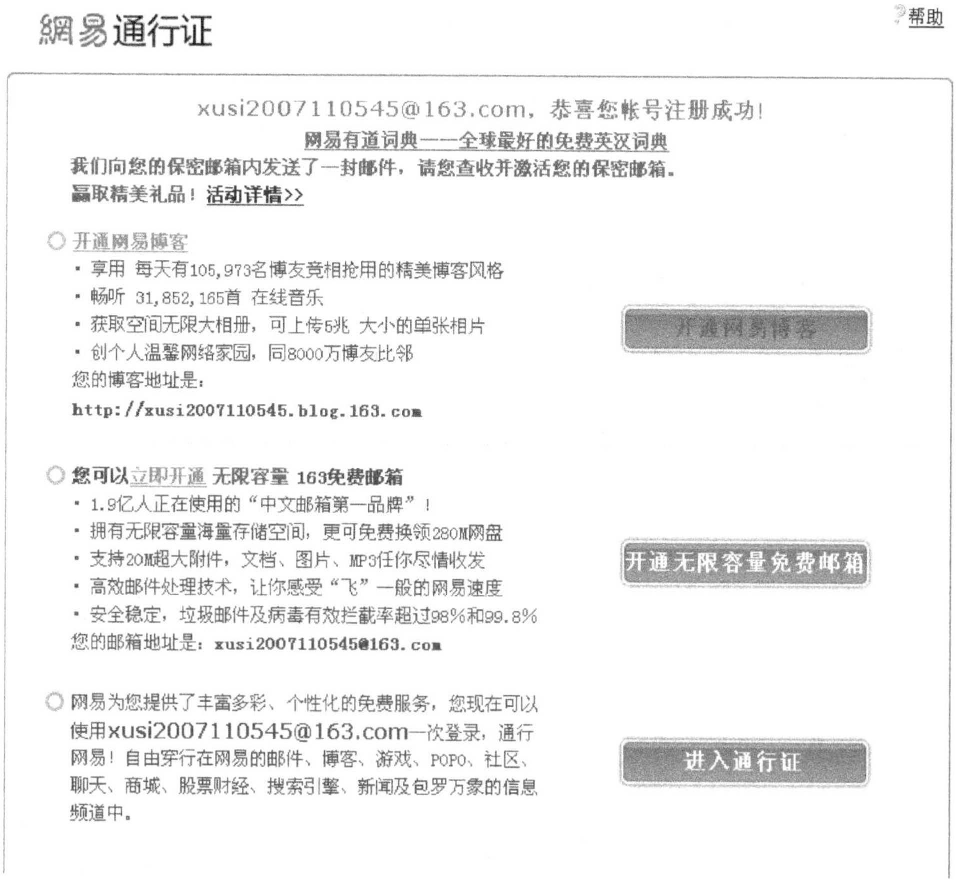

图 7-4-4　单击"开通网易博客"按钮

图 7-4-5　填写个人资料

(6)单击"进入个人中心"按钮就可以浏览个人博客了,如图7-4-6、图7-4-7所示。

图 7-4-6　单击"进入个人中心"按钮

图 7-4-7　个性化设置博客内容

(7)根据自身爱好在博客主页中进行个性化设置。

三、地理论坛

论坛又称 BBS(Bulletin Board System)，即电子公告板，它为人们提供了一个可以进行发布信息、讨论、聊天等活动的平台。在这里，人们不受时间和空间的限制，可以自由地交流和碰撞思想。许多学校都有各自独具特色的论坛，如华中师范大学的博雅论坛、武汉大学的珞珈山水论坛、清华大学的水木清华论坛等。这里推荐几个比较有影响的地理论坛：

人教论坛：http://bbs.pep.com.cn/forum-82-1.html
学人论坛：http://www.geoer.net/bbs/index.php
华夏论坛：http://www.huaxia-ng.com/bbs/
中国国家地理论坛：http://bbs.dili360.com/

实践探索

1. 查找各类学者的博客，对其结构、内容组成、特点等进行比较。
2. 在网易上申请一个个人博客，结合第一题中各类学者博客的特点，对自己的博客进行个性化设置。

参考文献

1. 周跃良.现代教育技术[M].北京:高等教育出版社,2008.
2. 杨文君.大学计算机基础教程[M].北京:清华大学出版社,2009.
3. 张珺,欧阳中万.多媒体课件制作理论与实践[M].长沙:湖南科学技术出版社,2008.
4. 刘亚平,郝谦.计算机辅助教学与多媒体课件制作[M].北京:中国铁道出版社,2004.
5. 袁振国.当代教育学[M].北京:教育科学出版社,2004.
6. 陈澄.地理教学论[M].上海:上海教育出版社,2002.
7. 张有录.媒体教学论[M].北京:国防工业出版社,2008.
8. 徐明成.现代教育技术[M].北京:电子工业出版社,2008.
9. 陈佑清.教育活动论[M].南京:江苏教育出版社,2000.
10. 陈佑清.教学论新编[M].北京:人民教育出版社,2010.
11. 林培英,朱剑刚.计算机辅助地理教学[M].山东:山东教育出版社,2000.
12. 段玉山.信息技术辅助地理教学[M].北京:高等教育出版社,2003.
13. 李勇帆.多媒体CAI课件设计与制作导论[M].北京:中国铁道出版社,2007.
14. Zhu Z T,Wang Y M,Luo H W. Synergistic Learning for Knowledge Age:Theoretical Model,Enabling Technology and Analytical Framework[C]. Heidelberg:Springer Berlin,2008.
15. Matthew Gates. Stellarium 0.9 用户使用手册[M].刘春滨编译.2007(9).
16. 林崇德.历史地理教学心理学[M].北京:北京教育出版社,2001.
17. 潘天士,吉小梅,曾丽军.中学地理课件制作实例与技巧[M].北京:机械工业出版社,2004.
18. 姚兴海,姚磊.CorelDRAW地图制图[M].北京:中国地图出版社,2003.
19. 蒙坪,俞慎泉.Flash MX 2004标准案例教程[M].北京:机械工业出版社,2005.
20. 黄杏元,马劲松.地理信息系统概论[M].北京:高等教育出版社,2010.
21. 吴秀芹,张洪岩,李瑞改.ArcGIS9地理信息系统应用与实践[M].北京:清华大学出版社,2009.
22. 松小冬,钮心毅.地理信息系统实习教程[M].北京:科学出版社,2007.
23. 袁孝亭.准确理解地理过程与方法目标中的"过程"与"方法"[J].地理教育,2009(1).
24. 孔企平.论学习方式的转变[J].全球教育展望,2001(8).
25. 赵剑,靳玉乐.计算机支持下的协同学习[J].电化教育研究,2000(4).
26. 林培英.多媒体计算机技术与教学[J].中学地理教学参考,1997(4).
27. 林培英.认知学习理论与CAI[J].中学地理教学参考,1997(3).
28. 荣先海,雷体南.Google Earth在中学地理教学中的应用[J].中国教育信息化,2007(9).
29. Elena Semenovich Vytski,L,S. V. ,Michael Cole. Mind in Society:the Development of Higher Psychological Processes[M]. New Jersey:Prentice Hall,1978.
30. 金永福,郭伟其.Google Earth在海域使用现状调查中的应用初探[J].海洋信息,2007(1).

31. 张雪松,张继峰.基于 Google Earth 的地理多媒体平台的设计与实现[J].中国教育信息化,2009(4).

32. 林培英.学生个别差异理论与计算机辅助教学[J].中学地理教学参考,1997(2).

33. 林培英.计算机在地理教学中应用形式之一:适合于大班教学的演示型[J].中学地理教学参考,1997(2).

34. 林培英.从可持续发展教育谈地理教育方式方法的改革[J].中学地理教学参考,1997(1).

35. 林培英.多媒体编著系统的主要功能[J].中学地理教学参考,1997(10).

36. 林培英.多媒体教学软件的开发工具[J].中学地理教学参考,1997(9).

37. 林培英.计算机网络技术与地理教学[J].中学地理教学参考,1997(5).

38. 陈实,徐思,李丽莉.从月相变化的制作谈 Flash 形变动画的实验教学[J].实验技术与管理,2009(5).

39. 陈实.充分利用计算机多媒体技术激发学生地理学习动机[J].中国电化教育,2005(9).

40. 陈实,林通.Flash 在地理教学模拟实验中的应用[J].实验技术与管理,2008(10).

41. 盛正发.计算机辅助地理教学的理论与实践[D].长沙:湖南师范大学,2004.

42. 张建龙.GIS 在计算机辅助地理教学中的应用[J].中国科教创新导刊,2008(13).

43. http://stellarium.org

44. http://earth.google.com

45. http://www.cneyou.com

46. http://cache.tianya.cn

47. http://forum.book.sina.com.cn

48. http://baike.baidu.com